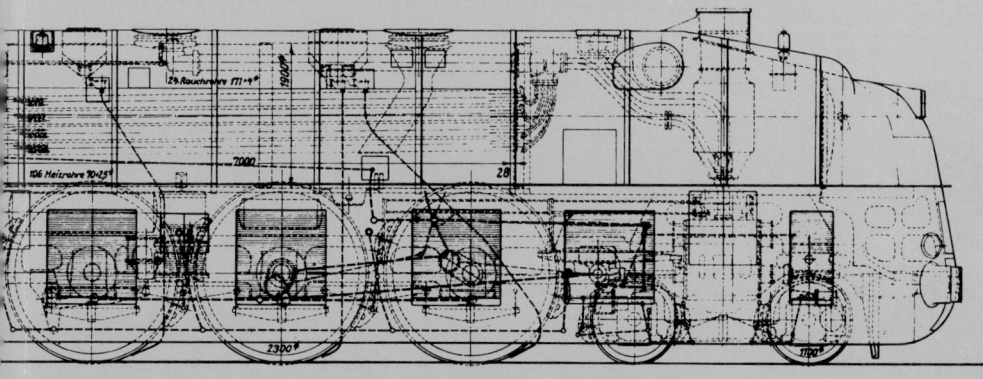

Jürgen Quellmalz

DIE BAUREIHE 05

EISENBAHN-KURIER

Titelfoto: Im Bundesbahn-Ausbesserungswerk Weiden/Opf. wurde 05 001
im Jahre 1963 für das Verkehrsmuseum Nürnberg hergerichtet.
Foto: Walther Zeitler

ISBN 3—88255—105—4
Band 12 der Reihe „Deutsche Dampflokomotiven"
Eisenbahn-Kurier Verlag GmbH · Postfach 55 60 · 7800 Freiburg
Satz: EK · Gesamtherstellung: Heinrich Möller Söhne, Rendsburg

Inhalt

VORGESCHICHTE

Allgemeiner Überblick

— Technischer Rundblick über die vorausgegangenen Jahre
Wenn wir heute eine Dampflokomotive in der Leistung mit einer modernen Elektrolok vergleichen, so will sie uns gering erscheinen und wir sind geneigt, sie als „altmodisch" abzutun. Dabei vergessen wir nur allzuleicht, wie alt auch die besten und bekanntesten Baureihen unter den Dampfloks schon sind — obwohl gerade das davon zeugt, daß sie alles andere als „modisch" waren. Setzen wir die Maschinen der so ungleichen Jahrgänge nun aber in ihre zeitgenössische Umgebung, so zeigt sich, daß die 6000 kW-Elektrolok — die unsere Schnellzüge heute nötig haben, um auf den veralteten Trassen wenigstens auf bestimmten Strecken mit den Reisegeschwindigkeiten von Auto und Flugzeug mitzuhalten — im Vergleich mit anderen öffentlichen Verkehrsmitteln eine relativ schwache Antriebseinheit darstellt; Flugzeug oder Schiff benötigen oft das Zehnfache an Energie. Nur das Leistungsgewicht des Autos ist für sie mit Abstand unerreichbar — wenn man die für die Fortbewegung erforderliche Energie als Vergleichsmaßstab für Beweglichkeit und Kapazität von Verkehrsmitteln nimmt.

Dagegen stand die Dampflokomotive zu ihrer Blütezeit ungleich weiter oben in der Rangordnung der Verkehrsmittel ihrer Zeit, wenn man die gleichen Maßstäbe anlegt, wie wir es gerade bei der Elektrolok der heutigen Zeit getan haben.

Damit soll kein Urteil über die modernen Traktionsarten verbunden sein. Vielmehr sollten Leistungen ja zweckentsprechend eingesetzt werden, denn die Zeiten des naiven "all out"-Denkens in der Technik sind seit der Energiekrise vorüber; es soll ein Fingerzeig gegeben werden für die verschiedenartigen Bewertungen, die sich aus der einen oder der anderen Anschauungsweise ergeben.

Um aber die Leistungen des Dampflokomotivbaus der dreißiger Jahre richtig würdigen zu können, halten wir kurz Umschau, was sich überhaupt in der Verkehrstechnik der damaligen Zeit tat.

Vorausgegangen war eine Zeit der Rekorde und Erstleistungen, die einander den Wochenschau-Ruhm abjagten. Denn auch bei den Filmgesellschaften siegte, wer das Neueste, das Beste zuerst brachte — und so kam es zu der berühmt gewordenen Schnellfahrt einer Dampflok, die damit ihre volle Konkurrenzfähigkeit bewies.

Charles Lindbergh war tatsächlich in Paris gelandet, wie er angekündigt hatte. Flugzeuge waren aufgestiegen, um ihn beim Anflug auf Paris zu begleiten, seine Landung wurde bejubelt und gefeiert: 33 1/2 Stunden Flug lagen hinter ihm seit er in New York gestartet war, um mit seiner kleinen einmotorigen Maschine die Neue Welt durch den ersten Transatlantik-Flug mit dem alten Europa zu verbinden. Er war ein Held Amerikas, und die Aufnahmen von seiner Rückkunft mußten so schnell wie möglich in die Filmtheater, vor denen die Menschen anstanden, um den Beginn einer neuen Epoche mitzuerleben. Während für die eine Filmgesellschaft ein Flugzeug bereitstand, hatte die andere einen Sonderzug bei der Pennsylvania Railroad gemietet und damit „auf's richtige Pferd gesetzt": Die schon nicht mehr ganz neue E6s-Atlantik-Type lief dem Flugzeug auf der langen Strecke Washington — New York unschlagbar davon und gewann haushoch. Ob die nach der Fahrt verlauteten 190 km/h, die die Lok erreicht haben soll, tatsächlich erreicht wurden, kann dahingestellt bleiben — Tatsache ist jedoch, daß die mit der Dampflok angelieferten Filme bereits in den Filmtheatern liefen, als das Flugzeug erst landete.

Das war 1927, im selben Jahr, in dem in Venedig das Rennen um den Schneiderpokal ausgetragen wurde, der dem schnellsten Rennflugzeug gewidmet war. Dieses alle zwei Jahre an verschiedenen Orten ausgetragene Rennen hatten bislang die Italiener mit ihren überlegenen Motoren beherrscht. Doch diesmal holte sich der Engländer Webster den Wanderpokal auf Mitchels Supermarine, deren ungewöhnlich sorgfältige aerodynamische Formgebung für den Zuschauer Ernst Heinkel die Bestätigung seiner Gedanken war, daß die Form für die Schnelligkeit eines Flugzeugs mindestens ebenso wichtig ist wie die Motorleistung. Sein späteres Schaffen sollte davon bestimmt sein!

Aber noch nicht genug der Rekorde: Die damaligen Rennflugzeuge waren ausnahmslos Wasserflugzeuge, da man es für zu gefährlich hielt, mit so schnellen Maschinen auf einem Flugplatz zu landen. Zu Lande aber hatte ein gewisser Mr. H.O.D. Segrave seinem Landsmann, dem bekannten Sir Malcolm Campbell, den Geschwindigkeitsrekord für Automobile abgerungen, als er mit seinem Spezial-Rennwagen 326,678 km/h erreichte. Doch schon 1931 verlor er ihn wieder an seinen adeligen Gegner, der aus eigenen Mitteln einen Wagen hatte anfertigen lassen.

Zur gleichen Zeit baute auch Ettore Bugatti in Molsheim im Elsaß den sagenumwobenen Bugatti Royale mit dem erklärten Ziel, die ihm verhaßte Marke Rolls Royce zu übertreffen. Für den Motor bot der in die Geschichte eingegangene Automobilkonstrukteur alles auf, was die damalige Motorentechnik zu bieten hatte. Das Ergebnis war ein über die Maßen eindrucksvoller Reihen-Achtzylinder von beträchtlichem Längenmaß und gigantischem Hubvolumen. 13 Liter Hubraum brachten bei etwa 2000 U/min ca. 300 PS.

Sah es im deutschen Motorenbau damals vergleichsweise schlecht aus — erst später gewann Rudolf Caracciola auf Mercedes die gefürchtete Mille Miglia, ein italienisches Rennen über 1600 Kilometer — so holte die Reederei Lloyd zu Wasser das „Blaue Band" nach Deutschland, als ihr neuestes und größtes Schiff, der 52.000 BRT-Schnelldampfer „Bremen" auf der Transatlantik-Jungfernfahrt 27,83 Knoten Durchschnittsgeschwindigkeit erreichte.

Aber das waren Höchstleistungen, einsame Rekorde — der Alltag sah anders aus. In einigen Städten setzte sich das Motorradtaxi durch, das einen Fahrgast im Beiwagen zu niedrigem Taxameterpreis befördern konnte. In Dresden beabsichtigte man, Polizeibeamte im Außendienst mit Rollschuhen auszustatten um zu testen, ob sich die Zahl der nächtlichen Überfälle durch solche schnell ihren Standort wechselnden Polizeistreifen vermindern lasse.

Es gab noch viele Pferdedroschken; auf einen Kraftwagen kamen noch 197 Personen, in England 45. Der „eiserne Gustav", Berliner Droschkenkutscher, bezwang mit seiner Pferdedroschke die Strecke Berlin — Paris. Und die Presse war dabei, auch als er auf die Frage „Sprechen Sie französisch?" mit einem klaren „Yes!" antwortete.

Es war die Zeit, als Reklame aus Sprüchen bestand wie „Sei sparsam Brigitte — nimm Ullstein-Schnitte" und drei Pfund Schellfisch eine Mark kosteten. Als im Romanischen Cafe in Berlin Leute saßen, die später in den USA weltberühmt wurden, und sich freuten, wenn sie zu einer Tasse Kaffee eingeladen wurden. Man lachte über Harold Lloyd, Buster Keaton, Charly Chaplin. Am 2. März 1927 blieben in Paris um 12 Uhr mittags alle öffentlichen Uhren stehen, denn die Stadt hatte den seit einem halben Jahrhundert laufenden Vertrag mit der Uhrengesellschaft nicht mehr erneuert.

6

Am 4. September 1929 kehrte das deutsche Luftschiff „Graf Zeppelin" von seiner erfolgreichen Weltfahrt zurück und landete in Friedrichshafen am Bodensee. Das größte Flugschiff der Welt, die Dornier „Do X" lief vom Stapel und sollte bei einer errechneten Höchstgeschwindigkeit von 250 km/h 100 Personen Platz in den drei Stockwerken des Rumpfes bieten.

Auf einen Kraftwagen kamen in Deutschland 13 Motorräder, in den USA auf 100 nur 7. In Florida durften Kinder autofahren, es war nicht verboten, daß bereits Zehnjährige mit dem Wagen zur Schule fuhren. Auch den Künstlern schien es glänzend zu gehen, sie zeigten sich gern und oft mit ihrem jeweils neuesten Automobil — bis die Weltwirtschaftskrise alles verstummen läßt und schließlich alles einem heftigen Wandel unterworfen wird mit den bekannten politischen Umwälzungen.

Und was tat sich bei der Eisenbahn angesichts der von allen Seiten aufsprießenden Konkurrenz?

Auch hier gab es erfolgreiche Bemühungen, um die Zugläufe zu beschleunigen, wenn auch die aufsehenerregende Schnellfahrt des Kruckenbergschen Propellertriebwagens, der am 21. Juni 1931 die Strecke Hamburg — Berlin in 98 Minuten zurücklegte, nicht den Weg in die Zukunft wies.

Die Deutsche Reichsbahn setzte noch auf den leichten Triebwagen als Schnellverkehrsmittel, den ein vergleichsweise spartanischer Komfort und ein geringes Platzangebot entwicklungsmäßig begrenzten. Die London and North Eastern Railway stellte dagegen in der Rekordzeit von nur 25 Wochen vom ersten Zeichenstrich gerechnet einen neuen Zug auf die Schienen: den Silver Jubilee, dessen stromlinienförmig verkleideter Lok wir im Zusammenhang mit der Baureihe 05 noch begegnen werden. Seitdem ihr Fahrzeitabkommen mit der Konkurrenzlinie der London Midland & Scottish abgelaufen war, wurden die Fahrzeiten für die Strecke London — Edinburgh weit unter die bis 1932 eingehaltenen 8 Stunden und 15 Minuten auf 7 Stunden und 30 Minuten, später sogar auf 7 Stunden für die Nonstop-Fahrt gekürzt.

Bei der New York Central Railroad wurden seit 1927 laufend neue Hudson-Schnellzuglok der Klasse J1a - J1e in Dienst gestellt, die wesentlich höhere Fahrgeschwindigkeiten auch mit schwereren Zügen durchhalten konnten und zum Beispiel auf der 1485 km langen Strecke Harmon — Chicago fast zwei Stunden Fahrzeitersparnis gegenüber der stärksten Pacific, Klasse K5, ermöglichten.

Daß man in Frankreich bei der Chemin de Fer Paris — Orleans eine neue Lokbeschaffung vermeiden konnte, hatte man dem genialen Können des damaligen Maschinendirektors der Bahn, Chapelon, zu verdanken. Er schlug vor, für die angestrebten Fahrzeitverkürzungen auf der Hauptstrecke nach Toulouse mit ihren langen 1 %-Rampen die kleinrädrigen Pacifics der 4500er Serie in 2D-Lokomotiven umzubauen. So entstanden die berühmten Hochleistungsmaschinen der Serie 240 A (spätere Bezeichnung) und schließlich 240 P, die sich mit ca. 4000 PSi bei 113 km/h (240 P bis 4500 PSi Spitzenleistung!) bis zum Ende der Dampftraktion als genügend leistungsfähig erwiesen. Zugleich zeigten sie die ungenutzten Möglichkeiten auf, die noch in der Dampflok steckten — Möglichkeiten, die leider in nur allzuvielen Fällen nicht verwirklicht wurden.

So hatte man bei der Pennsylvania Railroad erst 1928 die letzten K4s-Pacifics in Dienst gestellt, von der nun 425 Stück gebaut waren und sich so gut bewährten, daß man auch für die nächste Zukunft an dieser auf das Jahr 1914 zurückgehenden Konstruktion festzuhalten gedachte. Die erstaunliche Fähigkeit dieser einfachen und zuverlässigen Lok, mit den steigenden Ansprüchen im Reisezugdienst der dreißiger Jahre Schritt zu halten — besonders durch den Einbau der Stokerfeuerung — schien Gedanken an eine Weiterentwicklung der Schnellzuglok überflüssig zu machen.

In Italien hatte man sich 1931 entschlossen, auf die vom Studienbüro der Staatsbahn projektierte Drillings-Pacific zugunsten der schnellen Elektrifizierung zu verzichten und nur noch die

Vierlings-Pacific der Gruppe 690, Baujahre 1911 bis 1914, als Übergangslösung umzubauen. Dies hing aber weniger mit einer nicht befriedigenden Schnelligkeit der Dampflok zusammen — auch die für 150 km/h entworfene 2'Co2'-Ellok der Gruppe E326 von 1930 konnte ihre Höchstgeschwindigkeit auf keiner damaligen Strecke ausfahren — sondern muß im Zusammenhang mit den unterschiedlichen Preisen für Kohle und elektrische Energie in Italien gesehen werden.

In anderen Ländern kam es schon durch die natürliche Lage der Bahnen nicht zu einem ausgesprochenen Schnellverkehr, obwohl auch hier Anstrengungen unternommen wurden, die Leistungsfähigkeit des Reisezugdienstes zu erhöhen und die Fahrzeiten zu verkürzen. Als eindrucksvolles Beispiel mag die österreichische 214er genügen, die als Vierkuppler die ursprünglich für flachere Strecken entworfene Vierzylinder-Verbund-Lokomotive Reihe 310 ablöste.

Wo die Konkurrenz nicht so stark zu spüren war, wurde auch entsprechend weniger getan, um die Fahrgeschwindigkeit zu erhöhen. So waren z.B. die bei der Sowjetrussischen Staatsbahn ab 1932 in Dienst kommenden 1'D2'-Lok der Klasse JS mit ihren Treibrädern von 1850 mm Durchmesser bei einfacher Zwillingsmaschine mehr für schwere als für schnelle Züge gedacht. In Polen hatte man zwar 1931 drei Maschinen der eleganten 2'D1'h2-S-Lok der Reihe Pu 29 gebaut, aber erst 1937 folgte eine schnellere Dampflokomotive, die stromlinienverkleidete Pm 36 für eine Höchstgeschwindigkeit von 140 km/h.

Die Situation bei der Deutschen Reichsbahn-Gesellschaft
Lokomotiven, die ohne weiteres eine Heraufsetzung der Höchstgeschwindigkeit im planmäßigen Zugdienst erlaubten, besaß die DRB nicht oder glaubte mit Dampflokomotiven der vorhandenen Baureihen — einschließlich der Vierzylinder-Maschinen — nicht höher gehen zu können.

Für einen künftigen Schnellverkehr, den man als Spitzenverkehr mit geringem Fahrgastaufkommen ansah, hielt man den leichten Triebwagen mit Dieselmotor für die beste Lösung. Die neuen „Fliegenden Hamburger" sowie die weiteren SVT-Serien erfreuten sich anfangs eines großen Anklangs bei Presse und Publikum. Allerdings ließ der Umsatz — ähnlich wie bei der drahtlosen Zugtelefonie auf der Strecke Hamburg — Berlin — bald nach. Ein Grund hierfür war wohl auch der FDt-Ersatz-Zug, der erforderlich wurde, sobald ein Motorwagen ausfiel („Durchfahrt eines SVT — 03 folgt im Blockabstand" war nur einer der scherzhaften Sprüche, mit denen die SVT bei den Eisenbahnern bedacht wurden in Anspielung auf deren Unzuverlässigkeit und die Hilfsrolle der Dampfloks).

Diese Ersatzzüge waren beim Personal alles andere als beliebt, weil sie die Maschinen äußerst beanspruchten — die Einheitsloks waren ja ursprünglich nur für eine Betriebsgeschwindigkeit von 120 km/h ausgelegt. Insbesondere die Treibstangenlager der Zwillingsloks, bei deren Entwurf man an eine nur selten vorkommende Inanspruchnahme der vollen Leistung gedacht hatte, zeigten sich den Geschwindigkeiten von 140 km/h und etwas darüber, die zu wenigstens annähernder Einhaltung der SVT-Pläne nötig wurden, nicht gewachsen. Daß bei schnell verschleißenden Lagern gerade eine Zwillingslok wegen der fehlenden Ausgleichswirkung gegenläufiger Antriebe, wie sie sich bei vierzylindrigen Maschinen finden, zunehmend schlechter läuft, liegt in der Natur der Sache und steckte dieser Bauart — zumindest bei den damaligen technischen Verhältnissen (keine Rollenlager und Leichtbaugestänge) — klare Grenzen. Auf der anderen Seite mußte hart beschleunigt werden, um gegen den mit weit günstigerem Leistungsgewicht — bezogen auf die Zugeinheit — operierenden SVT nicht zu sehr abzufallen. Mit den dabei tatsächlich auftretenden Kesselbelastungen hatte man ursprünglich ebensowenig gerechnet wie mit den in der harten Betriebswirklichkeit häufig planmäßig erforderlichen 1800 bis 2000 PSi Dauerleistung. Da dies alles nicht ohne Auswirkungen auf die Unterhaltungskosten blieb, stand man Plänen eines Schnellverkehrs mit Dampflokomotiven skeptisch bis ablehnend gegenüber.

Dies war aber schon damals nicht mehr recht einzusehen, wenn man bedenkt, daß es bereits sehr viel früher Fälle gegeben hatte, in denen Dampfloks über 140 km/h gefahren waren.

8

Es sei hier nur an die berühmte bayerische S 2/6 erinnert. Diese 2'B2'h4v-Lok erreichte schon 1906 ohne jede Unzuträglichkeit 155 km/h. Auch die dreizylindrige S 10.2 erreichte bei einer Probefahrt mit zufriedenstellendem Lauf 152 km/h. Die S 10.1 erzielte bei der Erprobung von Schnellzugwagen sogar 156 km/h, und nicht zuletzt die badischen IV h erwiesen sich als gut für hohe Geschwindigkeiten geeignet: schon 1934 erreichte man nach unbedeutenden Anpassungsarbeiten 154 km/h, und der Einsatz als Bremsloks beim späteren BZA Minden in den Nachkriegsjahren ist mit seiner hohen Beanspruchung der Triebwerksteile der beste Beweis dafür, daß diese Lok den Anforderungen eines 150 km/h-Betriebes gewachsen gewesen wäre. Dies wäre einer 50 %igen Steigerung der Geschwindigkeit über den anfangs festgelegten zulässigen Werten gleichgekommen und muß als weiteres Indiz für die Eignung der Vierzylinder-Verbundbauart für hohe Triebwerksdrehzahlen gelten. Stattdessen sprach man im Lokomotivausschuß davon, daß der entspannte Dampf aus den Niederdruckzylindern von Verbund-Lokomotiven nur schwer herauszubekommen sei, weshalb später für 150 km/h-Lokomotiven einstufige Dehnung in Frage kam. Doch wurde dabei nicht berücksichtigt, daß bei dem angestrebten Treibraddurchmesser der projektierten Schnellfahrlok diese Geschwindigkeit drehzahlmäßig fast nicht über den 120 km/h der S 3/6 mit 1870 mm Treibraddurchmesser lag. Da deren Niederdruckzylinder mit 670 mm gegen 660 der Einheitslok einen etwas größeren Hub hatte, kam die Kolbengeschwindigkeit praktisch auf den gleichen Wert. Auch die beiden Baureihen 04 erwiesen sich später als ausgezeichnete Schnelläufer. Wären die Dampfverbrauchswerte der thermodynamisch gut gelungenen Maschinen schon bei den Vorentscheidungen zum Bau der 05 bekannt gewesen, hätte dies sicher Auswirkungen auf deren Ausführung gehabt.

Als sich im Jahre 1931 die Lokomotivindustrie erbot, zusammen mit dem Vereinheitlichungsbüro eine Schnellzuglokomotive für ähnliche Geschwindigkeiten zu entwerfen wie sie der SVT fuhr, war daher die Reaktion der maßgeblichen Stellen der DRG sehr zurückhaltend. Denn es oblag verschiedenen Stellen der Reichsbahn, eine so grundsätzliche Frage zu entscheiden wie sie die Untersuchung der technischen Notwendigkeiten und der wirtschaftlichen Möglichkeiten bedeutete, die sich bei der Einführung eines Schnellverkehrs mit lokbespannten Schnellzügen ergaben.

Niemand sollte einer überstürzten Einführung höherer Fahrgeschwindigkeiten das Wort reden, da diese oft erhebliche Mehrkosten für die Fahrzeuge (Beschaffung und Unterhaltung) und für den Oberbau bedeuten kann — bei einer effektiven Fahrzeitverkürzung, die auf manchen ungünstigen Strecken oft nicht der Rede wert ist. Sich abzeichnende Möglichkeiten für zukünftige Entwicklungen sollte eine in zunehmenden Konkurrenzkampf kommende Eisenbahn jedoch schon rechtzeitig untersuchen, allein schon um auf dem laufenden zu bleiben und für den Tag gewappnet zu sein, an dem die Lage zu Entscheidungen zwingt.

Halten wir uns aber andererseits auch vor Augen, daß damals, vor rund 45 Jahren, ein Schnellzug immer noch d a s Symbol für Geschwindigkeit war, während sich der Kraftwagen noch nicht solcher Wertschätzung erfreute, sondern alles, was mit ihm zusammenhing, als wenig solide angesehen wurde. Darüber hinaus mußte eine längere Autofahrt als Strapaze bezeichnet werden, während der Fahrgast im Schnellzug der DRG auf kaum eine Annehmlichkeit verzichten mußte. So ist es zu verstehen, daß man sich auch bei der Reichsbahn etwas schwer tat, von der bisherigen durch die Monopolstellung der Eisenbahn geprägten Haltung abzugehen und etwas beweglicher zu werden.

Die amerikanischen Eisenbahnen haben sich hier noch wesentlich träger gezeigt und wurden vom Automobil nach dem zweiten Weltkrieg sozusagen „im Sturm genommen", während sie gerade mit neuen Dieseleinheiten für ihre berühmten Luxuszüge spielten.

Trotzdem wollte man von Seiten der DRG der Lokomotivindustrie und ihrer immerhin bemerkenswerten Initiative nicht ausgesprochen verneinend gegenübertreten. Für die Wagen-Versuchsanstalt ergab sich immerhin ein Bedürfnis nach einer besonders schnellfahrenden Lokomotive. Eigentlich hätte diesem Wunsch mit dem Umbau einer Länderbahn-Schnellzuglok entsprochen werden können. Und in der Tat sind mit der S 10.1 Fahrten vor Wagenversuchszügen bis in den zur Frage stehenden Geschwindigkeitsbereich durchgeführt worden. Wie erwähnt, wäre auch die badische IV h besonders geeignet gewesen, die bekannte Abneigung gegen die Länderbahnloks und vielleicht auch die stille Befürchtung, sie könnten sich möglicherweise den Einheitsloks in irgendeiner Hinsicht überlegen erweisen, ließ diese Möglichkeit jedoch nicht ernsthaft aufkommen. Im Bau einer neuen Lok sah man die auf jeden Fall gründlichere und bessere Lösung. Hinzu gesellte sich auch das nun doch wieder erwachende Interesse an der schnellfahrenden Dampflok und den in dieser Hinsicht zu erwartenden künftigen Möglichkeiten. Da die für eine Beschaffung einer solchen Lokomotive maßgeblichen Gründe

— Feststellung der technischen, betrieblichen und wirtschaftlichen Geschwindigkeitsgrenze bei Zugförderung durch Dampflokomotiven

— Vergleich der Wirtschaftlichkeit von Lokomotivzug und Triebwagen unter gleichen Bedingungen

— Durchführung der notwendigen Versuche mit neuen Wagen- und Bremsbauarten

auf eine nur als Einzelexemplar zu beschaffende Sonderlokomotive hinweisen, also in diesem Fall keine enge Anlehnung an die bisherigen Einheitsreihen als erforderlich angesehen wurde, regte die Hauptverwaltung (HV) an Stelle einer Zusammenarbeit mit dem Vereinheitlichungsbüro die Lokomotivindustrie zur Aufstellung von Entwürfen im freien Wettbewerb an. Die zudem empfohlenen Entwicklungsrichtungen können aus dem Schreiben des RZM an die Deutsche Lokomotivbau-Vereinigung und dem Auszug aus der Besprechung der HV mit dem RZM entnommen werden.

Wie so oft in der Geschichte der Dampflokomotive sollte von den in der Folge aufgestellten Entwürfen ein Großteil des Gedankengutes dazu verurteilt sein, über jenes Papier-Stadium nicht hinauszugelangen, wie man sich ja meistens bei der Verwirklichung anspruchsvoller Projekte auf den sicheren Boden der weitgehenden Anlehnung an bisherige Ausführungen zurückbesann. Das war ohne Zweifel ein Weg, Fiasken zu vermeiden, wie sie — im ungünstigsten Fall! — z.B. bei einem mehr oder weniger allein verantwortlichen Chief Mechanical Engineer (CME) nach britischem oder amerikanischem Muster vorkommen konnten. Andererseits aber war es auf die Dauer nicht zu vertreten, auf immer älter werdende Baugrundsätze und danach ausgeführte Maschinen zurückzugreifen, wenn man mit neuen Projekten etwas Durchgreifendes erreichen wollte. Da über diesen Problemkreis schon viel geschrieben wurde, mag hier genügen anzumerken, daß im Lokomotivbau der ganzen Welt die Losung hieß: „Evolution statt Revolution!".

Die DRG bildete keine Ausnahme, wenn die Evolution etwas arg langsam voranschritt im Vergleich mit dem Fortschritt auf anderen Gebieten der Technik, sondern sie befand sich hier in bester Gesellschaft.

Immerhin ging man an das Projekt der Schnellfahrlok mit großer Sorgfalt heran, wenn auch manche der weitreichenden Abweichungen von der Regelbauform, die einige Entwürfe der Lokomotivfabriken auf Grund der Empfehlungen der HV zeigten, weniger auf die eigentliche Geschwindigkeitssteigerung von 130 km/h auf 150 km/h zurückzuführen sind, sondern mehr auf die damals herrschende Einstellung, die diesen Wert schon als noch vertretbare Grenze für Dampflokomotiven ansah.

Der zuständige Bauartdezernent, ROR Dr. Wagner, erklärte von Anbeginn an, daß für die erhöhte Geschwindigkeit lediglich die Regelbauart, wie man sie in der Einheitslokomotive gepflegt hatte, entsprechend weiterentwickelt zu werden brauchte. Durch seine persönlichen Verbindungen nach Großbritannien war er über die dort gefahrenen hohen Geschwindigkeiten gut informiert. Hier hatten sich bereits Lokomotiven klassischer Bauform — zunächst sogar ohne Stromschale — bewährt, und so sah Wagner im Falle der Schnellfahrlok für die Reichsbahn keinen Zwang, diesen Weg der organischen Weiterentwicklung überstürzt zu verlassen.

Vorentscheidungen zur 150 km/h-Lokomotive

Entwürfe der Lokomotivfabriken

Anfänglich lag ein klar umrissenes Leistungsprogramm für die geplante neue Sonderlokomotive nicht vor. Die Forderungen richteten sich auf eine Fahrgeschwindigkeit von V = 150 km/h und ausreichende Leistungsfähigkeit, um dabei eine genügende Anzahl von D-Zug-Wagen zu befördern. Darüber, wie hoch die Leistung anzusetzen sei, bestand keine fest umrissene Vorstellung, da die Widerstandskurven für Wagenzug und Lokomotive versuchsmäßig erst bis V = 100 km/h sicher vorlagen. Bezüglich der Beschleunigung war man sich aber einig, daß diese bei einer hohen Fahrgeschwindigkeit in besonderem Maße mit zu steigen hatte, um überlange Beschleunigungswege zu vermeiden. Für den Fall der Beförderung von FFD-Zügen hing die erzielbare Fahrzeitverkürzung in hohem Maße gerade hiervon ab.

Im Laufe der Besprechungen erhöhten sich dann stufenweise die an die Lokomotive gestellten Forderungen: man sprach bald mehr von 160 km/h, wie sie der „Fliegende Hamburger" fuhr. Schließlich mußte für eine zuverlässige Einhaltung eines auf dieser Geschwindigkeit basierenden FFD-Planes eine Reserve vorgesehen werden, so daß die verlangte Geschwindigkeit endlich bei V = 175 km/h festgesetzt wurde.

Wegen der oben erwähnten Unsicherheit bezüglich der zu erwartenden Fahrwiderstände und damit der Leistungsanforderung an die Maschine wurde von einer zahlenmäßig festgelegten Forderung für die Beschleunigungswerte abgesehen und stattdessen angeregt, das Bestmögliche zu erreichen.

Das zu befördernde Wagenzuggewicht war mit 250 t bei V = 150 km/h angenommen worden.

Angesichts der gesteigerten Geschwindigkeit glaubte man bei der HV, umfangreiche Abweichungen von der Normalform empfehlen zu müssen. Die Entwürfe der Lokomotivfabriken zeigten aber letztlich doch eine ganze Reihe Regellokvorschläge mit dem Hinweis, daß man für die vorgesehene Geschwindigkeitssteigerung, die damals im allgemein-technischen Rahmen auch wieder nicht sehr hoch war, ein Abweichen von der bewährten Bauweise nicht für erforderlich halte. Immerhin waren es nur 10 km/h mehr als man mit der 03 auch schon gefahren war.

Abkürzungen in den Tabellen
(lfd. Nr. 6 „Besonderheiten")

P	Lok mit parabolischer Rauchkammerfront und Windschneideführerhaus	Kst	Kohlenstaubfeuerung
		Öl	Ölfeuerung
TL	Teilstromlinienverkleidung, umfassend parabolische Rauchkammerfront, Windschneide am Führerhaus, Verkleidungsbleche im Bereich der Zylinder	M	Antrieb durch Dampfmotor
		T	Antrieb durch Dampfturbine
		B	Zusatzantrieb auf hinteres Drehgestell (Booster; Henschel-Entwurf Nr. P II 754)
SL	Stromlinienverkleidung der gesamten Lok	De G	De Glehn-Anordnung der Zylinder (Maffei-Entwurf A 490)
U	Umgedrehte Bauweise: Lok läuft mit dem Stehkessel und Führerhaus voran	A	Ausgleichsvorrichtung gegen die Zuckkräfte beim Zwillingstriebwerk (Maffei-Entwurf A 493)

Anmerkung: Obwohl die geplanten Borsig-Tenderlokomotiven in normaler Fahrtrichtung (vorwärts) mit dem Stehkessel voran, also umgekehrt, laufen sollten, werden sie nicht als 3B2/3C2, sondern einheitlich mit den anderen Lokomotiven achsfolgemäßig von der Schornsteinseite her betrachtet, also als 2B3 bzw. 2C3 bezeichnet.

Entwürfe der Lokomotiv-Fabriken zur Schnellfahrlok der Deutschen Reichsbahn-Gesellschaft – Hauptabmessungen

I. Firma II. Entwurf		Borsig Lokomotivwerke, Berlin					F. Schichau, Elbing				VB der DLV	
		544	545	548	556a	556b	L11854	L11855	L11856	L11857	Pr 82	Pr 84
1. Bauartbezeichnung		2C2-22	2B3	2B3	2C3	2C3	2C2-22	2C2-22	2C2-22	2C2-22	2C2-22	2C2-23
		h3-S	h3-St	h4v-St	h4v-St	h4v-St	h2-S	h3-S	h2-S	h3-S	h3-S	h3-S
2. Größte Geschwindigkeit	km/h						160	160	160	160	160	160
3. Kesseldruck	kp/cm²	16	25	25	25	25	16	16	20	16	16	16
4. Umgrenzungsprofil		BO II	BO II	BO II	BO I	BO I	BO II	BO II	BO II	BO II	BO II	BO II
5. Länge über Puffer	mm	25500	18000	17800	19600	19600	25950	26150	15975	25145	25950	16950
6. Besonderheiten		P	U M SL	U M SL	U M SL	U SL	P	P	U ÖI SL	P	P	Kst P
7. Kolbenhub	mm	3×660	3×220	4×185	4×205	4×660	2×700	3×700	2×700	3×660	3×660	3×660
8. Zylinderdurchmesser HD	mm	3×500	3×325	2×295	2×300	2×300	2×600	3×500	2×550	3×520	3×500	3×500
9. Zylinderdurchmesser ND	mm	—	—	2×445	2×450	2×450	—	—	—	—	—	—
10. Treibraddurchmesser	mm	2250	2000	2000	2250	2250	2500	2500	2500	2250	2250	2250
11. Laufraddurchmesser, vorn	mm	850	1000	1000	1000	1000	1000	1000	1000	1000	1000	1000
12. Laufraddurchmesser, hinten	mm	850	1000	1000	1000	1000	1000	1000	1000	1000	1000	1000
13. Tenderraddurchmesser	mm	1000	—	—	—	—	1000	1000	1000	1000	1000	1000
14. Kuppelachsstand	mm	5150	2600	3200	5000	5000	5600	5600	5600	4900	5100	5100
15. Gesamtachsstand, Lok	mm	13800	13900	13700	15000	15000	14350	14350	14600	13000	13700	13700
16. Tenderdrehgestell-Achsst.	mm	1900	—	—	—	—	1900	1900	1900	1900	1900	1800
17. Gesamtachsstand, Tender	mm	5700	—	—	—	—	5700	5700	5475	5700	5700	6150
18. Gesamtachsstand, Lok+Tend.	mm	21870	13900	13700	15000	15000	22370	22370	22375	21365	21920	22300
19. Reibungsgewicht	t	53	40	40	52,5	52,5	52,5	52,5	54	52,5	51,9	51,9
20. Leergewicht Lok	t	107	95	95	101	101	104	106	105,3	106,3	107,3	106,3
21. Dienstgewicht Lok	t	118	—	—	—	—	115,7	117,7	121	117,5	118,5	117,5
22. Leergewicht Tender	t	31,6	—	—	—	—	32,6	32,6	32,8	32,6	32,6	38,1
23. Dienstgewicht Tender	t	73,6	—	—	—	—	74,6	74,6	73,8	74,6	74,6	80,1
24. Gesamtdienstgew. Lok	t	191,6	135	135	141	141	190,3	192,3	194,8	192,1	193,1	197,6
25. Rostfläche	m²	4,8	3,8	3,8	3,8	3,8	5,1	5,1	4,8	4,92	4,8	4,8
26. Heizfläche d. Feuerbüchse	m²						20,13	20,13	18,68	17,5	19,7	17,2
27. Heizfläche d. Rohre, ges.	m²						236,67	236,67	219,77	236,76	249,1	249,1
28. Ges. Verdampfungs-Heizfl.	m²	263	200	200	200	200	256,80	256,80	238,45	254,26	268,8	266,3
29. Überhitzer-Heizfläche	m²	93	83	83	83	83	87	87	80	86,47	90	90
30. Rohrlänge zw. Rohrwänden	mm	7250	6200	6200	6200	6200	7000	7000	6500	7000	7300	6800
31. Langkessel-Nenndurchmesser	mm	1900	1800	1800	1800	1800	1900	1900	1900	1900	1900	1900
32. Wasserrauminhalt	m³											
33. Dampfrauminhalt	m³											
34. Verdampfungsoberfläche	m²											
35. Vorräte: Wasser	m³	32	25	25	25	25	32	32	32,5	32	32	32
36. Kohle/Kohlenstaub	t/m³	10	6	6	6	6	10	10	11,3	10	10	20

Entwürfe der Lokomotiv-Fabriken zur Schnellfahrlok der Deutschen Reichsbahn-Gesellschaft — Hauptabmessungen

I. Firma / II. Entwurf	Einheit	Henschel&Sohn, Kassel			Maffei, München		Friedr. Krupp, Essen						Schwartzk.
		PI 755	PI 756	PII 754	A 490	A 493	Lp15676	Lp15674	Lp15676	Lp15678	Lp15682	Lh23209	P 3084
1. Bauartbezeichnung		2C2-22 h4v-S	2C2-22 h4v-S	2C2-22 T-S	2C2-22 h4-S	2C2-22 h2-S	2C2-22 h4v-S	2C2-33 h4v-S	2C2-33 h4v-S	2C2-22 h4v-S	2C2-22 h4v-S	2C2-22 T-Kond-S	2C2-22 h4-S
2. Größte Geschwindigkeit	km/h	160	160	160	160	160	160	160	160	160	160	160	160
3. Kesseldruck	kp/cm^2	25	25	25	20	20	16	25	25	25	25	25	16
4. Umgrenzungsprofil		BO I	BO I	BO I	BO II	BO II	BO II	BO II	BO II	BO II	BO II	BO II	BO I
5. Länge über Puffer	mm	24745	25230	24580	25200	24700	25270	26640	26740	25550	25550	26515	25900
6. Besonderheiten		TL	U ÖI SL	P T B	De G.	A	TL	Kst TL	U Kst TL	U ÖI SL	TL	T SL	SL
7. Kolbenhub	mm	4×660	4×660	—	4×660	2×660	4×660	4×660	4×660	4×660	4×660	—	4×630
8. Zylinderdurchmesser HD	mm	2×360	2×360	—	4×380	2×540	2×460	2×400	2×400	2×400	2×400	—	4×390
9. Zylinderdurchmesser ND	mm	2×560	2×560	—	—	—	2×670	2×580	2×580	2×580	2×580	—	—
10. Treibraddurchmesser	mm	2250	2250	2000	2250	2250	2250	2250	2250	2250	2250	2000	2200
11. Laufraddurchmesser, vorn	mm	1000	1000	1000	1000	1000	1000	1000	1000	1000	1000	1000	1100
12. Laufraddurchmesser, hinten	mm	1000	1000	1250	1000	1000	1000	1000	1000	1000	1000	1000	1250
13. Tenderraddurchmesser	mm	1000	1000	1000	1000	1000	1000	1000	1000	1000	1000	1000	1000
14. Kuppelachsstand	mm	5000	5000	5000	5000	5000	5000	4900	4900	4900	4900	4600	5000
15. Gesamtachsstand, Lok	mm	13400	13900	13500	13100	13100	13000	12900	12900	12900	12900	13800	13800
16. Tenderdrehgestell-Achsst.	mm	1900	1900	1900	1900	1900	1900	2600	2600	1900	1900	1800	1900
17. Gesamtachsstand, Tender	mm	5700	5700	5700	5700	5700	5700	6700	6700	5700	5700	7300	5700
18. Gesamtachsstand, Lok+Tend.	mm	21315	21650	21150	21170	21170	21590	22340	22340	20970	20970	22600	22200
19. Reibungsgewicht	t	53,4	53,4	53,4	52,5	52,5	52,5	52,5	52,5	52,5	52,5	60	52,5
20. Leergewicht Lok	t	106	106	107,5	104	104	106,1	107,4	109,5	109,5	109,5	105	105
21. Dienstgewicht Lok	t	117	117	118,5	115	115	118,2	118,4	120,5	120,5	120,5	130	114,5
22. Leergewicht Tender	t	31,6	35	31,6	32,6	32,6	32	49,5	49,5	35,5	35,5	34,1	34,1
23. Dienstgewicht Tender	t	73,6	75	73,6	74,6	74,6	74	95	95	75,5	75,5	72	73,6
24. Gesamtdienstgew. Lok	t	190,6	192	192,1	189,6	189,6	192,2	213,4	215,5	196	196	202	188,1
25. Rostfläche	m^2	4,5	3,7	4,5	5,0	5,0	5,0	4,7	4,7	4,7	4,7	4,05	4,37
26. Heizfläche d. Feuerbüchse	m^2	19	17,5	19	23	23	22,1	21	21	21	21	20,0	20,0
27. Heizfläche d. Rohre, ges.	m^2	226	215,8	226	230	230	245,5	216,5	216,5	216,5	216,5	169,6	219,1
28. Ges. Verdampfungs-Heifl.	m^2	245	233,3	245	253	253	267,6	237,5	237,5	237,5	237,5	189,6	
29. Überhitzer-Heizfläche	m^2	128	100,3	128	84	84	90	80	80	80	80	88	84
30. Rohrlänge zw. Rohrwänden	mm	6500	7500	6500	6800	6800	7300	7300	7300	7300	7300	5800	6800
31. Langkessel-Nenndurchmesser	mm	1900	1800	1900	1900	1900	1900	1750	1750	1750	1750	1700	1800
32. Wasserrauminhalt	m^3		10,5									7,97	
33. Dampfrauminhalt	m^3		4,8									3,36	
34. Verdampfungsoberfläche	m^2		14,7									12,1	
35. Vorräte: Wasser	m^3	32	32	32	32	32	32	32	32	32	32		30
36. Kohle/Kohlenstaub/Öl	t/m^3	10	9,2	10	10	10	10	27	27	7,5	7,5		9,5

Borsig-Lokomotivwerke

Studie „Untersuchungen eines Schnellverkehrs mit 150 km Stundengeschwindigkeit in der Ebene"

In der Annahme, daß die Reichsbahn in näherer Zukunft, ebenso wie auch andere Bahnen vereinzelt zu höheren Fahrgeschwindigkeiten übergehen müsse, um konkurrenzfähig zu bleiben, unterbreitete die Firma A. Borsig nicht nur die Entwürfe für die 2C2-S, sondern stellte von sich aus eine Studie auf. Darin wurden eingehend die Möglichkeiten und Erfordernisse eines Verkehrs mit 150 km/h Plangeschwindigkeit behandelt, besonders auch im Hinblick auf die dafür notwendig werdenden neuen Lokomotiven.

Im allgemeinen Teil wurde insbesonders schon die Bedeutung des Flugverkehrs mit seinen Möglichkeiten einer bedeutenden Kürzung der Reisezeiten hervorgehoben und die Strecken Berlin — München, — Amsterdam, — Wien zum Beispiel genommen, daß es bei weiterer Steigerung der Fluggeschwindigkeit auf 300 km/h, wie von der Lufthansa damals geplant, möglich sein würde, zu einem Geschäftsbesuch in den genannten Städten Berlin morgens zu verlassen und bereits am selben Abend wieder zurück zu sein.

Es klingt fast mahnend, wenn es heißt: „Man muß sich diese außerordentlichen, im Luftverkehr möglichen Fortschritte gegenwärtig halten, um die schwere Konkurrenz zu verstehen, die dadurch einem außerordentlich hoch gesteigerten Eisenbahnschnellzugsverkehr erwachsen wird."

Ebenso wurde die Problematik der Fahrzeitverkürzungen überhaupt beleuchtet. So ist es nicht immer erwünscht und vorteilhaft, früher anzukommen, z.B. bei einer Nachtfahrt, wenn dadurch die Nachtruhe unangenehm verkürzt wird und man den Zielbahnhof zu solch früher Stunde erreicht, daß man bestenfalls die Zeitungsträger und Brotlieferanten bei der Arbeit antrifft. Auch wird eine maschinentechnisch aufwendig erkaufte Fahrzeitkürzung auf Strecken mit vielen Halten und ungünstiger Lage des Bahnhofs nur eine sehr geringe Auswirkung auf die Reisezeitverkürzung haben, also auf die Zeit von Haus zu Haus, die den Fahrgast allein interessiert — sofern er nicht jenem kleinen Personenkreis der Eisenbahnreisenden angehört, der sich an der technischen Errungenschaft hoher Geschwindigkeiten als solcher erfreut.

Der Aufwand, Fahrzeiten zu kürzen bzw. bei verkürzter Fahrzeit Verspätungen wieder aufzuholen, wurde verdeutlicht an dem Beispiel eines Zuges mit der Plangeschwindigkeit 100 km/h. Wenn dieser Zug seine Geschwindigkeit für einen gegebenen Weg s auf 70 km/h verringern müßte, so würde er eine gleiche Strecke s mit einer Geschwindigkeit von 170 km/h zurücklegen müssen, um die Verspätung wieder einzufahren — dabei noch abgesehen von den Zeiten für Verzögerung und Beschleunigung.

Die Studie kam zu dem Schluß, daß im Gebiet der DRG Geschwindigkeitssteigerungen nur für einen relativ begrenzten Teil der Züge zweckmäßig sind, da die Entfernungen meist ungünstig gering lagen und die Aufenthalte zu zahlreich waren.

Man nennt einen Entfernungsbereich von 200 bis 700 km, der hierfür interessant wäre und weist gleichzeitig darauf hin, daß dabei aber nur eine schon sehr große Geschwindigkeitssteigerung wirkliche Vorteile zu bringen vermag.

Für uns heute ist das alles recht modern zu lesen, und es mag vielleicht überraschen, wie schlecht schon damals die Zeichen für die Eisenbahn standen und man die Möglichkeiten bereits ähnlich einschätzte wie heute die DB.

Auch Subventionen des Luft- und Straßenverkehrs wurden in der Studie schon genannt, wie denn auch die heutige Situation der Bahn großenteils auch auf Entscheidungen der damaligen

Zeit beruht. Während die Reisenden auf der Straße und in der Luft von der öffentlichen Hand Unterstützung erhielten (die Studie nannte 20 Pfennig pro Personenkilometer für das Auto und 30 Pfennig für den Reisenden in „Aeroplanen"), fielen für die Eisenbahn pro verlorenen Fahrgast und km noch Kosten an (10 Pfennig), weshalb es für sie schwer, wenn nicht gar unmöglich sei, die Kosten eines ansprechenden Schnellverkehrs aufzubringen und diesen gewinnbringend zu betreiben. Man nannte diese Entwicklung schon in den Borsig'schen Zeilen von 1932 einen volkswirtschaftlich ungesunden Weg: „Letzten Endes wirken sich diese für unsere jetzige Wirtschaftslage ungerechtfertigten Unterstützungen so aus, daß sie, von der Masse der Bevölkerung aufgebracht, nur einem kleinen Teil zugute kommen, ein Luxus, der für das nächste Jahrzehnt jedenfalls nicht gerechtfertigt erscheint." In diesem Punkt sollte die Geschichte der Borsig'schen Stimme in unvorhergesehenem Maße recht geben!

Bei weiterer Lektüre der Studie fallen allerdings auch Ungereimtheiten auf. So wurde im Text angegeben, daß die Kurven für die effektive Zughakenleistung der zum Vergleich herangezogenen 01 und 03 etwas günstiger angenommen seien als in der Grafik in der Literatur, „so daß diese Lokomotivtype 150 km/h auch noch mit einem leichten Zug erreichen wird.". Tatsächlich aber erreicht in der Borsig-Grafik die 01-Leistung schon vor Erreichen von 150 km/h den Wert Null, d.h. die Lok vermag am Zughaken keinerlei Zugkraft mehr auszuüben. Dies konnte natürlich auf der Tagung des Lokomotiv-Ausschusses kein günstiges Licht auf die Borsig-Vorlagen werfen. ROR Dr. Wagner verwahrte die Einheitsloks in einem knappen Kommentar gegen ein solches Verhalten und ging sodann zur Kritik an den Borsig-Entwürfen über.

Gefährlich wirkte sich auch die vereinfachende Darstellungsweise des Einflusses des Treibraddurchmessers auf die einer bestimmten Leistung entsprechende Geschwindigkeit aus. In der Studie wurde die Verschiebung der Kurven von Leistung und mechanischem Wirkungsgrad auf eine höhere Geschwindigkeit V' (ausgehend von V) so gut wie direkt proportional zur Vergrößerung des Treibraddurchmessers von D auf D' angesetzt. Während dies für die i n d i z i e r t e Leistung bei sonst unveränderten Maschinenabmessungen vereinfachend zutrifft, so irrt man, wenn man daraus das gleiche für die effektive Leistung am Zughaken folgert, wie es — wohl aus der damaligen Begriffsfassung des mechanischen Wirkungsgrades heraus, die noch den Luftwiderstand mit einschloß, obwohl er nichts mit der Mechanik des Antriebs zu tun hat — in der Studie geschah: Da also die Zughakenleistung der Einheitsloks bei V = 150 km/h Null werde, meinte man, die Notwendigkeit von größeren Treibraddurchmessern für die Schnellfahrlok (2250 oder besser noch 2400 mm) beweisen zu können. Dabei ist jedoch zu bedenken, daß sich der Luftwiderstand durch größere Raddurchmesser nicht in höhere Fahrgeschwindigkeiten verschieben läßt wie ein fallender mechanischer (Triebwerks-) Wirkungsgrad. Die Verschiebung des Leistungsscheitels $N_{e\ max}$ auf höhere Geschwindigkeit ist daher nicht annähernd proportional der Verschiebung von $N_{i\ max}$ von V auf V'. Außerdem steht nicht mehr die gleiche Leistung $N_{e\ max}$ zur Verfügung wie im ersten Fall ($N_{i\ max}$ bei V), sondern eine verminderte. Für die Erreichung höherer Fahrgeschwindigkeiten ist also die entsprechende Verschiebung und besonders Erhöhung der e f f e k t i v e n Leistung am Z u g h a k e n maßgebend. Ersteres könnte man auch mit einer Anpassung der Triebwerksabstimmung — maßgeblich kürzerem Hub — erreichen, während für letzteres auf jeden Fall ein gesteigertes Dampfangebot, zweckmäßigerweise Hand in Hand gehend mit einer Senkung des spezifischen Dampfverbrauchs, nicht umgangen werden kann. Eine Vergrößerung des Treibraddurchmessers wird nur zwingend notwendig, wenn eine Drehzahlsteigerung nicht vertretbar erscheint. In Deutschland hatte man sich durch die Technischen Vereinbarungen (§ 69) auf verhältnismäßig niedrige Drehzahlgrenzen festgelegt.

Des weiteren mutet befremdlich an, daß bei zeitgemäßer Kesselnennlast (Norm von B_H = 57 kg/m^{2}h) die entworfenen Lokomotiven gar nicht die geforderten Geschwindigkeiten hätten erreichen können. An Hand von Beschleunigungskurven weist die Firma vielmehr selbst nach, daß ihre 2C2-S nur 135 bis 140 km/h erreiche (leider ohne nähere Angabe des zugehörigen Zuggewichts; es ist anzunehmen, daß es sich um die vorgeschriebenen 250 t handelte). Wenngleich man mit der Angabe, die 03 würde sogar nur rund 125 km/h erreichen, seine eigenen

Zahlen als zu niedrig hinstellte, so läßt sich trotzdem wohl schwerlich ein unkaufmännischeres Vorgehen denken, wie denn die Studie überhaupt wenig darauf abgestimmt ist, bei höheren Stellen des Kunden, der Reichsbahn, Anklang zu finden. Bei der Schlepptenderlok glaubte man also schon im Normalfall — noch ohne jegliche betriebliche Verzögerung oder Erschwernis — eine über das gängige Maß hinausgehende Belastung des Kessels verantworten zu können. Wir dürfen uns hier nicht von unserem heutigen Wissen um die Möglichkeiten höherer Kessel-anstrengungen einerseits und dem bekannten Verhalten der Langrohrkessel anderseits täuschen lassen: damals galt noch uneingeschränkt die 57 kg/m^{2}h-Grenze. Dank wesentlich geringer angesetztem Gesamtwiderstand ist hierin die 2B3-Tenderlok trotz geringerer Leistung laut Borsig-Grafik nicht in gleichem Maße in Bedrängnis. Ob sich die Fahrwiderstände, die ja haupt-sächlich aus Luft- und Rollwiderstand der Lok und des Wagenzuges bestehen, allein durch die Verringerung des Betriebsgewichtes und der Achszahl der Lok (!) um fast ein Drittel herab-setzen lassen, bliebe zu klären.

Im Lokomotiv-Ausschuß stand jedenfalls schnell fest, daß die Tenderlok für das vorgesehene Leistungsprogramm mit ihren nur zwei Kuppelachsen nicht genug Zugkraft entwickeln könne — obwohl eine andere Grafik anhand von Versuchen des In- und Auslandes mit Einheitslokomoti-ven und elektrischen Lokomotiven für den Verlauf des Reibungsfaktors $Z_R : G_{LR}$ bei steigen-der Geschwindigkeit einen wesentlich günstigeren Verlauf versprach, so daß die zweifach ge-kuppelte Motorlokomotive ab V = 110 km/h eine etwa gleichgroße (gegen V = 150 km/h sogar bessere) Reibungszugkraft aufweisen sollte als eine dreifach gekuppelte Lok mit direktem Antrieb und entsprechender Achslast (G_{LR} = 53 t gegen 39 - 33 t der Tenderlok).

Nur am Rande sei gefragt, an welchen Geschwindigkeitsbereich man dachte, wenn es als Vorteil der Motor-Getriebe-Anordnung heißt: ,,Die große Drehzahl der Dampfmaschine ergibt vorzüg-liche und gleichmäßige Feueranfachung, so daß man mit einem geringen Vakuum in der Rauch-kammer auskommt.'' Bei 150 km/h jedenfalls dürfte auch die Taktfolge eines direkten Antriebs mit 2250 mm-Rädern schnell genug sein, um gerade in Anbetracht der Gassäule im Langrohr-kessel eine kontinuierliche Saugzugwirkung auf das Feuer auszuüben; einzelne Auspuffstöße heben sich hier sowieso nicht mehr ab.

Nicht zuletzt ist für einen sicheren Betrieb mit hohen Fahrgeschwindigkeiten auch eine ent-sprechende Verzögerung durch wirksame Bremsen erforderlich. Die Studie von Borsig ging auf diese Probleme und Anforderungen ebenso ein wie auf die technischen Zusammenhänge zwi-schen Rad und Schiene, Zusammenhänge zwischen Kurvenradius, Überhöhung und Geschwin-digkeit. Auch hier zeigte sich die Motor-Getriebe-Anordnung dem direkten Antrieb durch die gleichmäßige Radbelastung überlegen. Für den Regelbetrieb wies man bis zu 40 % dynamische Mehrbelastung der äußeren Schiene in Kurven durch Triebwerkseinflüsse nach und folgerte daraus, daß die mit gleichmäßigem Treibachsdruck operierende 2B3-Tenderlok den Oberbau bei sonst gleichen Verhältnissen noch bei V = 150 km/h nicht so beansprucke wie eine Regellok bei V = 105 km/h. Die daraus folgenden Möglichkeiten, auf vorhandener Trasse kürzere Fahrzei-ten zu verwirklichen, wären heute ebenso aktuell wie damals — sogar noch mehr, wenn man an die bogenabhängige Wagenkastensteuerung denkt.

Über die Lager- und Triebwerksbeanspruchung und Fragen der Schmierung kam man schließ-lich zur Frage der Fahrsicherheit und der Wirtschaftlichkeit mit Berücksichtigung der Kohle-bzw. Ölfeuerung. Der Ölpreis machte damals diesen Brennstoff unrentabel, wenn nicht ganz beträchtliche Gewinne an thermischem Wirkungsgrad durch andere, neuartige Bauformen mög-lich würden, die mit Kohlefeuerung nicht erzielbar wären. Ein solcher Fall wäre der Dampf-triebwagen nach dem Borsig-Entwurf gewesen, der von zwei automatisch gesteuerten Doppel-anlagen von Hochdruckverdampfern, schnellaufenden Dampfmotoren in abgekapseltem Ölbad mit Kondensation, angetrieben werden sollte. Bei dieser scharfsinnig erdachten, auf hohen thermischen Wirkungsgrad getrimmten Anordnung hätte sicher der Ölpreis im Verhältnis zu den Unterhaltungskosten eine nurmehr untergeordnete Rolle gespielt.

Die Entwürfe

A⁴ - Dampf-Lokomotivwagen

In engem Zusammenhang mit der Studie zeichnet sich der Entwurf durch ein ungemein niedriges Leistungsgewicht aus, was die Beschleunigung natürlich nachhaltig verbessert und diese Zugart für die vorgenannten Probleme des Schnellverkehrs besonders geeignet erscheinen läßt. Dies gilt um so mehr, wenn man sich vergegenwärtigt, daß bei Einmannbedienung, wie sie durch die vorgesehene automatische Steuerung der Kessel-Hilfs-Anlagen möglich gewesen wäre, ohne Fahrpersonal-Mehraufwand eine größere Anzahl kürzerer Zugeinheiten hätte verkehren können (dichtere Zugfolge = verbesserte Verbindungen).

Skizzieren wir kurz die Bauart des Dampftriebwagens: In vier stehenden Hochdruckverdampfern mit einem maximalen Betriebsdruck von 100 atü und 60 bis 70 atü mittlerem Druck wird auf 400 Grad überhitzter Dampf in einer nach dem Gegenstromprinzip arbeitenden Rohrschlange erzeugt. Diese einzeln durchgehende Rohrschlange besorgt nacheinander Vorwärmung, Verdampfung und schließlich Überhitzung. Die Heizfläche beträgt dabei 40 m² pro Kessel. Wegen des geringen Wasserinhalts (geringe Wärmespeicherung) ist Ölfeuerung erforderlich.

Von diesen Kesseln werden schnellaufende Dampfmotoren gespeist, die in Zwei-Zylinder-Verbund-Bauweise bei hoher Ausnutzung des Wärmegefälles für 1200 U/min. bei V = 150 km/h ausgelegt sind. Das schwächste Glied in der Kette der Aggregate dieses Antriebs dürften die Dampfleitungen vom Verdampfer zu den Motoren sein: Da die Motoren auf dem Drehgestell montiert sind, um über eine Untersetzung die Achsen direkt antreiben zu können, wurden bewegliche Dampfleitungen vorgesehen. Es wäre sicher eine überragende technische Leistung gewesen, wenn es gelungen wäre, diese Hochdruckleitungen dauerhaft dicht zu halten; die Erbauer von Mallet-Lokomotiven wären ohne Zweifel in höchstem Maße an einer solchen Errungenschaft interessiert gewesen.

Der vierachsige Dampfwagen sollte je nach Bedarf mit voller Leistung (alle vier Anlagen in Betrieb) oder durch Abschalten der zwei Kessel für eines der Drehgestelle ebenso wirtschaftlich mit halber Leistung betrieben werden. Als gesamte Leistung der vier Motoren wurden beachtliche 1600 PSi genannt, wobei das Mittelteil des mit etwa 80 Tonnen Dienstgewicht veranschlagten 21,6 m langen Fahrzeugs noch als Gepäck- und Postraum verbleiben sollte.

2C2-Schlepptenderlok, Ref. Nr. 544

Bei diesem Entwurf war man bemüht, möglichst viele Einheitsbauteile zu übernehmen: Drehgestelle, Zylinder, Kümpelteile usw. Zur großen Rohrlänge von 7250 mm erklärte man, daß damit keine Schwierigkeiten zu erwarten seien, wenn man die gewählten Rohrabmessungen des Entwurfs beibehielte und die Rohre sorgfältig verteile. Die Zylinder liegen in einer Ebene, und auch der Innenzylinder liegt waagerecht. Das sich hieraus ergebende Treibstangenverhältnis für den Antrieb auf die erste Treibachse wurde mit 1:6 als ausreichend bezeichnet. Im Lokomotiv-Ausschuß befand man darüber anders; und es hat sich bei den Drillings-Einheitsloks denn auch eine Empfindlichkeit des Innentriebwerks gezeigt, die auf das ungünstige Verhältnis von Treibstangenlänge zu Kurbelradius zurückgeführt wird.

Die Lok ist für das Durchfahren von Bögen mit 180 m Halbmesser und die Reichsbahn-Weiche 1:7,5 ausgebildet.

Zur allgemeinen Durchbildung bliebe zu vermerken, daß die gewollte Vereinheitlichung der Proportionierung und technischen Durchbildung der Lokomotive sichtbar Gewalt antut. Nicht nur wirkt die Lok mit den vorne bzw. hinten gleichen Einheitsdrehgestellen mit nur 850 mm Laufraddurchmesser gegenüber der kleineren 03 wenig harmonisch, die Anordnung ist auch

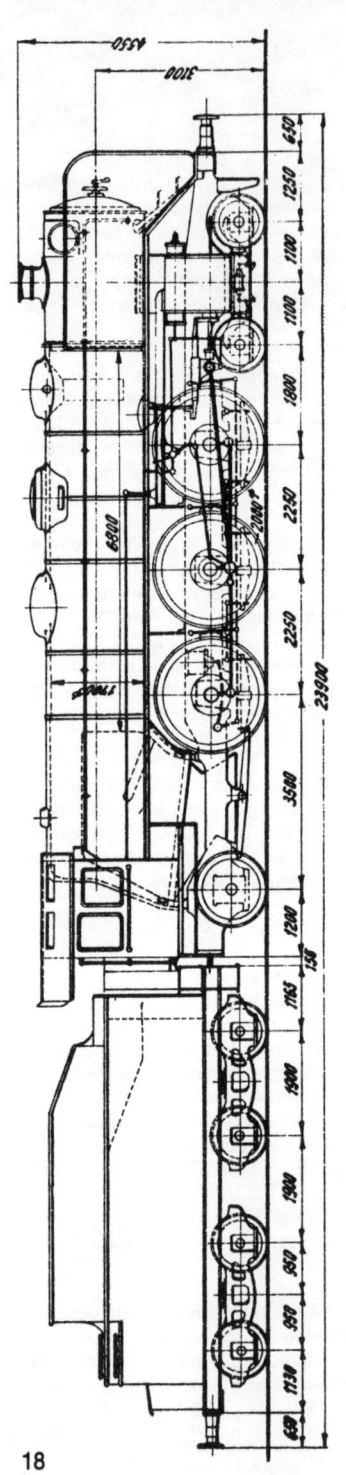

2C1-h2-Schnellzuglokomotive Baureihe 03

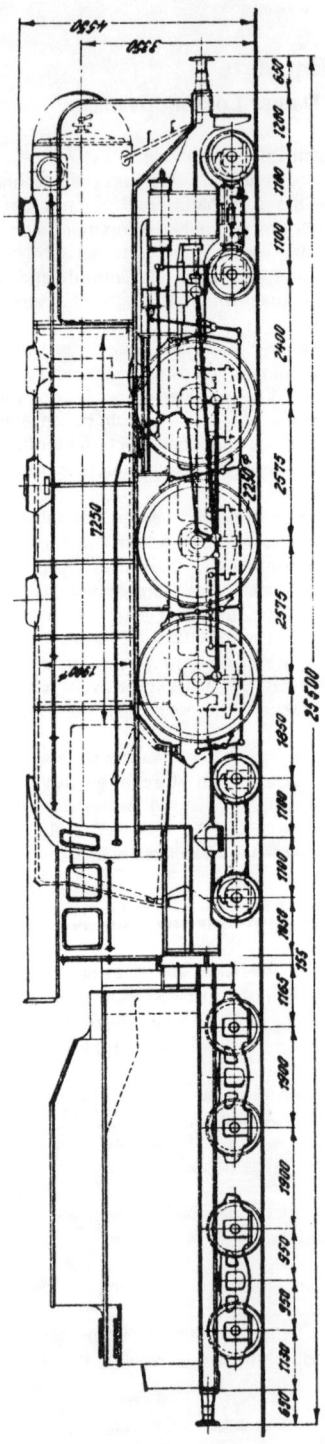

2C2-h3-Schnellfahrlokomotive, Ref. Nr. 544

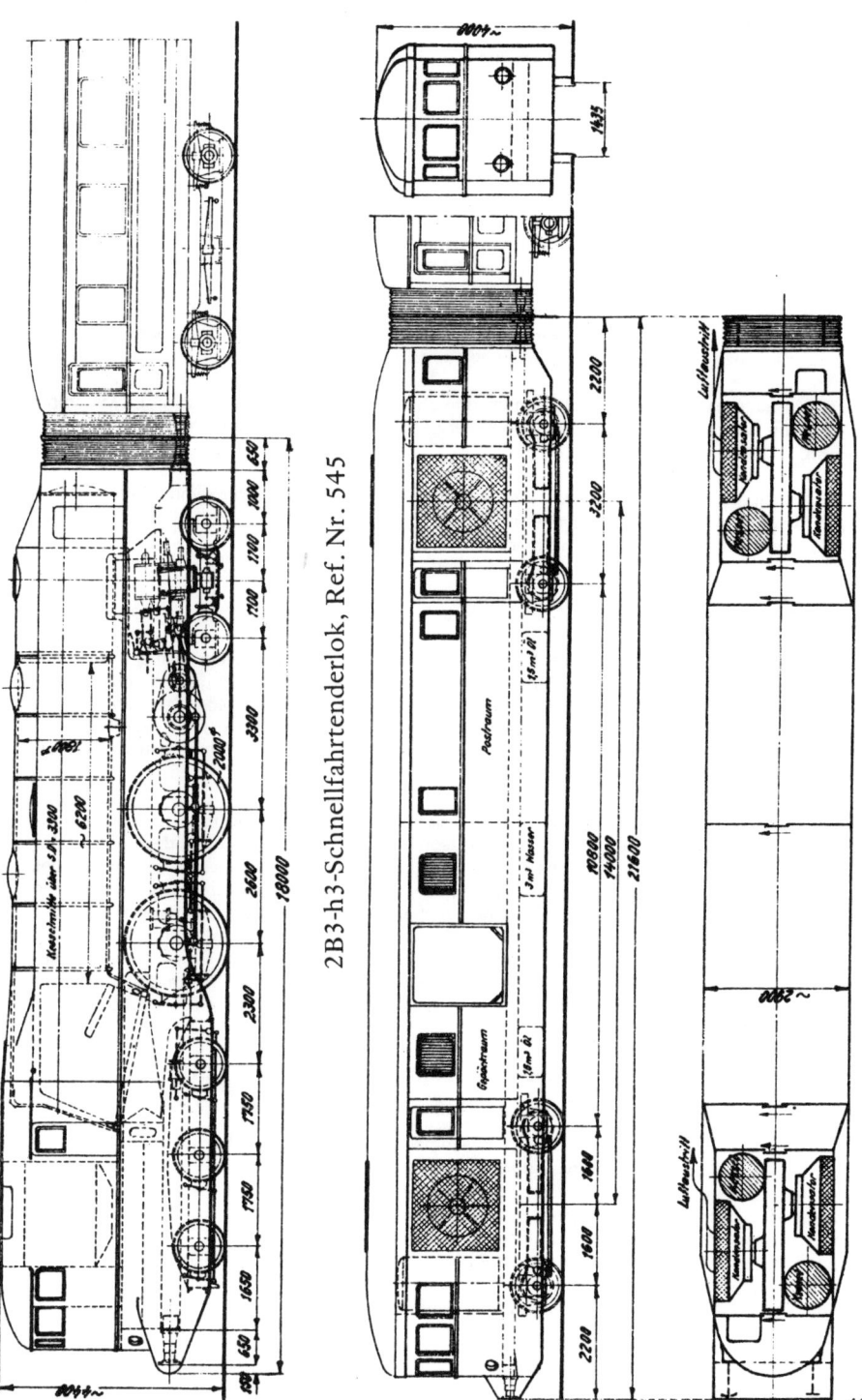

2B3-h3-Schnellfahrtenderlok, Ref. Nr. 545

A4-Dampftriebwagen

weniger zweckmäßig als es eine individuelle Ausbildung der Drehgestelle entsprechend ihrer Aufgabenstellung wäre: Während das vordere als führendes Gestell einen langen Achsstand haben und vorteilhaft mit Innenrahmen ausgeführt werden sollte, wurde für das hintere Außenrahmen und ein kürzerer Achsstand vorgesehen, um von der letzten Kuppelachse genügend abzurücken (Luftzuführung und Aschkastenausbildung!). In der vorliegenden Form behindern die Achsen und der Drehgestellrahmen mit Drehzapfen in der Mitte des Gestells nachhaltig die Aschkastenausbildung. Insgesamt wirkt die Stehkesselseite im Gegensatz zur eher gestreckten Frontpartie gedrängt. Über den kleinen Laufrädern umfaßt das vergleichsweise fast übergroße Führerhaus die halbe Rostfläche, d.h. der Stehkessel nimmt von dem ansich geräumigen Arbeitsplatz der Lokmannschaft den größeren Teil selbst ein. Vergessen wir jedoch nicht, daß man z.B. in Großbritannien der Tatsache, daß die Leistungsfähigkeit der Lok bei der Leistungsfähigkeit der Mannschaft und damit bei den geschaffenen Arbeitsbedingungen anfängt, oft noch beträchtlich weniger Augenmerk schenkte. Ein bewährtes Mittel war in solchen Fällen dann nur allzu leicht der Gedanke, „Abwarten, ob Gewöhnung eintritt!".

Der Tender wurde unverändert übernommen; obwohl er vorrätemäßig für eine so große Maschine etwas knapp war, wäre er in Anbetracht des Verwendungszwecks der Maschine noch brauchbar gewesen.

Die im Prinzip gleiche Maschine wurde als Variante mit einem Kesseldruck von 25 atü angeboten, in diesem Fall mit Vierzylinder-Verbundmaschine oder mit Wagner-Zylindern als Drilling. Man bot diese Alternative immerhin als „erwägenswert" an.

2B3-Tenderlokomotive, Ref. Nr. 545/548

Der Vorschlag ist rückblickend gerade durch seine Beschränkung der neuartigen Bauelemente überzeugend: Die meisten Beispiele eines Ausbruchs aus der überlieferten Standard-Bauweise vereinigten in sich zu viele neue Ideen zugleich, so daß sich zu viele Möglichkeiten für Störungen ergaben und die Ursachen für das Versagen von Baugruppen zu unübersichtlich wurden, um noch mit einigermaßen vertretbaren Aufwand untersucht und abgestellt werden zu können.

Bei der Borsig-Motor-Tenderlok ist nun gerade das vermieden worden. Das neue Bauteil „Dampfmotor" findet im weitgehend der Regelform entsprechenden restlichen Aufbau der Lokomotive Arbeitsbedingungen vor, die sich wesentlich günstiger zu einer betrieblichen Bewährung des Antriebs stellen. Störungen, die nicht von dem neuen Bauelement herrühren, verursachen keine größeren Kosten und Einsatzunterbrechungen als bei Regellokomotiven. Die Bewährung eines höheren Kesseldrucks hängt von der richtigen Dimensionierung des Kessels und von der Wahl des Baustoffes und dessen Eignung für den Lokomotiv-Kesselbetrieb ab. Daß z.B. der spätere St47K, den man hauptsächlich aus Kostengründen gewählt hatte, diesen Anforderungen nicht genügte, hat nichts mit dem Kesseldruck zu tun. Es gab bekanntlich einmal eine Zeit, da betrachtete man 9 atü als hohen Kesseldruck!

Von Seiten der Firma wurden für die Lokomotivbauart als besondere Vorteile gegenüber der Regelbauart genannt:

— von unausgeglichenen Massen befreites, gleichmäßiges Rollen der Treibachsen,
— geringere Neigung zum Schleudern durch konstantes Reibungsgewicht,
— geringere Beanspruchung des Oberbaus selbst bei höherem Achsdruck als für Regellok zugelassen, insbesondere in Kurven,
— vollständiger Massenausgleich des Motors,
— durch beträchtliche Steigerung der Drehzahlen des Motors und auch der Treibachsen kleinere Abmessungen der Bauteile, Gewichtsersparnis, übersichtliche Bauform,
— durch höhere Drehzahl gleichmäßigere Feueranfachung.

Die Kritik des RZM lautete:

„Die Beschränkung auf zwei angetriebene Achsen ist verfehlt, da bei hoher Geschwindigkeit die Reibung zwischen Rad und Schiene stark abnimmt, wie die Versuche der letzten Jahre zeigen. Die Vorteile des besseren Massenausgleichs werden unseres Erachtens durch schwerwiegende Nachteile erkauft. Als solche sind unter anderem anzusehen:

— Trennung von Heizer- und Führerstand durch Vorratsraum,
— Voranlaufen des dreiachsigen Drehgestells dürfte wegen der Belastung durch Vorräte und vorliegendem Stehkessel hohe Anlaufdrücke aufweisen,
— Reibungsgewicht von 35 - 40 t für Anfahrbeschleunigungen nachteilig gegenüber Reibungsgewicht von rund 54 t,
— schnellaufender Dampfmotor für die verlangten Leistungen noch nicht genügend erprobt. Zwischengetriebe verteuert Beschaffungskosten."

2C3-Tenderlok, Ref. Nr. 556 a/b

Bei Borsig wurden daraufhin — zusammen mit den Untersuchungsergebnissen der Windkanalversuche an der TH Berlin — nochmals Entwürfe zu einer vergrößerten, prinzipiell aber gleichen Tenderlok eingereicht, die nun als 2C3 das von der Reichsbahn geforderte Reibungsgewicht bot. In zwei Varianten war die Lok mit Motorantrieb oder mit Regelantrieb bei beiden Fällen 2250 mm Treibraddurchmesser vorgeschlagen.

Technisch waren durch die Möglichkeit eines Rückbaues der Motor-Lokomotive in eine der Regelbauart die Risiken weitgehend herabgesetzt worden.

Trotzdem wurde der Entwurf mit knappem Hinweis auf die schon bei der 2B3-Lok gerügten Merkmale (dreiachsiges Drehgestell schwerer Belastung voranlaufend und Trennung von Lokführer und Heizer durch den Kohlebunker) zugleich mit dem Entwurf einer Turbinenlok von Krupp als „nicht geeignet" abgelehnt: „An unserem Gesamturteil vom 10. Juni ändert sich durch diese neuen Entwürfe nichts" lautet lakonisch der Schlußsatz des kurzen Schreibens des RZM an die Hauptverwaltung zu den beiden Nachträgen von A. Borsig und Friedr. Krupp.

Dennoch war damit die 2C3-Tenderlok nicht erledigt. Bei Borsig arbeitete man den Entwurf so um, daß nunmehr die Schwerpunktlage sogar 10 mm hinter Achsstandmitte, also vom beargwöhnten dreiachsigen Drehgestell entfernt lag. Bei der 01 lag sie 210 mm vor der Achsstandmitte. Es mag dahingestellt bleiben, inwiefern sich die Schwerpunktlage einer Lokomotive millimetergenau vorausbestimmen läßt; jedoch ließen diese Zahlen erkennen, daß von einer unguten Anhäufung von Gewicht nunmehr keine Rede sein konnte. Allerdings kommt es nicht allein auf das absolute Gewicht an, sondern auch auf die Pollage. Schließlich spielt die Abstimmung der Rückstellkräfte eine entscheidende Rolle bezüglich der Anlaufdrücke und der Laufgüte; hier sah es bekanntlich bei den Einheits-2C1-S-Loks nicht gerade günstig aus. Das voranlaufende Drehgestell überließ in der ursprünglichen Ausführung aufgrund zu schwacher Rückstellfedern und -vorspannung einen ungünstig hohen Anteil der Führungsarbeit der ersten Kuppelachse, was zu unruhigem Lauf, hohen Beanspruchungen von Maschine und Oberbau Anlaß gab. Bekanntlich hatte man bei J.A. Maffei — unterstützt durch den ansich schon ruhigeren Lauf der Vierzylindermaschine — hier früher eine glücklichere Hand bewiesen.

Auch die Bedenken, daß die mittlere Achse des dreiachsigen Gestells sich nicht an der Führung beteilige, waren nun berücksichtigt und durch die Anlenkung der vorderen beiden Achsen ähnlich einem Krauß-Helmholtz-Gestell entkräftigt. Ein einwandfreies Führen zumindest zweier Achsen war nun sichergestellt. Jedoch äußerte ROR Dr. e.h. Wagner nun wiederum Vorbehalte gegen den Geradeauslauf der Lokomotive, der durch „ das jetzt vorgesehene kraußartige Gestell ... sehr unruhig" würde.

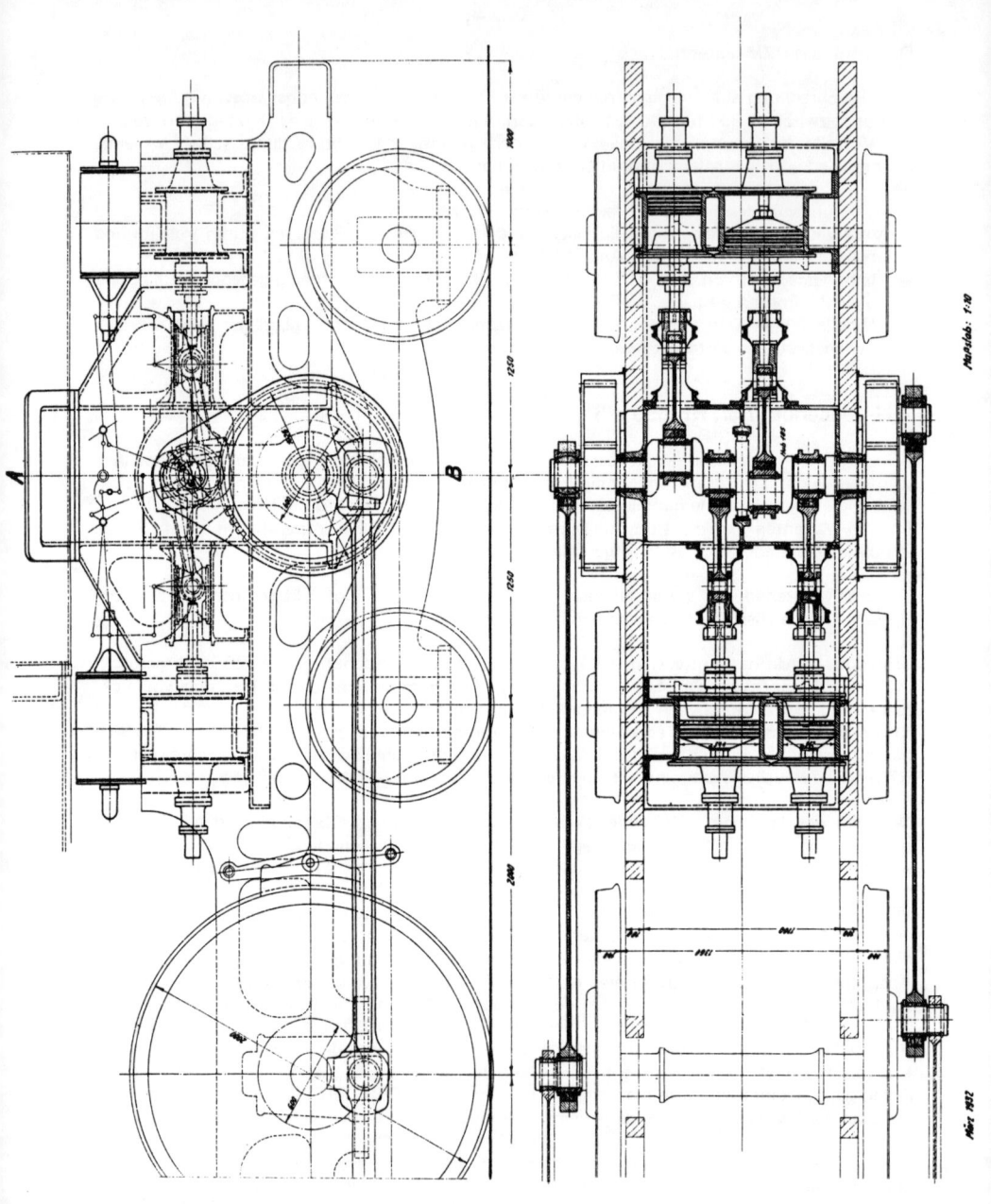

Zylinder- und Triebwerksanordnung der 2B3-Vierzylinder-Verbund-Schnellzugtenderlok, Ref. Nr. 548

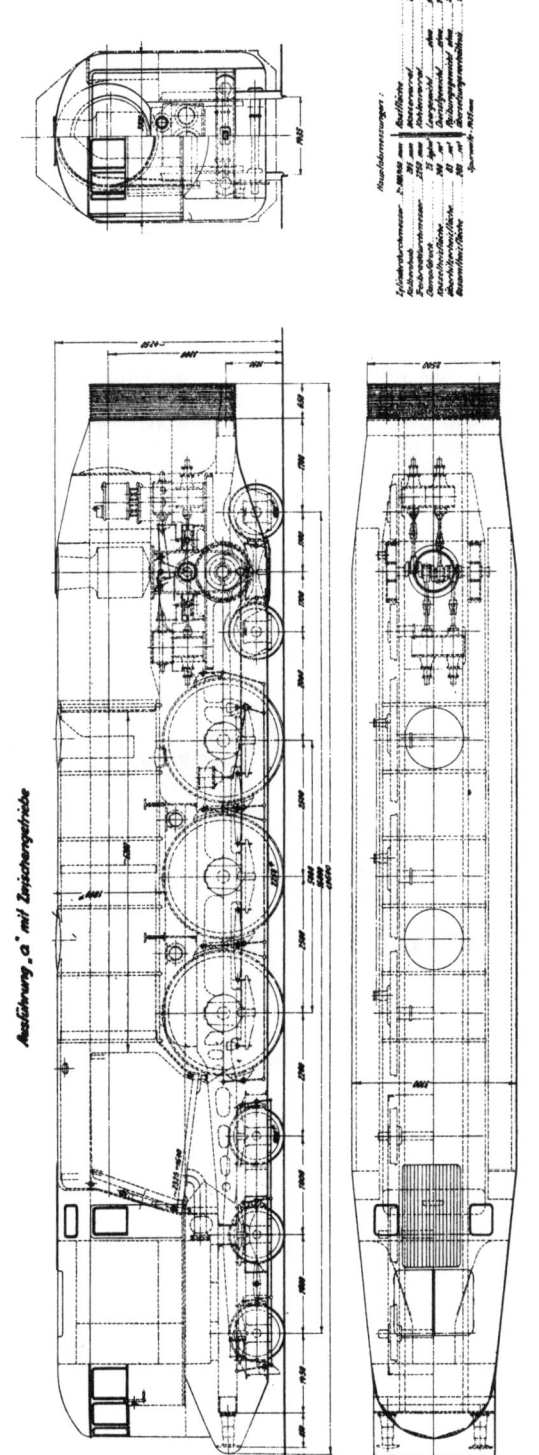

2C3-h4v-Schnellfahrtenderlok, Ref. Nr. 556a

23

Hierzu könnte man anmerken, daß im Gegensatz zu der theoretisch-mathematischen Genauigkeit dieser Betrachtungsweise, welche die mittlere Achse eines dreiachsigen Drehgestells mit festgelagerten Radsätzen als nicht anlauffähig betrachtet, in der Praxis schon der unvermeidlich höhere Spurkranzverschleiß der ersten Achse genügt, um in weiten Kurven auch der mittleren Achse ein Anlaufen im Fall des Auftretens höherer Spurkranzführungsdrücke zu ermöglichen. Darüber hinaus darf auch der Drehgestellrahmen nicht als im mathematisch einwandfreien Sinne steif betrachtet werden, so daß Bewegungen im Millimeterbereich möglich sind und ihren Einfluß ausüben können.

Immerhin wurde die Anordnung doch als brauchbar angesehen, besonders nachdem auch das Problem des Reibungsgewichts bei Abnahme der Vorräte gelöst war. Die verbleibenden 42,5 t erschienen ausreichend.

Inzwischen hatte sich aber das Interesse der Reichsbahn mehr und mehr auf die Betonung einer Betriebsverwendbarkeit sowie auf die von der Sonderlok für die Entwicklung der normalen Schnellzuglokomotiven zu erwartenden Erkenntnisse verlagert und dies umso mehr als feststand, daß ein Teil der Versuchsfahrten, für die der Bau dieser Maschine ursprünglich beabsichtigt war, bis zu deren Fertigstellung bereits unter Zuhilfenahme anderer Lokomotiven (namentlich 03 oder 01 mit S 10.1-Vorspann für schwere Züge bis nahe an 150 km/h) abgeschlossen sein würden.

Dennoch bestach die geschätzte Kohlenersparnis von 16 %, die die leichtere Lokomotive gegenüber der ebenfalls verkleideten 2C2-Schlepptenderlok mit hintenliegendem Führerstand herausholen konnte, so daß die 2C3 doch als Alternative zur 2C2-Schlepptenderlok für den Fall erhalten blieb, daß man in Konkurrenz mit dem Triebwagen das Optimum an Wirtschaftlichkeit erreichen wollte.

Als Antrieb diente bei den beiden 2C3-Varianten jeweils ein Vierzylinderverbund-Triebwerk von gleichen Zylinderdurchmessern, jedoch unterschiedlichem Hub, um die Untersetzung (1:3) des Dampfmotors auszugleichen. Die Volumenverhältnisse HD:ND waren dementsprechend bei beiden Maschinen mit 1:2,25 gleich. Bei einem Hub von 205 mm und 1065 Umdrehungen in der Minute bei einer Geschwindigkeit von V = 150 km/h ergab sich für den Motorantrieb die mittlere Kolbengeschwindigkeit zu v = 7,3 m/sec; sie lag also sogar noch etwas unter der entsprechenden des Regelantriebs mit v = 7,8 m/sec.

Henschel & Sohn, Kassel

2C2-Schlepptenderlok, Ref. Nr. P I 755

Mit seiner Heizfläche von 245 m^2 hätte der Kessel etwa dem der 01-Lokomotive entsprochen, jedoch sollte die Vierzylinder-Verbundmaschine bei 25 atü Kesseldruck aus dem Dampfangebot von 14000 kg/h 2580 PSi entwickeln, was einem Verbrauchswert di = 5,42 kg/PSi entspräche. Nach den Erfahrungen mit der 04 (die damals freilich noch nicht vorlagen) wäre dies durchaus zu verwirklichen gewesen, hätte jedoch eine sorgfältige Durchbildung der Dampfleitungen und Steuerungskanäle sowie Bemessung der Steuerung selbst erfordert. Die gewählte Anordnung mit außenliegenden Niederdruckzylindern wie bei den Borsig-Projekten ergibt allerdings zumindest gewisse Schwierigkeiten bei der Führung des Abdampfes zum Blasrohr. Kurz vor Erreichen desselben — sozusagen „am Ende der Zielgeraden" — liegt denn auch ein scharfer Knick in den Ausströmkanälen, der dem Abdampf hohe Strömungsgeschwindigkeiten nachhaltig verleiden dürfte. In Verbindung mit den wie bei der unglücklichen 02 nur mit 220 Durchmesser vorgesehenen Hochdruckschiebern, die das Arbeitsmedium schon beim Zugang zur ersten Stufe der Leistungsentfaltung behindern, ergibt sich damit nicht das Bild eines „typischen Schnelläufers", wie Professor Nordmann später einmal die 240 A von Chapelon bezeichnen sollte, welche steigende Drehzahl mit steigender Dampfökonomie beantwortete. Mögen bei einer S 10.1 diese

Schiebergrößen noch ausreichen, sich sogar bei einer 04 noch als brauchbar erweisen, so ist doch bei einer Leistungsanforderung von rund 2600 PSi die Grenze auch bei Berücksichtigung des hohen Kesseldrucks von 25 atü sicherlich überschritten. Und die Wahl dieses Maßes wird um so unverständlicher, wenn man bedenkt, daß bei einer Vierzylinder-Verbundlok zwar jeder Zylinder weniger zu leisten hat als bei einer gleichstarken Zwillingslok, jedoch gleichermaßen wie bei letzterer das gesamte Frischdampfvolumen zunächst durch nur zwei Schieber — die HD-Schieber — zu strömen hat. Da man sich der Nachteile vermehrt hintereinander geschalteter Drosselstellen (bei der Zwillingslok folgt nach der Leistungsentfaltung im Zylinder sofort die Ausströmung zum Blasrohr, bei der Verbundlok noch die Niederdruckstufe) bewußt war, ist es schwer zu verstehen, weshalb die Hochdruckschieber einer h4v-Lok enger bemessen werden sollten als jene einer entsprechenden Zwillingslok. Zwar arbeitet die Verbundmaschine prinzipiell mit größeren Füllungen als die einstufige, d.h. mit größeren Einströmöffnungen, dennoch würde für den vorliegenden Fall ein Hochdruck-Schieberduchmesser von 300 mm (großer Regelschieber) angemessener erscheinen, wobei die Frage zu klären bliebe, ob für den Niederdruckzylinder eine Vergrößerung des Schieberhubes in Verbindung mit doppelter Ein- und Ausströmung ausreichen würde oder zweckmäßig zu einem größeren Durchmesser (etwa 350 - 360 mm) übergegangen würde. Unabhängig davon wäre es thermodynamisch für die strömungsgünstigste Durchbildung der Dampfwege wie auch zur Verringerung der Abkühlungsverluste vorteilhaft gewesen, die Niederdruckzylinder nach innen zu legen; dies um so mehr, als in der vorliegenden Anordnung die Erleichterung in der Durchbildung der Kurbelwangen der Kropfachse durch den kleineren Durchmesser der Hochdruckzylinder nicht ausgenutzt wird.

Jeweils ein Hochdruck- und Niederdruckzylinder sollten zusammen ein Gußstück bilden, beide Gußstücke in der Mitte zusammengeschraubt werden. Alle vier in einer Ebene liegenden Zylinder wirken auf die zweite Kuppelachse, dennoch ergeben sich für das Innentriebwerk kürzere Treibstangen mit Rücksicht auf die erste Kuppelachse. Die Steuerung für die Innenzylinder wird von der äußeren abgeleitet.

Interessant ist, daß für die Treib- und Kuppelstangenlager "floating bushes" zur Anwendung kommen sollten, das sind zwei ineinander gleitende Lagerbuchsen. Diese Bauart wurde von der Pennsylvania Railroad z.B. bei ihren schweren 1E2-Güterzugloks verwendet.

Zur Verringerung des Luftwiderstandes bei 150 Stundenkilometern Geschwindigkeit, die übrigens vom Stillstand mit einem 250 t-Zug nach 18.952 m Fahrtstrecke erreicht werden sollte, kommt dieser Entwurf mit Teilstromlinienform aus, welche den Kessel im Querschnitt gesehen in Form eines umgekehrten U verkleidet, das auch den oberen Teil der etwas über die Oberkante des Umlaufblechs hinaufreichenden Treibräder einschließt, während vorn eine parabolische Verkleidung der Rauchkammertür und eine etwas kantige Anordnung von gestutztem Windleitblech und Zylinderverkleidung für Windschnittigkeit sorgen sollten.

2C2-Schlepptenderlok, Ref. Nr. P I 756

Bezüglich des Triebwerks gilt das für den Entwurf P I 755 gesagte, während der Kessel nur noch eine Wasserkammer aufweist, dafür aber in der Länge der Rohre (7500 mm zwischen den Rohrwänden) von allen Entwürfen das größte Maß bietet.

Die zur Erzielung möglichst vollständiger Stromlinienform ganz verkleidete Lokomotive mit vornliegendem Führerstand läuft mit dem Stehkessel voran und ist für Ölfeuerung eingerichtet, welche die problemloseste Feuerungsart bei dieser Kesselanordnung darstellt. Wesentlich einfacher als bei Kohlefeuerung gestaltet sich auch die Ausbildung der Verbrennungsluftzufuhr in Verbindung mit dem 2700 mm Achsstand messenden führenden Drehgestell.

Eine Reihe für Reichsbahnlokomotiven ungewöhnlicher Einzelheiten zeichnen das Projekt aus: Durchtritt vom Führerstand zu den Gängen links und rechts des Kessels durch Türen neben dem

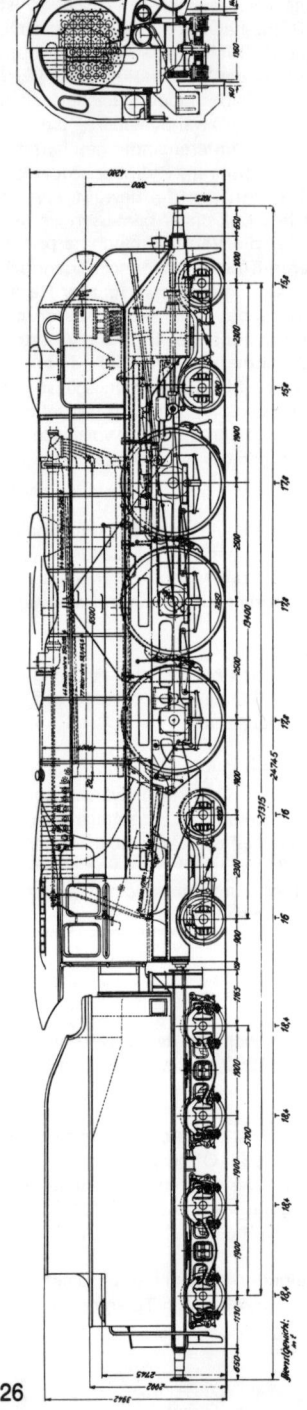

2C2-Vierzylinder-Verbund-Mitteldruck-Schnellzuglok, Ref. Nr. PI 755

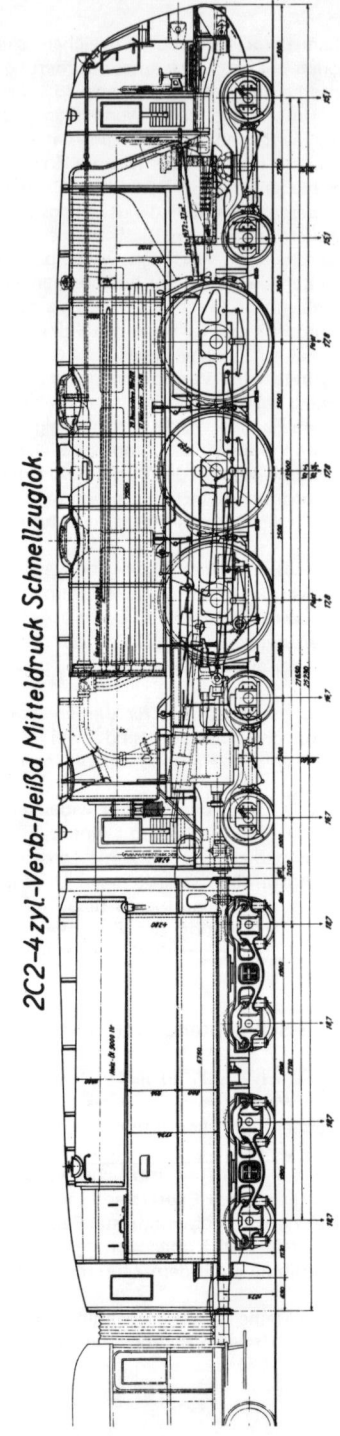

2C2-4zyl-Verb-Heißd Mitteldruck Schnellzuglok.

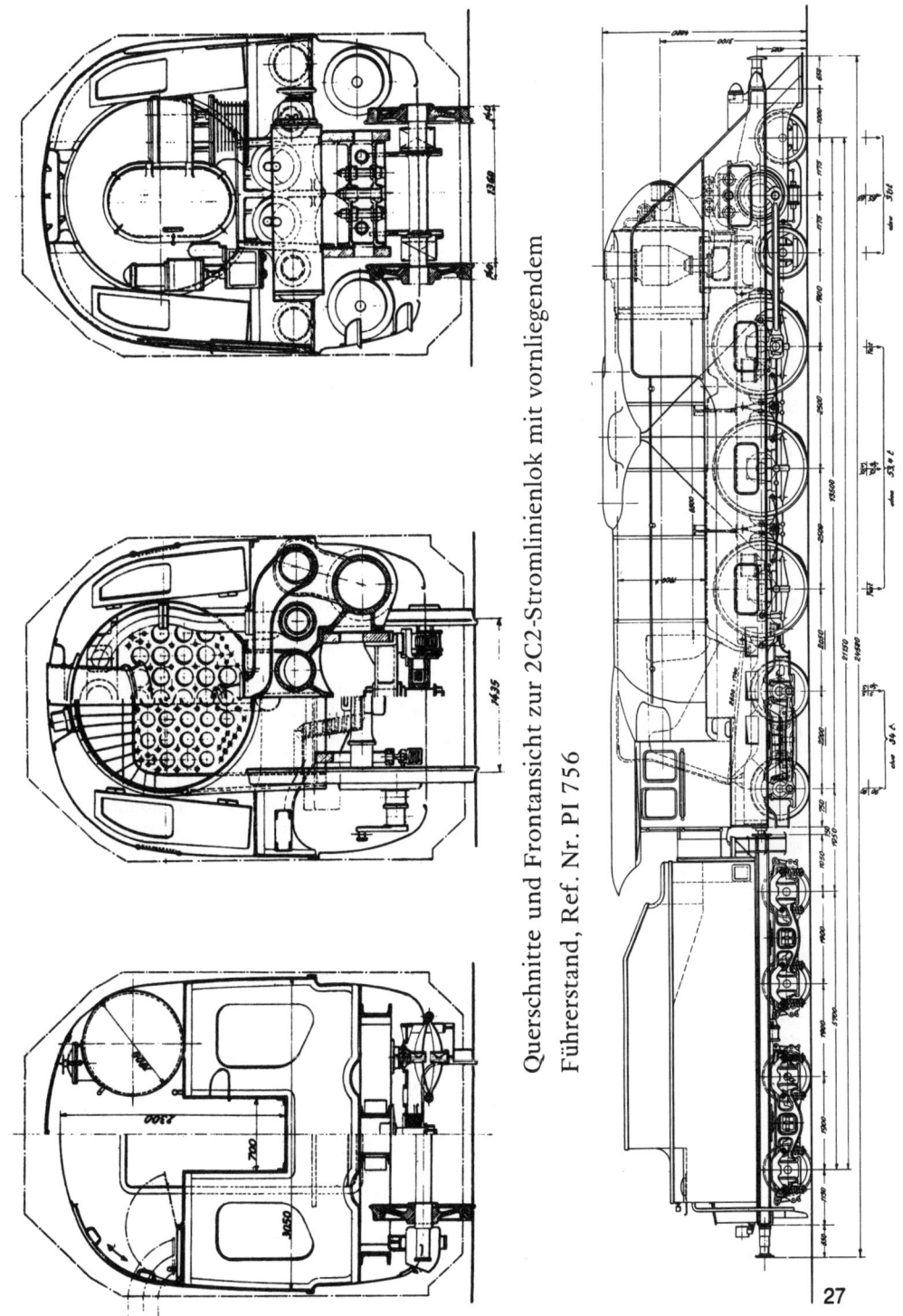

Querschnitte und Frontansicht zur 2C2-Stromlinienlok mit vornliegendem Führerstand, Ref. Nr. PI 756

27

Stehkessel. Durch eine weitere Tür gelangt man in den rückwärtigen Raum zwischen Rauchkammer und Tender. Von dort aus kann man längsmittig durch den Tender zum ersten Wagen gelangen. Ein Lokpersonalwechsel während der Fahrt, wie er bei der LNER geübt wurde, wäre also möglich gewesen, jedoch in Anbetracht des Streckennetzes der DRG wohl kaum erforderlich. Während die Drehgestelle des Tenders vom normalen T32 übernommen werden sollten, waren als Öl-Vorratsbehälter zwei links und rechts auf dem Wasserkasten liegende Rohrtrommeln in leichter Neigung vorgesehen.

Die Rauchkammer mit schräg in Fahrtrichtung nach hinten weisendem Schornstein ist nach Art der neueren amerikanischen Lokomotiven durch eine kleine Betriebs-Rauchkammertür verschlossen, während die zu Ausbesserungszwecken aufschwenkbare Stirnwand die Pumpen trägt.

Bei der äußeren Gestaltung der Verkleidung wurden die senkrechten Seitenwände zugunsten einer mehr ausrundenden Form verlassen; auch fällt die sorgfältige Einarbeitung von Einfüllöffnungen, Übergängen Maschine - Tender sowie Tender - Wagen, Türen mit Haltegriffen und Tritten auf. Als eigenwilliges stilistisches Element verläuft eine Sicke etwas über der Höhe der Pufferbohle waagerecht über die ganze Länge von Maschine und Tender, wodurch zusammen mit der Einziehung des unteren Teils der nur mäßig weit herabreichenden Verkleidung ein gestreckteres Bild erreicht wird, so daß diese strömungstechnisch ausgerichtete Lösung sich neben zeitgenössischen Beispielen stromlinienförmig gestalteter E-Loks durchaus gut als konkurrenzfähig hätte erweisen können.

2C2-Schlepptenderlok, Ref. Nr. P II 754

„Für eine sehr schnell fahrende Lokomotive bietet der Turbinenantrieb besondere Vorteile durch seinen vollständigen Massenausgleich, welcher den Oberbau schont. Ferner gewährleistet das hohe Anzugsmoment der Dampfturbine eine gute Anfahrbeschleunigung.

Sehr einfach wird die Anlage, wenn die Turbine mit Auspuff arbeitet. Die Kondensation des Abdampfes und die durch diese bedingten Hilfsmaschinen fallen dann fort. Eine auf Auspuff arbeitende Hochdruckmaschine kann im Dampfverbrauch wirtschaftlich arbeiten, wie aus dem beigefügten Diagramm hervorgeht. Bei 25 kg/cm^2 Eintrittsdruck, 450° Dampftemperatur und 1, 1 kg/cm^2 Austrittsdruck (= 0,1 kg/cm^2 Überdruck, Anm. d. Verf.) ergibt sich ein theoretisches Wärmegefälle von 174 WE. Die Turbine kann als sechsstufige Gleichdruckturbine mit Düsensteuerung dieses Wärmegefälle bei etwa 7000 Touren mit einem Bestwirkungsgrad von 76 % ausnutzen, woraus sich ein Dampfverbrauch von nur 4,75 kg je PS an der Turbinenwelle ergibt. Die Höchstdrehzahl der Turbine beträgt 1000 U/min entsprechend einer Höchstfahrgeschwindigkeit von 150 km/h bei einer Vorgelegeübersetzung von 1:25 und 2m Raddurchmesser der Lokomotive. Die Leistung der Turbine ergibt sich aus dem beigefügten Diagramm. Die Dampferzeugung des Kessels ist mit 14.000 kg pro Stunde angenommen, d.h. ebenso wie bei der von uns vorgeschlagenen Vierzylinder-Verbund-Kolben-Lokomotive.

Für die Rückwärtsfahrt ist im Interesse des einfachen Aufbaus keine Rückwärtsturbine oder Umschaltturbine für die Hauptturbine vorgesehen, sondern ein Booster, welcher im Drehgestell unter dem Aschkasten angeordnet wird. Dieser Booster vermag bei 25 atü Kesseldruck etwa 9 t Anfahrzugkraft zu entwickeln, welche genügen, um Lokomotive und 250 t-Zug noch in einer Steigung von 1,6 % anzufahren. Der Booster kann bis zu einer Geschwindigkeit von etwa 35 km/h den Antrieb übernehmen. Da der Dampfverbrauch des Boosters bei kleinen Geschwindigkeiten günstiger liegt als bei der Hauptturbine, wird man den Booster vorteilhaft auch für langsame Fahrbewegungen in Vorwärtsrichtung, z.B. für Rangierfahrten benutzen. Zu diesem Zweck ist der Booster umsteuerbar ausgebildet, wozu die bewährte Schwenkarmkonstruktion zum Ein- und Ausrücken zur Verfügung steht. Es ist weiter Vorsorge getroffen, daß der Booster nicht in eingeschaltetem Zustande auf Geschwindigkeiten von über 40 km/h gebracht wird.

Die einfache Ausbildung der Hauptturbine mit Vorlegewelle ermöglicht es, mit etwa demselben Baugewicht wie bei der Kolbendampflokomotive auszukommen (jedoch bei einer Leistung von 2950 PS an der Turbinenwelle, Anm. d. Verf.).

Aus dem beigefügten Diagramm ergeben sich Anfahrbeschleunigung und Zeitverbrauch zur Erreichung einer Höchstgeschwindigkeit von 150 km/h. Es zeigt, daß die (Dampf-) Turbinenlokomotive der Kolbendampflokomotive überlegen ist."

Soweit die Firma Henschel & Sohn in der Beschreibung der projektierten Turbinenlokomotive. Dazu die Kritik des RZM:

„Die Kritik kann sich an dieser Lokomotive auf die Anwendung des Turbinen- bzw. Boosterantriebes für den vorliegenden Zweck beschränken. Der Vorteil des besseren Masseausgleichs einer solchen Lokomotive wird unseres Erachtens mit hohen Kosten und mit zu großen Unsicherheiten in der Bewährung der vorgeschlagenen Konstruktion erkauft. Eine 25atü-Auspuffturbine ist im Lokomotivbetrieb noch nicht erprobt. Mit der Anwendung eines Boosters kommt ein vielteiliges, schlecht zugängliches, mit hohen Ausbesserungskosten behaftetes Bauteil an die Lokomotive. Wir können diesen Entwurf nicht empfehlen."

Zur gleichen Zeit bewährten sich auf der Grängesberg-Oxelösund-Eisenbahn unweit Stockholm die ersten Auspuff-Turbinenlokomotiven so gut, daß sie bis zur Elektrifizierung der Linie im Dienst blieben, wobei sie 1800 t-Züge über 1 %-Rampen schleppten. Im Verhältnis zur Größe der unkomplizierten 1D-Maschine war dies eine ganz ausgezeichnete Leistung, die neben der 10%igen Brennstoffersparnis gegenüber den Kolbenlokomotiven ausschlaggebend für ihren Erfolg war; doch sei dies nur am Rande vermerkt.

Zum Henschel-Projekt bliebe zu sagen, daß der Kessel mit Ausnahme der wesentlich verkürzten Rauchkammer vom Entwurf P I 755 übernommen ist, die aufgrund des gleichmäßigen Saugzuges der Turbine kein besonders großes Volumen auszuzeichnen braucht. Leider beengt auch hier das hintere Außenrahmendrehgestell mit den gekuppelten Rädern von 1250 mm Durchmesser die Aschkastenausbildung und die Luftzuführung zum Rost, was im vorliegenden Fall von besonderem Nachteil gewesen wäre, da auf der Saugzug-Erzeugungsseite die unbekannten Verhältnisse des stark entspannten, gleichmäßig strömenden Auspuffdampfes als konstruktiver Unsicherheitsfaktor hinzukommen. Grundsätzlich ist eine Saugzugregulierung durch den Turbinenabdampf genauso gut möglich wie durch den Kolbenmaschinen-Abdampf. Entscheidend ist nur die Abstimmung der Anlage, die man hier keinesfalls von Kolbendampfloks einheitlich hätte übernehmen dürfen.

Zum Antrieb selbst drängt sich die Frage auf, warum nicht sogleich der Hauptturbine ein Umsteuergetriebe zwischengeschaltet werden sollte, wenn doch, um eben dieses Bauteil zu sparen, ein ganzer Hilfsantrieb — der dann doch wieder umsteuerbar sein muß! — notwendig wird und zudem sehr ungünstig in der Nähe des Aschkastens zu liegen kommt.

Das Gewicht dürfte sich durch Wegfall des Boosters und Einbau eines umschaltbaren Zwischengetriebes verringern. Wenn man dennoch einen Booster haben möchte, warum soll er dann nicht auf die Kuppelachsen wirken, da ja Haupt- und Anfahrturbine für verschiedene Geschwindigkeitsbereiche gedacht waren? Auch dies ergäbe eine Vereinfachung durch den Wegfall beweglicher Dampfleitungen und günstigerer Platzverhältnisse.

Vermerkt sei an dieser Stelle, daß die Antriebseinheit einer auf Auspuff arbeitenden Turbinenlok derjenigen einer auf Kondensation arbeitenden prinzipiell genau entspricht, abgesehen vom Wegfall der Kondensationsdampfleitungen; die Kondensationseinrichtungen selbst gehören nicht zur Antriebseinheit. Der Vorwurf der fehlenden Erprobung einer Auspuffturbine muß also mehr als eine „kann nicht gebaut werden, da noch nie gebaut worden"-Argumentation betrachtet werden.

Unverständlich erscheint auch, wie der günstig veranschlagte Dampfverbrauch von nur 4,75 kg/ PSih gleichsam unbeachtet blieb. Dies hätte immerhin eine Ersparnis von rund 1,2 - 1,3 kg/PSih gegen die 01-Lokomotive bedeutet, weit mehr als jede Stromschalenverkleidung bei V = 150 km/h je hätte erbringen können!

Zum Kesseldruck von 25 atü bleibt zu bedenken, daß schon die 1926 gebaute Turbinenlok von Maffei mit 22 atü nahe an dieses Maß herankam und ihr Kessel sich gut bewährte, obwohl die Lok eine kupferne Feuerbüchse aufwies.

Im Gesamtaufbau läßt der Entwurf die mit der Turbine erzielbare kompaktere und übersichtlichere Bauweise erkennen, die sich bei gegenüber der Kolbenlok vergrößerter Leistung durch leichtere Radsätze, kürzeren Kessel und zwangloser Bremsgestängedurchbildung auszeichnet.

Krauss & Comp., J. A. Maffei

2C2-Schlepptenderlok, Ref. Nr. A 490

Maffei, in Deutschland durch die S 3/6 beinahe Synonym für Vierzylinder-Verbundlokomotiven von Borries'scher Anordnung, unterbreitete auf die Ausschreibung zur Schnellfahrlokomotive hin nur Entwürfe für Loks mit einfacher Dehnung. Mag hier eine gewisse Resignation mitspielen, so überrascht doch die Ansicht der Firma, bei einer Vierzylinder-Verbundmaschine sei — bei 20 atü Kesseldruck! — in ausgedehntem Maße mit Kolbenschleppen zu rechnen. Da die bei 150 km/h und 2250 mm Treibraddurchmesser auftretende Triebwerksdrehzahl nur um 4 % über jener der S 3/6 bei 120 km/h liegt, deren Niederdruckzylinder sogar einen etwas längeren Hub (670 gegen 660 mm) haben, die S 3/6 aber mit 15/16 atü Kesseldruck arbeitet, müßte dasselbe in etwa gleichem Maße auch für diese Lok zutreffen, jedoch ist nichts Nachteiliges in dieser Richtung bekanntgeworden. Die ausgewogene Maschine erreichte im Gegenteil klaglos deutlich höhere Geschwindigkeiten als 120 km/h.

Im Entwurf „A 490" haben wir zwar eine Maschine in de Glehn-Anordnung vor uns, ungewöhnlicherweise jedoch eine einstufig arbeitende, also gewissermaßen einen Abkömmling des Garbe-Doppelzwillings. Als Gründe für diese Anordnung werden angeführt:

— wesentlich verringerte dynamische Raddruckschwankungen gegenüber der Drillingslokomotive,
— bester Ausgleich der hin- und hergehenden Triebwerksmassen,
— speziell für die de Glehn'sche Form der Anordnung: leichtere Treibstangen möglichst angeglichener Länge sowie
— bessere Zugänglichkeit der weit vorverschobenen Innenzylinder vom niedrig gelegten vorderen Teil des Umlaufs her.

Sicher sind für Maschinen, die mit hohen Triebwerksdrehzahlen arbeiten, kleine Zylinderdurchmesser vorteilhaft, und die Vierlingsanordnung ermöglicht für eine gegebene Maschine die kleinsten Abmessungen. Jedoch erfordern die verlangten Leistungen bei weitem keinen Vierling.

Gegen eine Berufung zum Schnelläufer sprechen auch in diesem Fall wieder die kleinen Schieber von 220 mm Durchmesser sowie einige ungute Knicke in der Dampfführung und deren Querschnitten, besonders auf der Abdampfseite.

Der Kessel, dessen Langkesselteil mitsamt Rohren und Rohraufteilung von dem 6,8 m-Regelkessel der 01 übernommen ist (abgesehen von der konischen Erweiterung des hintersten Schusses beim Entwurf), zeichnet sich durch die mit 23 m^2 größte Strahlungsheizfläche unter den eingereichten Entwürfen aus. Erreicht wurde dieses Maß durch zwei Thermosyphone in der Feuerbüchse. Die Rostfläche, die nur vom Schichau-Entwurf L 11854 noch übertroffen wurde, ist bis aufs

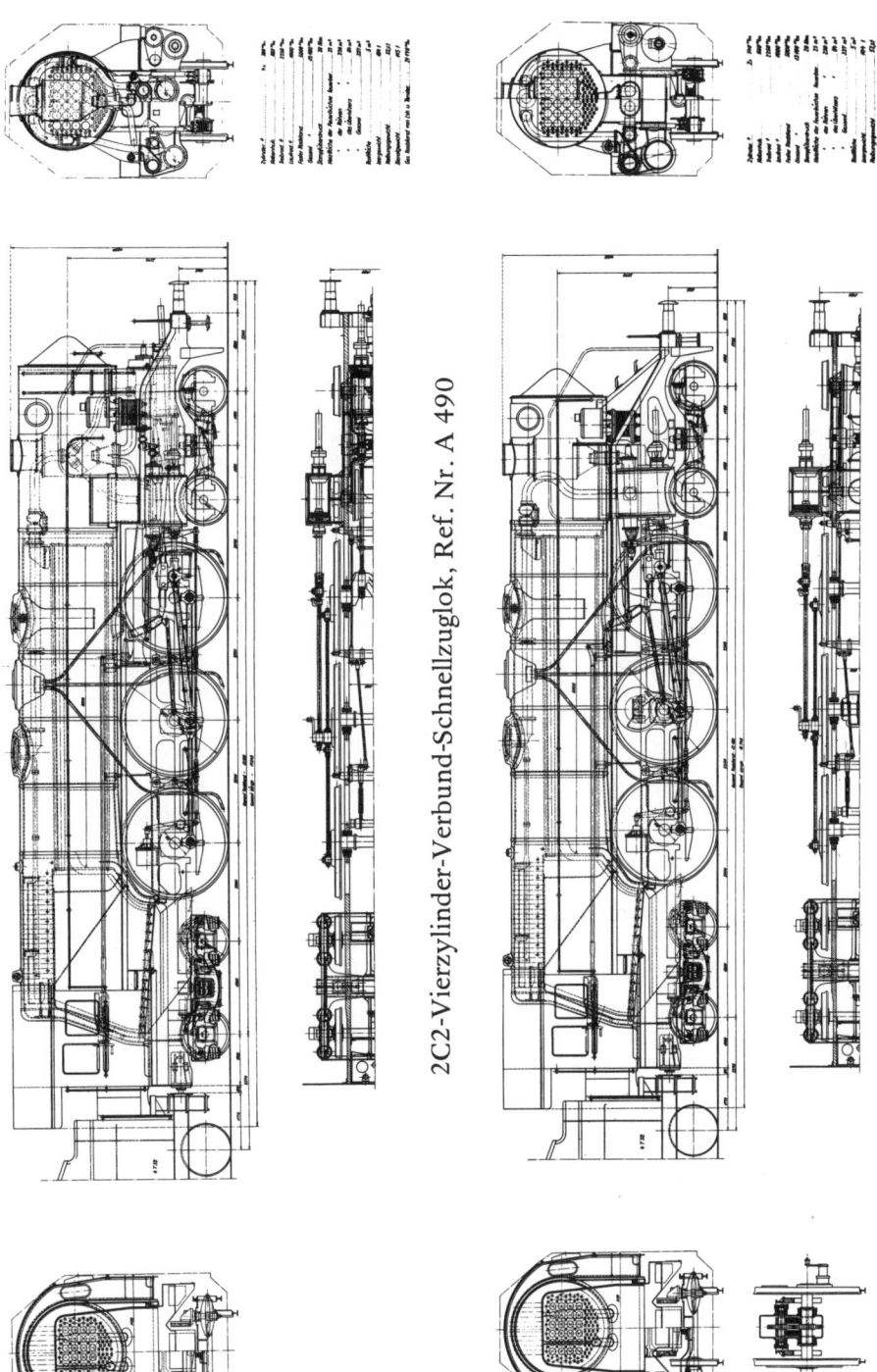

2C2-Vierzylinder-Verbund-Schnellzuglok, Ref. Nr. A 490

2C2-Zwillings-Schnellzuglok mit Ausgleichsvorrichtung, Ref. Nr. A 493

31

äußerste an die Treibräder herangerückt, wäre aber in der Entleerung des Aschkastens und damit auch in der Luftzuführung durch das hintere Drehgestell behindert worden, das mit Außenrahmen der Einheitsbauart des T32 seinen Drehpunkt in eigenartiger Weise dicht vor der ersten Achse hat. Es stellt also eine Mischung aus herkömmlichem Drehgestell und zweiachsigem Bisselgestell dar, erweist sich jedoch insofern als unzweckmäßig, als einerseits nicht mehr der von der DRG gewünschte Vorteil der gleichmäßigen Heranziehung der Achsen zu Führungsaufgaben (herkömmliches Gestell) gewahrt bleibt, andererseits jener des freien Raums zwischen den Achsen für den Aschkasten (zweiachsiges Bisselgestell) noch nicht genutzt werden kann. Bei der getroffenen Wahl der Auslenkungen ergibt sich darüber hinaus schon im noch einwandfreien 180 m-Bogen Spießgangsstellung der Lokomotive, was leicht zu Gleisverdrückungen im Bereich von Bahnhöfen und Betriebswerken führen kann.

2C2-Schlepptenderlok, Ref. Nr. A 493

Diese Zwillingsversion des Entwurfs A 490 zeichnet sich durch eine besondere Massenausgleichsvorrichtung aus, bei der 85 % der hin- und hergehenden Triebwerksmassen ausgeglichen werden, ohne daß größere dynamische Raddrücke als bei konventioneller Auswuchtung von 12 % derselben auftreten.

Die Einrichtung besteht aus zwei mit Triebwerksdrehzahl sich gegenläufig bewegenden Ausgleichsgewichten, die sich in waagerechter Stellung kreuzen, sich aber bei senkrechter Stellung gegenüber stehen. Auf diese Weise addieren sich in waagerechter Richtung die Ausgleichskräfte und wirken entgegengesetzt den Triebwerksmassen; in senkrechter Richtung kompensieren sie sich gegenseitig, wodurch freie Fliehkraftdrücke auf die Schienen vermieden werden.

Im übrigen stimmt der Entwurf weitgehend mit dem vorbesprochenen überein; sogar die über die zweite Laufachse zurückversetzte Lage der Zylinder ist beibehalten, in diesem Fall noch mit zusätzlicher Neigung, um das Ausschwenken der Achse unter den voluminöseren Zylindern zu ermöglichen.

Es ist keine Stromlinienverschalung vorgesehen; man war bei Maffei vielmehr der vernünftigen Ansicht, daß man diese immer noch anbringen könne, wenn zunächst auf die maschinentechnischen Fragen der hohen Fahrgeschwindigkeit zufriedenstellende Antworten gefunden seien.

Lokomotivfabrik Fried. Krupp

Bei allen Entwürfen der Firma wird Wert auf eine Verwendung gewichtsparender Baustoffe gelegt. So ist für Verkleidung, Umlaufbleche, Führerhaus, Kesselbekleidung der Baustoff Duraluminium vorgesehen, für die Feuerbüchse mit Wasserkammern I-Zett I-Stahl, für die Rohre ein Stahl höherer Festigkeit und sogar für den Barrenrahmen der üblichen Bauart ein nicht näher bezeichneter hochwertiger Stoff.

Das RZM bemerkte hierzu, daß noch nicht feststehe, ob für Lokomotivrahmen ein höherwertiger Baustoff geeignet sei. Unter Bedacht, daß dieser Ausdruck zunächst einen Baustoff von überlegener Qualität bezeichnen will, könnte dies leicht zu der Annahme führen, man hätte bei der DRG den Lokomotivbau eines solchen Materials nicht für wert befunden. Diese Auffassung würde jedoch zweifelhaft die Zusammenhänge mißverstehen. Die von Krupp angegebene Gewichtsersparnis von 3,8 bis 4,7 t je Maschine erscheint nicht so entscheidend, daß daraus ein Zwang zu den angegebenen Baustoffen abgeleitet werden könnte, obwohl grundsätzlich dem Leichtbau für die möglichen Kesselabmessungen eine wichtige Funktion hätte zukommen können. Bedenken wir nur, daß bei einigem weiteren Streben in dieser Richtung die Schnellfahrlokomotive gut als „Pacific" in der 20 t-Reihe hätte gebaut werden können, mit allen entsprechenden Vorteilen der Aschkastenausbildung und damit der Luftzuführung zum Rost, der bei kleinerer Fläche somit die gleiche Wärmemenge hätte erzeugen können.

Mit Ausnahme des nachgereichten Vorschlags einer Turbinenlok weisen die Entwürfe luft-hydraulische Bremsen auf, die ein verzweigtes Bremsgestänge unnötig machen.

2C2-Schlepptenderlok, Ref. Nr. Lp 15676

Die Vierzylinder-Verbundmaschine von Borries'scher Anordnung (Einachsantrieb, alle Zylinder in einer Ebene) für 16 atü Kesseldruck hätte mit ihren Hochdruck- wie auch Niederdruckschiebern von nicht einmal halben HD- bzw. ND-Zylinderdurchmesser (220:460 bzw. 300:670 mm) sicherlich den größten Strömungswiderstand nicht in der Luft, sondern in den eigenen Dampf-kanälen finden müssen. Anders als bei 25 atü Kesseldruck lagen für 16 atü schon die nicht gera-de ermutigenden Ergebnisse der 02-Lokomotiven vor. Eine neue, leistungsmäßig außerdem höher anzusetzende Maschine nochmals mit den gleichen Schieberdurchmessern zu versehen, muß daher als unverständlich bezeichnet werden. Obwohl bei richtiger, strömungsgünstiger Bemessung der Dampfwege auch bei 16 Atmosphären Kesseldruck eine h4v-Maschine das ver-langte Leistungs- und Geschwindigkeitsprogramm sicher ohne Schwierigkeiten hätte erfüllen können, muß dies für die gegebene Ausführung bezweifelt werden.

Einwände gegen den Kessel, der mit seinen über sieben Metern Rohrlänge (alle Heiz- und Rauchrohre des Kessels aneinander gefügt hätten fast einen Kilometer Länge ergeben) unter den eingereichten Entwürfen mit an der Spitze steht, hatte man beim RZM nicht.

2C2-Schlepptenderlok, Ref. Nr. Lp 15674 und Lp 15678

Diese für 25 atü vorgesehene Vierzylinder-Verbundmaschinen haben einen dem Entwurf ähnli-chen Kessel, jedoch bei gleicher Rohrlänge mit nur 1750 mm Durchmesser, die Längenentwick-lung wäre hier also noch extremer gewesen.

Erstmalig kommt mit diesen Entwürfen ein sechsachsiger Kohlenstaubtender an einem Projekt für die DRG zum Vorschlag. Zwar würde das hohe Fassungsvermögen an Kohlenstaub sich gün-stig auf die Zahl der entsprechenden Behandlungsanlagen auswirken, wenn an eine weitere Ver-breitung der Feuerungsart gedacht wäre, jedoch im Falle der Schnellfahrlok, die sowieso mit rund 200 t Lokomotivgewicht gegen 250 t Zuggewicht schon sehr schwer ist, drückt das zusätz-liche Gewicht von 20 t weiter nachteilig auf die Verhältnisse.

Bei beiden Kohlenstaubvarianten muß die Lage der Speise- und Luftpumpe in Höhe des Boden-ringes der Feuerbüchse als sehr ungünstig bezeichnet werden, da gerade bei Kohlenstaubfeuerung eine starke Verschmutzung der Aggregate die unvermeidliche Folge wäre. Wenn aus Gewichts-gründen, wie im vorliegenden Fall, die Pumpen aus der Rauchkammerlage herausgenommen werden sollen, so bietet sich z.B. die Anbringung zwischen zweiter und dritter Kuppelachse an, wie sie bei den späteren Einheitsloks ausgeführt wurde.

Während die erste Kohlenstaubvariante, wie auch die 16 atü-Lok nach Entwurf Lp 15676, mit Halbstromlinienverkleidung ausgeführt ist, die ohne Windleitbleche einen in der Wirkung auf den Abdampf ähnlichen Effekt durch die Ausbildung der Front erzielen soll, so ist die zweite Variante völlig von einer durchgehenden Verschalung umschlossen. Ermöglicht wird diese Form, die kaum noch an eine Dampflokomotive erinnert (wie Entwurf P I 756 von Henschel) durch den vornliegenden Führerstand. In diesem Fall jedoch wurde die normale Lage des Kes-sels mit der Rauchkammer voran beibehalten, die Feuerung und alle anderen Regeleinrichtun-gen der Lok werden von der Rauchkammerseite ferngesteuert.

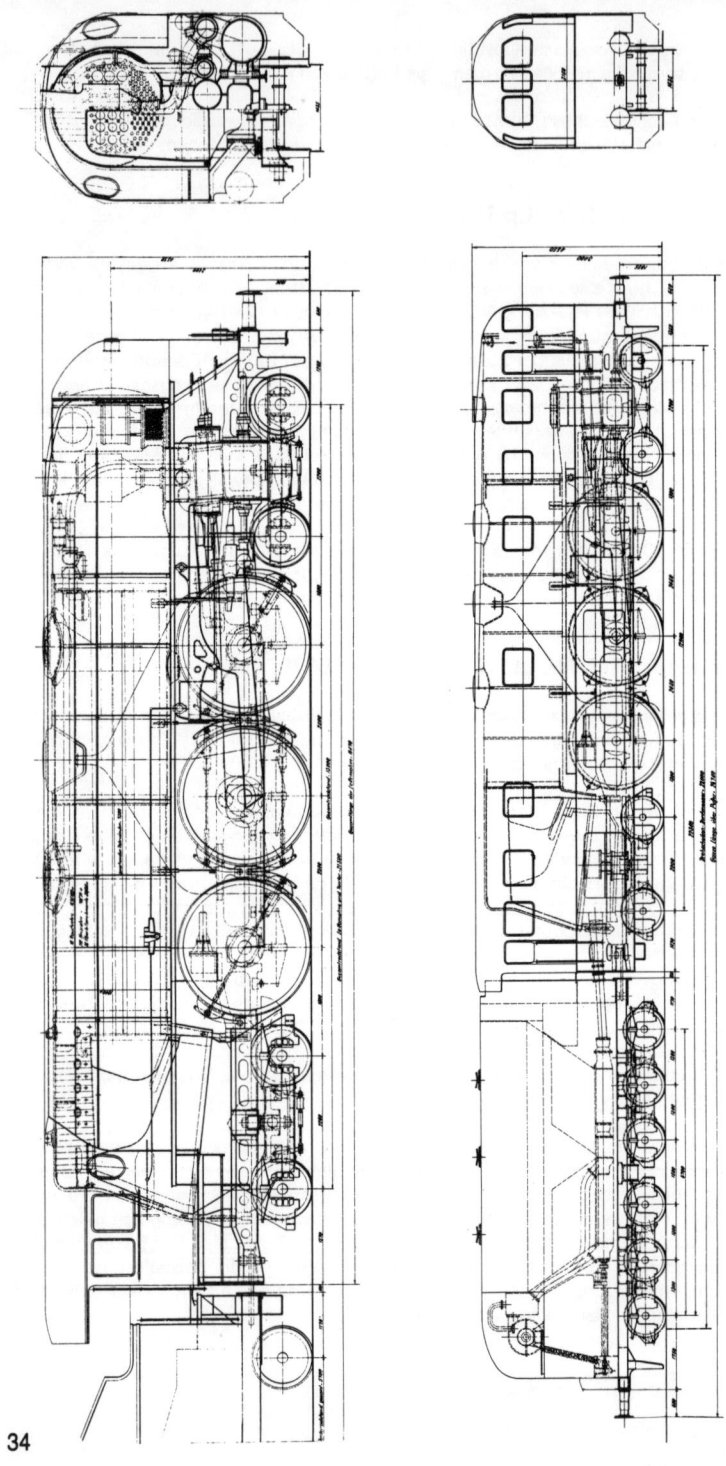

2C2-Verbund-Schnellzuglokomotive mit 7300 mm Rohrlänge, Ref. Nr. Lp 15676

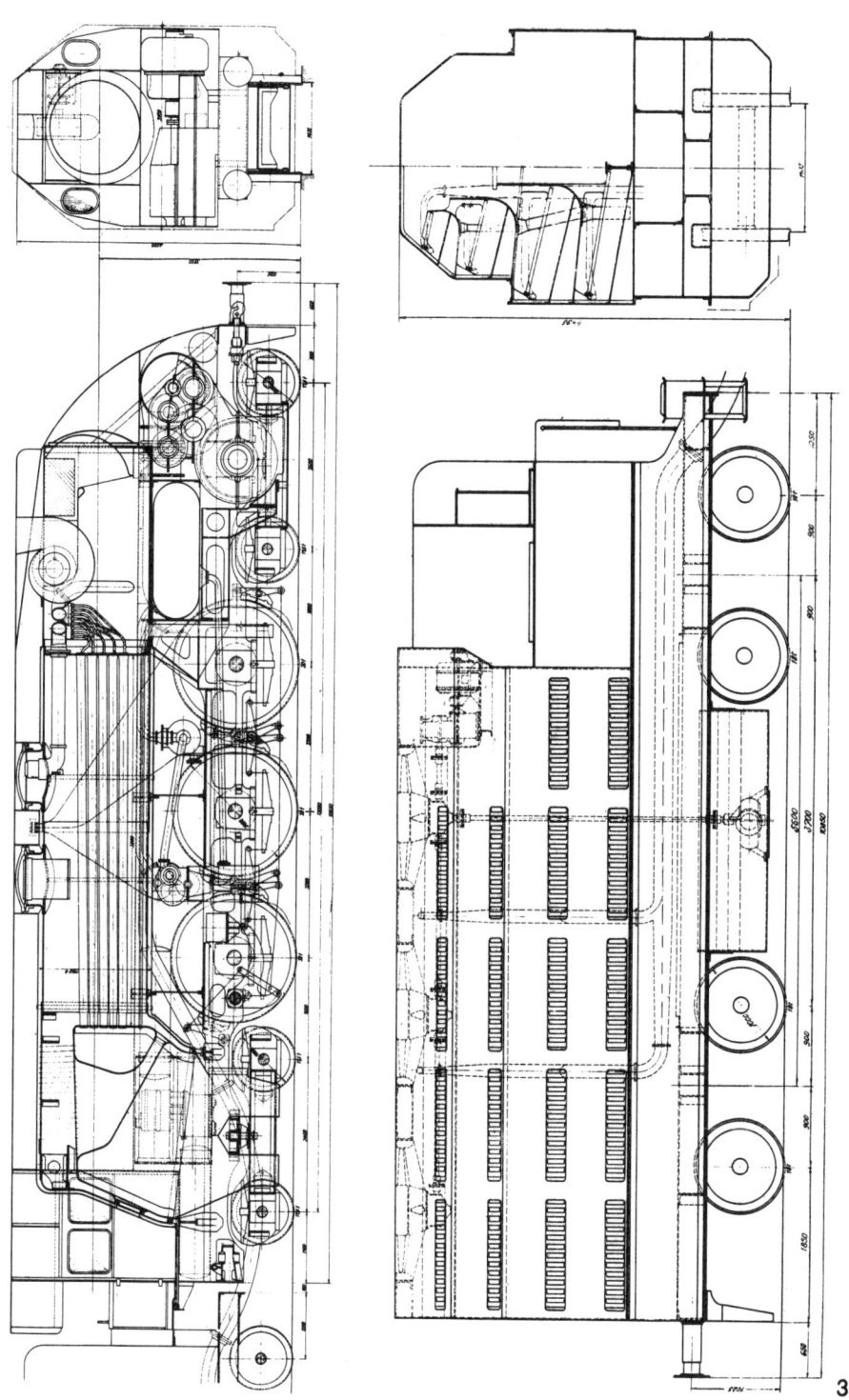

2C2-Turbinen-Kondensations-Schnellfahrlokomotive, Ref. Nr. Lh 23209

35

2C2-Schlepptenderlok, Ref. Nr. Lp 15682

Dieser Entwurf unterscheidet sich vom vorangegangenen durch die Lage des Kessels mit der Feuerbüchse nach vorn sowie durch die Ölfeuerung, die diese Umkehrung ermöglicht. Im übrigen Aufbau der Dampfmaschine sowie der Stromlinienverschalung entspricht er dem verkleideten Kohlenstaubentwurf.

2C2-Schlepptenderlok, Ref. Nr. Lh 23209

Die Firma Krupp bot, wie die Firma Henschel, als weiterer Entwurf eine Turbinenlok an, jedoch zusätzlich mit Kondensation.

Die Rückgewinnung des Abdampfes als Speisewasser hatte wesentliche Vorteile für die Kesselunterhaltung zu einer Zeit, da man noch keine allgemeine Speisewasseraufbereitung kannte, wie sie in den letzten Abschnitten der Dampflokentwicklung eingeführt wurde. Jedoch wurde sie oft ungerechtfertigt mit der Turbine in gegenseitig unabdingbaren Zusammenhang gestellt, wobei man dann die Turbine ablehnte, weil sie Vakuumkondensation bedinge, umgekehrt diese Kondensation ablehnen konnte, weil sie angeblich die Turbine erfordere. Technisch trifft das jedoch nicht zu: auch ohne Abdampfniederschlag bietet die Turbine eine weitaus vollkommenere Expansion des Dampfes als die einfache Zwillings- oder auch Verbundmaschine. Damals war ihr beschränkter wirtschaftlicher Leistungsbereich von Nachteil.

Interessant bei diesem Projekt ist der Weg des Dampfes bzw. des Speisewassers: Nach der Verarbeitung in der Hauptturbine strömt der Abdampf dem unmittelbar hinter der Turbine unter der Rauchkammer gelegenen Kondensator zu, wird sodann als Speisewasser durch einen Abdampfvorwärmer geschickt, danach durch einen zweiten, durch die Rauchgase beheizten Vorwärmer in der Rauchkammer geleitet. Dadurch ergibt sich die Möglichkeit, das unter Kesseldruck stehende Wasser auf über 100 Grad vorzuwärmen und eine Verbesserung in Brennstoffersparnis und Kesselschonung gegen den Regelvorwärmer zu erzielen, was in Anbetracht des gesteigerten Kesseldrucks von Bedeutung ist. Der Kessel selbst ist von der Reihe 04 (Variante mit 5,8 m Rohrlänge) übernommen, also in seiner Heizfläche bedeutend kleiner als die vergleichbaren Kessel der Kolbenlokentwürfe.

Wie beim Projekt von Henschel weisen die Treibräder zwei Meter Durchmesser auf. Der Krupp-Entwurf benutzt aber im Unterschied zu jenem von Henschel die Hauptturbine neben der normalen Untersetzung für 160 km/h max. Geschwindigkeit auch für langsame Rangierbewegungen bei wesentlich höherer Untersetzung für eine V_{max} von 60 km/h (vorwärts oder rückwärts) mittels eines einfachen Umschaltgetriebes. Hohe Verbrauchszahlen einer nur rudimentär ausgebildeten Rückwärtsturbine, die womöglich bei Vorwärtsfahrt noch leer mitläuft und zusätzliche Ventilationsverluste verursacht, würde diese Turbinenlok von Krupp also nicht gekannt haben.

„Da beim Bau dieser Lokomotive alle Erfahrungen, die mit Turbinenlokomotiven bisher gemacht worden sind, von vornherein berücksichtigt werden würden, sind wir überzeugt, daß Sie im Falle einer Bestellung eine Maschine erhalten würden, die Ihren Ansprüchen von vornherein voll entsprechen würde."
(Friedr. Krupp AG)

„Die hohen Beschaffungs- und Unterhaltungskosten und die Unsicherheit in der Bewährung nicht genügend erprobter Einrichtungen lassen auch diesen Entwurf für den verfolgten Zweck nicht geeignet erscheinen."
(Reichsbahn-Zentralamt für Maschinenbau)

Hierzu ist zu bemerken, daß die hohen Unterhaltungskosten der wenigen gebauten Turbinenlokomotiven zum größten Teil darauf zurückzuführen sind, daß eine einzelne gänzlich von der Norm abweichende Lokomotive bei Schäden immer mit ungewöhnlich langen Standzeiten zu rechnen hat, die statistisch hohe Ausbesserungszeiten und kurze Einsatzzeiten ergeben. Dies hat aber mit der Turbine als Bauteil nichts zu tun, sofern diese nicht mangelhaft oder nachteilig konstruiert ist. Jede andere Sonderlok, für die weder geschultes Personal noch die passenden Bearbeitungsgeräte sowie Ersatzteile zur Verfügung standen, zeigte ähnliche Ergebnisse (05 003, Lok 71000 "Duke of Gloucester" der British Railways, 6100 der Pennsylvania Railroad usw.). Durch zu langes Zögern in der Erprobung neuer Bauelemente — für die ja keineswegs jedesmal sofort eine komplette Lok hätte neugebaut werden müssen — waren diese eben im entscheidenden Moment „nicht genügend erprobt" und fielen deshalb der Ablehnung anheim.

F. Schichau, Elbing

Nachdem die in Elbing am Frischen Haff gelegene Firma Schichau bei der Vergabe der Baulose für Einheits-Schnellzuglokomotiven stets ohne Anteil geblieben war, mußte es für die dortigen Lokomotivingenieure fraglich erscheinen, ob sie sich eine Chance bei der Vergabe eines Auftrags für eine Schnellfahrlokomotive ausrechnen konnten (was in ähnlicher Weise auch für Maffei zutraf). Dennoch sandte man vier Entwürfe ein, verzichtete jedoch auf eine eingehende Beschreibung oder weitergehende Untersuchungen.

2C2-Schlepptenderlok, Ref. L 11854

Die Maschine zeichnet sich durch den Verzicht auf windschlüpfrige Verkleidung aus; lediglich die Vorderwand des Führerhauses ist abgeschrägt. Große Windleitbleche und sehr hohe Kessellage (volle Ausschöpfung des Lichtraumprofils nach BO II) sowie Zwillingstriebwerk lassen zunächst den Eindruck einer „Über-01" aufkommen. Jedoch weichen andere Teile der Maschine in der Gestaltung wesentlich vom Äußeren der Einheitslokomotiven ab: Die 2,5 m großen Treibräder reichen in durchlaufendem Radkasten über die Umlaufbleche hinauf, das Führerhaus erinnert eher an preußische Lokomotiven.

Die gegenüber dem Richtmaß von 2250 mm noch vergrößerten Treibräder bieten bei 150 km/h die gleiche Drehzahl des Triebwerks wie jenes der 01 bei 120 km/h. Da jedoch der Hub auf 700 mm verlängert wurde, verbleibt nur eine Steigerung des Verhältnisses D:s = 3,57 um rund 5 % gegen die Richtmaße von 2250 bzw. 660 mm. Das Reichsbahn-Zentralamt konnte daher keinen Vorteil in der nicht gerade unproblematischen weiteren Vergrößerung des Treibraddurchmessers sehen. Wie richtig die Vorbehalte waren, zeigte sich bei der 61 001 deutlich genug, die mit ihrem Zwillingstriebwerk von 750 mm Hub trotz wesentlich kleinerer Triebwerksmassen bei allerdings kleinerem Gesamtgewicht schon unangenehme Zuckschwingungen auf den Wagenzug übertrug.

Am Kessel wurden die nur sieben Meter langen Rohre bemängelt, man wünschte sich hier eine Verlängerung auf — wie es heißt — „zweckmäßig ... 7300 mm zwischen den Rohrwänden". Etwas unverständlich ist bei der hohen, oben nur einen kurzen Schornstein über der Kesseloberkante zulassenden Kessellage das relativ hoch liegende Blasrohr. Dort, wo bei den Einheits-Zwillingsloks die Abdampfleitungen in das Blasrohr münden, sitzt nämlich der Oberflächenvorwärmer — bei der Drillingsvariante, mit besserer Begründung, der Innenzylinder. Man sollte annehmen, daß sich dafür bei Durchkonstruktion nach Auftragserteilung eine günstigere Lösung hätte finden lassen. Am anderen Ende des Kessels hätte die zwar reichlich bemessene, aber waagerecht liegende Rostfläche zusammen mit der knappen Aschkastenausbildung sicher die Arbeit des Heizers erschwert.

Mit Ausnahme des Triebwerks entspricht die Drillingsvariante der zweizylindrigen. Der bei den hohen Treibrädern bequem waagerecht anzuordnende Zylinder treibt die erste Kuppelachse, die als Kropfachse ausgebildet ist. Bei der zusätzlichen Belastung dieser Achse mit Führungskräften ist wegen der Hebelwirkung der hohen Treibräder zumindest mit einer Empfindlichkeit gegen

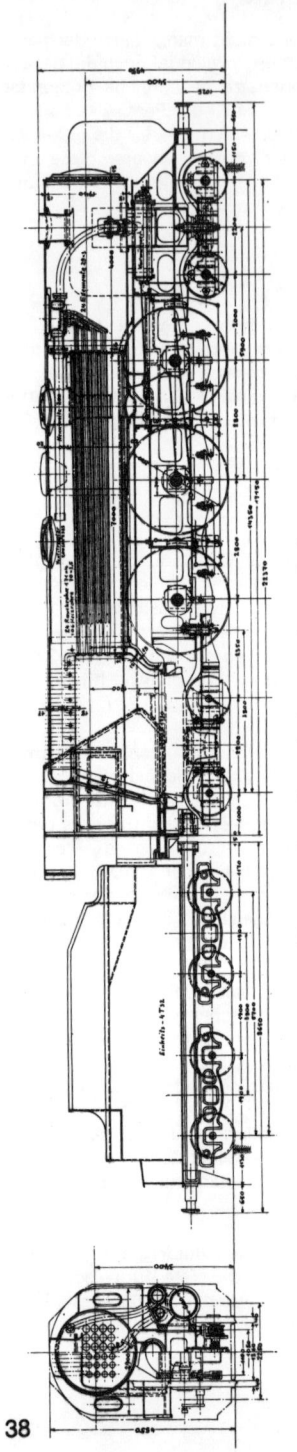

2C2-Zwillings-Schnellzuglokomotive, Ref. Nr. L 11854

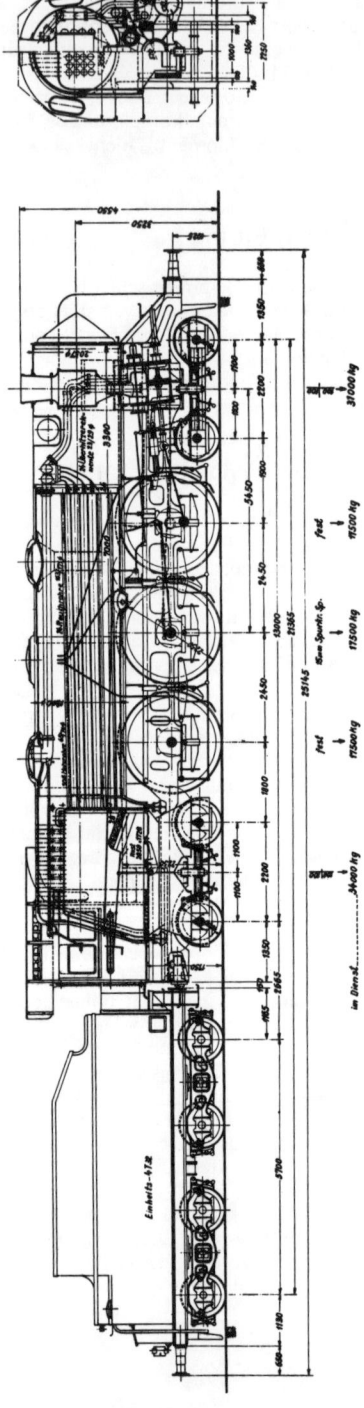

2C2-Drillings-Schnellzuglokomotive, Ref. Nr. L 11857

Anrisse zu rechnen. Die Drehgestelle sind vorn und hinten mit je 2200 mm Achsstand bemessen, wie er von den 2C1-Maschinen her bekannt ist.

Im übrigen wurden teilweise bei der Drillings- wie der Zwillingsvariante des Entwurfs bauliche Ausführungen bemängelt, die in z.t. noch ungünstigerem Maße bei späteren Maschinen doch zur Ausführung kamen: so z.b. das Verhältnis von Kurbelradius zu Treibstangenlänge beim Innentriebwerk (Schichau: 1:6,6; spätere Ausführung bei der Baureihe 45: 1:5,9), Gußstück des Mittelzylinders mit Auflagerungssattel für die vordere Kesselauflagerung (Baureihen 44 und 45), Zwillingstriebwerk mit langem Hub (61 001).

2C2-Schlepptenderlok, Ref. Nr. L 11856

Entsprechend den Anregungen der HV reichte auch Schichau eine Lokomotive mit nach vorn gekehrter Feuerbüchse ein. Wie bei den Projekten von Henschel und Krupp sah man Ölfeuerung vor. Die im Laufwerk den vorbesprochenen ähnliche Maschine arbeitet mit 20 atü Dampfdruck und besitzt ein Drillingstriebwerk.

Der Kessel ist etwas kleiner bemessen als jener des vorgenannten Entwurfs. Am ,,Bug" der völlig verkleideten Maschine befindet sich ein kleiner Hilfs-Ölbehälter für die Feuerung, der Haupt-Ölvorrat ist in einem rechteckigen Kasten auf dem Tender untergebracht.

2C2-Schlepptenderlok, Ref. Nr. L 11857

Parabolische Rauchkammer, Windleitbleche ähnlich der ersten Ausführung jener der 01-Lok, flache, unverkleidete Kesselaufbauten, Drillingstriebwerk, an die Einheitslokomotiven angeglichenes Führerhaus mit Windschneide, fast völlig symmetrische Achsanordnung, höhenmittig verlaufendes Umlaufblech sowie Einheitstender 4 T 32 charakterisieren diesen äußerlich recht harmonisch proportionierten Entwurf. Innerlich wirkt er jedoch leider weniger überzeugend: Abgesehen von der bei allen Schichau-Entwürfen nur einseitig wirkenden Bremse, die von Seiten der Reichsbahn als zu schwach befunden wurde (Signalabstände!), ist es wieder der Kessel, auf den sich Bedenken richten müssen. Wie schon in anderen Fällen (Borsig) erweist sich die Feuerbüchse als von wesentlich kleinerem Volumen als die Rauchkammer. Dennoch sind dieser kleinen Feuerbüchse, die jene der 01-Lokomotive an Strahlungsheizfläche praktisch nicht übertrifft und bezüglich des Strahlungsflächenverhältnisses noch schlechter abschneidet, 7000 mm Rohrlänge mit insgesamt 236 m^2 indirekter Heizfläche nachgeschaltet. Nicht nur wegen der ablehnenden Haltung maßgeblicher Stellen der Reichsbahn gegen die Verbrennungskammer muß die Wahl dieser Aufteilung als verfehlt angesehen werden. Auch ohne das verfehmte Bauelement hätte eine wesentliche Vergrößerung der Strahlungsheizfläche erreicht werden können durch Neigung der Rostfläche und eine schrägliegende Stiefelknechtplatte, die die Feuerbüchsrohrwand um 0,5 bis 0,65 m vorverschiebt. Ob es vorteilhaft gewesen wäre, die Rohrwand der Rauchkammer entsprechend vorzuverlegen, erscheint fraglich — 6,8 m Rohrlänge hätte bei einer Umschau im damaligen internationalen Lokomotivbau als obere Grenze erkannt werden sollen, zumal es keine eingeschweißten Rohre gab.

Triebwerksseitig ist durch die vorgesehenen Schieber von nur 220 mm Durchmesser die Leistung der Lokomotive ebenfalls eng begrenzt. Darüber hinaus gestaltet sich beim Innentriebwerk das Treibstangenverhältnis noch ungünstiger als bei den Entwürfen mit 2500 Treibraddurchmesser.

Berliner Maschinenbau AG, vormals L. Schwartzkopff

2C2-Schlepptenderlok, Ref. Nr. P 3084

Vierlingstriebwerk mit Einachsantrieb auf die erste Kuppelachse bei weit vorverschobenem Drehgestell kennzeichnen den einzigen Entwurf der BMAG. Als Steuerung war mit Rücksicht auf die völlige Einkapselung der Lokomotive eine Ventilsteuerung oder die Tolkiensteuerung vorgesehen.

Die Leistungsberechnung ergab 2000 PSi, die gerade dem Widerstand von verkleideter Lok und Wagenzug bei 150 km/h entsprechen sollten (Z_i = 3595 kg). Obwohl genaue Werte über die Widerstände bei 150 km/h noch nicht vorlagen, wurde also äußerst knapp kalkuliert. Das kommt auch im Dampfverbrauch für Heizung (0,250 t/h), Licht (0,100 t/h) und Luftpumpe (0,100 t/h) zum Ausdruck. Insgesamt sollte der Kessel 12,450 t/h Dampf erzeugen, weshalb man mathematisch mit einer Heizfläche von 219,1 m^2 auszukommen glaubt. Jeder Lokführer, der die unvorhersehbaren Zwischenfälle kennt, die sich im alltäglichen Betrieb nicht vermeiden lassen, wird ein Lied singen können vom Unterschied zwischen theoretisch errechneten Fahrwiderständen und Ersparnissen vermittels Stromlinie einerseits und der rauhen Wirklichkeit andererseits, wenn zu hartem Winterwetter auch noch verschlackter Rost oder andere Unregelmäßigkeiten an der Maschine oder im Fahrtverlauf auftreten. So manche Lokmannschaft hat in solchen Momenten gewünscht, „die Eierköpfe da oben doch mal selbst auf den Führerstand stellen" zu können und mit erhobenem Zeigefinger bei der Arbeit zu beobachten. Mit rechnerischen 5 %-Sicherheiten war jedenfalls nichts mehr zu holen, wenn die Widrigkeiten des Maschinendienstes sich gegen Lok und Mannschaft verschworen zu haben schienen. Da waren nicht selten 20 und 30 Prozent Kesselmehranstrengung vonnöten, wenn die Fahrzeiten trotz allem eingehalten werden sollten. Die dabei auftretenden Kessel- und Maschinenbeanspruchungen waren es, die auf die Ausbesserungskosten durchschlugen. Hier entschied sich für den Betrieb die wirkliche Güte einer Lokbauart.

Beim BMAG-Entwurf wurden die Raddurchmesser abweichend vom Richtmaß mit 1100/2200/1250 mm vorgesehen, was zusammen mit einer speziellen Lagerdimensionierung den Laufwiderstand bei V = 150 km/h gegenüber der 01 bei 120 km/h um 10 % vermindern sollte.

Der erhöhten Fliehkraft in Kurven suchte man entgegenzutreten, indem man auch in weiten Bögen nicht nur das vordere Drehgestell, sondern auch die erste Kuppelachse führen sollte; außerdem glaubte man, die Belastungserhöhung der kurvenäußeren Tragfedern durch Verlegen derselben über die Achslager verringern zu können. Das hintere Drehgestell ist als zweiachsiges Bisselgestell mit Außenrahmen ausgeführt, während das vordere mit Ausnahme des Raddurchmessers der Einheitsbauart entsprechen sollte. Trotzdem ist der Raum unter der Feuerbüchse nicht frei von Einbauten: zwischen den Drehgestellachsen befindet sich die Rückstellvorrichtung; unter diesen Umständen bleibt der Vorteil, der in der Aschkastenausbildung durch das Bisselgestell gegen das normale Gestell zu verzeichnen wäre, gering, wenn er nicht sogar ganz verloren geht.

„Mit Rücksicht auf das knappe Gewicht" verzichtete man auf Vorwärmer und Speisepumpe und sah einen Abdampfinjektor vor. Es ist allerdings nicht einzusehen, warum auf einer 2C2-Lokomotive mit kleinerem Kessel als jenem der 2C1-Lok Baureihe 01 diese beiden schon fast grundlegenden Ausrüstungsteile nicht mehr unterzubringen sein sollen. Abgesehen davon, daß die anderen Entwürfe durchweg schwerer angegeben werden, könnte das Gewicht dieser Teile nicht den Ausschlag darüber geben, ob die Lokomotive auf den Strecken für Achsdrücke zum „Nennwert 17 t" noch zulässig sei oder nicht.

Für die Sicht aus dem Führerstand der völlig verkleideten Maschine wies man gegenüber der 01 — aufgrund der von der Rauchkammer wegverlegten Luftpumpe — eine Verbesserung nach.

40

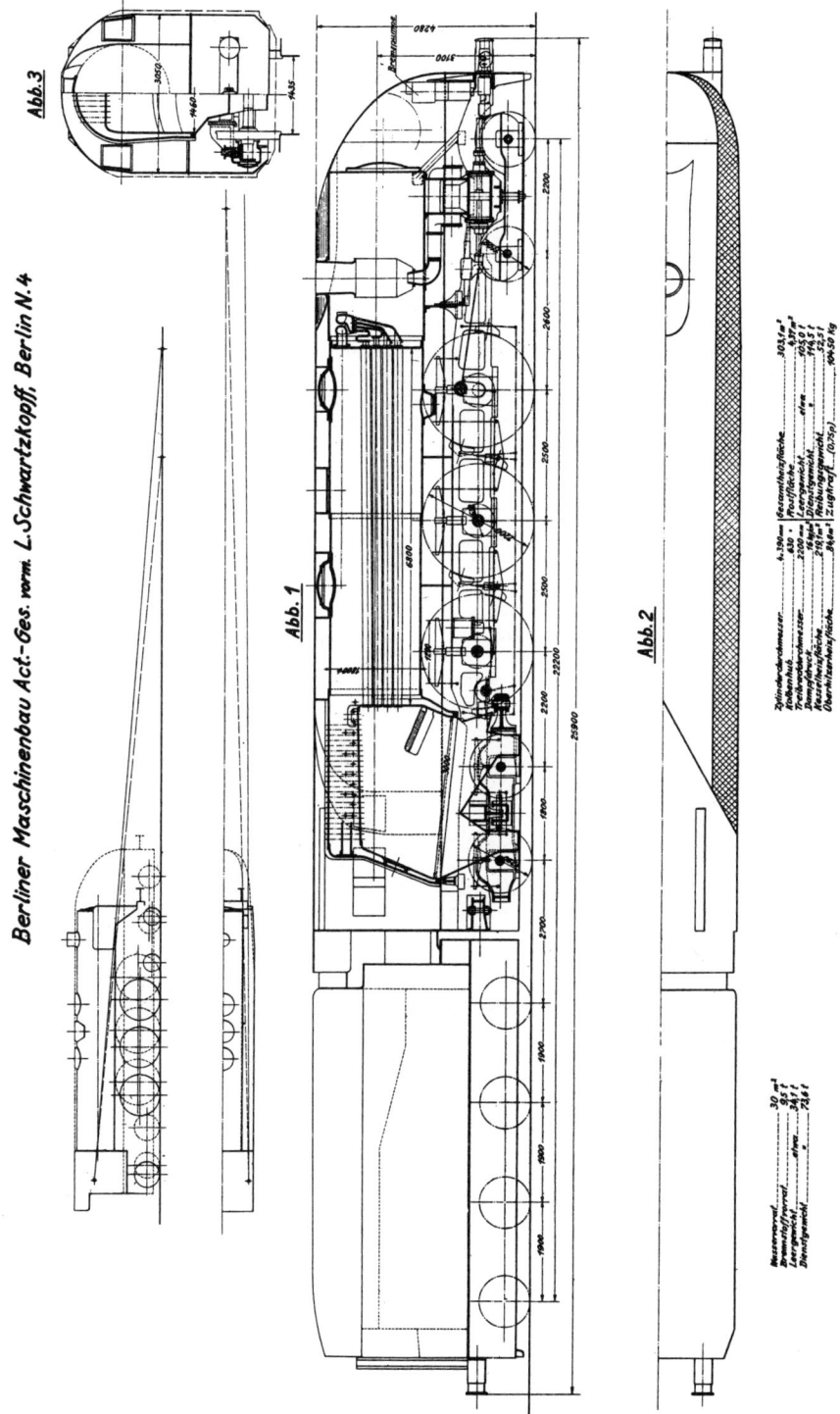

Berliner Maschinenbau Act.-Ges. vorm. L.Schwartzkopff, Berlin N.4

Abb.3

Abb.1

Abb.2

Stromlinien-Vierlings-Schnellfahrlokomotive, Ref. Nr. P 3084

Wie andere Firmen, die ebenfalls auf die Sichtverbesserung bei ihren Projekten hinwiesen, hielt man eine Vorverlegung des Führerstandes mit den damit Hand in Hand gehenden weitreichenden konstruktiven Folgen für unnötig. Die mit der Windschneide von 60 Grad in einer Ebene liegenden Führerhausfenster sollten Scheibenwischer bekommen, „die auch bei Regenwetter eine saubere Glasscheibe sichern."

Vereinheitlichungsbüro der DLV

2C2-Schlepptenderlok, Ref. Nr. Pr 82

Während man sich im allgemeinen auf die „hohen Unterhaltungskosten" sowie auf nur „wenige Prozent" Brennstoffersparnis, die erstere nicht rechtfertigen würden, berief, wenn eine Vierzylinder-Verbundmaschine nicht in Betracht kommen sollte, so beschritt man beim VB einen ganz anderen Weg um nachzuweisen, daß die 2C2-S als solche gar nicht gebaut werden könne: Nachdem die Zwillingsanordnung mit 600 mm Zylinderdurchmesser (16 atü Kesseldruck) aufgrund des Zuckens und der höheren Rahmen- und Triebwerksbeanspruchung für diesen Fall doch als „nicht zu empfehlen" bezeichnet wurde, kam man für die vierzylindrigen Anordnungen zu folgenden Schlüssen:

„Vierzylinder-Verbundanordnung für 16 atü:
Die Vierzylinder-Verbundanordnung wurde ebenfalls geprüft und eingehender untersucht. Der im Maßstab 1:10 vorliegende Zylinder- und Triebwerksentwurf für Zweiachsen-Antrieb mit Hochdruckzylinder von 450 mm Durchmesser und Niederdruckzylinder außen von 700 mm Durchmesser, Inneneinströmung für Hoch- und Niederdruckzylinder ergibt eine konstruktiv günstige Lösung. Der Gesamtentwurf (Maßstab 1:40) ergab jedoch, daß die Unterbringung der erforderlichen Kesselheizfläche bei einer Lokomotive der 17 t-Baureihe nicht mehr möglich ist und zur 18 t-Baureihe übergegangen werden müßte, selbst bei Anwendung eines Drehgestell-Achsdruckes von 16,5 t. Aus den vorstehenden Gründen wurden die Entwürfe nicht mit eingereicht."

„Vierzylinder-Verbundanordnung für 25 atü:
Zunächst erscheint es wahrscheinlich, daß bei Erhöhung des Kesseldrucks auf 25 atü und bei gleichzeitiger Verwendung von hochwertigen Kesselbaustoffen höhere Leistungen bzw. günstigere Gewichtsverhältnisse zu erwarten wären, als es bei der Vierzylinder-Verbundanordnung für 16 atü der Fall ist. Die rechnerische Untersuchung ergibt jedoch, daß die erforderliche Kesselleistung sich ebensowenig auf einer 2C2-h4-17 t-Lokomotive unterbringen läßt, so daß man ebenfalls auf 18 t Achsdruck gehen müßte. Ein Gewichtsvorteil ist also beim 25 atü-Kessel gegenüber dem bewährten Kessel mit 16 atü Dampfdruck nicht zu erwarten."

„Dreizylinderanordnung für 16 atü:
Die Zylinder und die Triebwerksteile sind bei der Dreizylinderanordnung um reichlich 2 t leichter als bei der Vierzylinder-Verbundanordnung. Bei Ausführung des Kessels mit etwa 270 m² Verdampfungsheizfläche bleibt der Achsdruck der Treib- und Kuppelachsen in der 17 t-Reihe.` Da ferner die gleichmäßigen Drehmomente günstige Anfahrzugkräfte und ein schnelles Beschleunigen des Zuges gewährleisten, wurde dieser Bauart der Vorzug gegeben, wobei außerdem der gute Massenausgleich und die geringere Rahmen- und Triebwerksbeanspruchung (gegenüber Vierzylinder-Triebwerk? Anm. d. Verf.) zu erwähnen sind."

Obwohl der Begriff der „erforderlichen" Heizfläche alles andere als eine genaue Definition der nun tatsächlich im vorliegenden Fall notwendigen zahlenmäßigen Größe bedeutet, kann man aus den Schlüssen, diese sei nicht unterzubringen, sowie aus der für den Drilling voraussichtlichen erwarteten Gewichtsersparnis schließen, daß man mit derselben wie beim Drilling rechnete, wie ja auch die ersten 01- und 02-Lokomotiven mit gleichen Kesseln ausgerüstet worden waren.

Da die Heizfläche von der geforderten Leistung abhängt, die in beiden Fällen ja dieselbe hatte sein sollen, würde dies bedeuten, daß man mit 0,0 % Dampfverbrauchersparnis für die Verbundmaschine gerechnet hat. Professor Nordmann gab bei den Vorbesprechungen zur Baureihe 03 eine Ersparnis der Verbundmaschine gegen die einfach dehnende von rund 5 % an, in Frankreich bezifferte man sie auf rund 20 %; tatsächlich wurden diese Werte auch erzielt. Bei dem angeblich zu schwer zu bauenden Verbundprojekt des VB könnte es sich also bei allem Vorbehalt nach dem Gesagten nur um eine im Verlauf ihrer Dampfverbrauchskurven in engstem Sinne mit der 02-Lokomotive vereinheitlichte ,,Drosselmaschine'' gehandelt haben. Nun, zumindest für die Mitteldrucklok hätte es aber — denken wir nur an die 04 — auch eine um so erfreulichere Überraschung geben können, nämlich durch die Verbindung der Kesselleistung des Zwillingsprojekts mit dem Dampfverbrauch einer ähnlich der 04-Anordnung gut gelungenen Dampfmaschine.

Im Falle der Variante für 16 atü Kesseldruck dürfte der vorgesehene Niederdruckzylinder mit 700 mm Durchmesser allerdings eine arge Behinderung darstellen. Außen angeordnet, hätten sich in Verbindung mit den bei Antrieb auf die zweite Kuppelachse sich zwangsläufig ergebenden langen Treibstangen hohe Massenkräfte ergeben; auch dampftechnisch ist dieser Durchmesser schon recht ungünstig (siehe Baureihe 43 mit d = 720 mm!).

Beim Drilling geht es in der Aufreihung der Vorteile hingegen z.T. nach dem Prinzip ,,doppelt genäht hält besser'': die ,,günstigen Anfahrzugkräfte'' sowie das ,,schnelle Beschleunigen'' sind lediglich die (positiven) Folgen der ,,gleichmäßigen Drehmomente''. Was die Rahmen und Triebwerksbeanspruchungen betrifft, so können erstere wegen der 120 Grad-Versetzung der Kurbeln und der daraus folgenden Kräfteverhältnisse nur ungünstiger sein als bei einer Vierzylindermaschine mit gegenläufigen Außen- und Innenzylindern auf jeder Seite; eine Verringerung der Triebwerksbeanspruchungen gegen eine mit vier statt mit drei Zylindern arbeitende Maschine ist nur möglich, wenn bei der h4v-Lok die Hoch- und Niederdruckzylinder weit voneinander abweichende Leistungen zeigen. Dies würde aber wieder auf eine mangelhafte Durchbildung hinweisen, nicht auf eine prinzipiell hohe Beanspruchung bei Vierzylindermaschinen. Einzig die Kropfachse, die mit nur einer Kurbel steifer ausgeführt werden kann, würde dem Drilling zu einem Vorteil in der Robustheit verhelfen.

Beim Drilling des VB-Entwurfs ist die später zu hohen Ausfallzeiten und Ausbesserungskosten führende Vereinigung von Mittelzylinder mit Rauchkammerauflagesattel vermieden worden. Zusammen mit der ebenfalls getrennten Drehgestellagerung ergaben sich zwei Gußstücke und eine Blechkonstruktion, durch die alle triebwerks-externen Kräfte vom Innenzylinder ferngehalten worden wären. Dies konstruierte man interessanterweise jedoch nicht aus der Befürchtung heraus, daß die hinteren Gleitauflager des Kessels schwergängig werden könnten (wie es sich später erwies: die nur wenig bewegten, mit hoher Flächenpressung arbeitenden Teile können nicht zufriedenstellend geschmiert werden), und daher der unter den wechselnden Wärmezuständen ,,atmende'', d.h. sich ausdehnende bzw. zusammenziehende Kessel Scherspannungen auf das Gußstück ausüben könnte, sondern vielmehr, um die Massenkräfte des Kessels beim Bremsen auf großer Basis auf den Rahmen zu übertragen, ohne den Innenzylinder hierfür in Anspruch zu nehmen.

Für alle drei Zylinder sind getrennte Steuerungen vorgesehen. Dies bildet für Maschinen, die mit hohen Drehzahlen arbeiten, stets die beste Lösung, da bei abgeleiteter Steuerung die verbleibenden äußeren Heusinger-Gestänge im selben Maße, wie man am Wegfall des innenliegenden Steuerungsgestänges spart, höher beansprucht und kräftiger dimensioniert werden müssen. Dazu gesellt sich noch die Addition des Spiels in den Gelenken der Steuerungsableitung auf jenes der Außensteuerung. Solche Steuerungen arbeiten stets weniger genau und mit höheren inneren Kräften als getrennte.

7300 mm lange Rohre und eine Feuerbüchse von gegenüber der Baureihe 01 verringertem Volumen, jedoch mit Wasserkammer, sowie eine sehr geräumige Rauchkammer kennzeichnen den

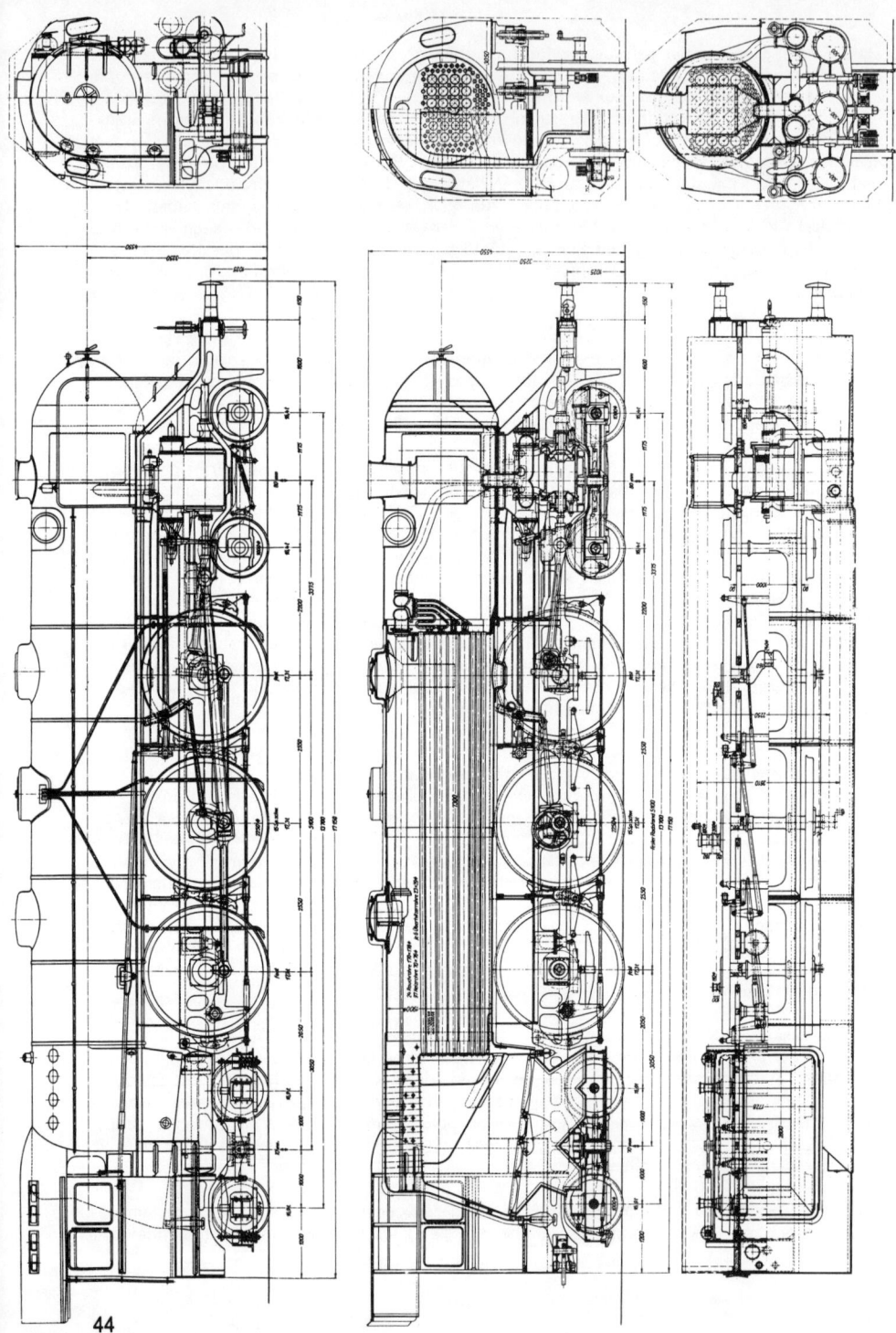

2C2-Drillings-Schnellzuglok S 37.17, Ref. Nr. Pr 82

44

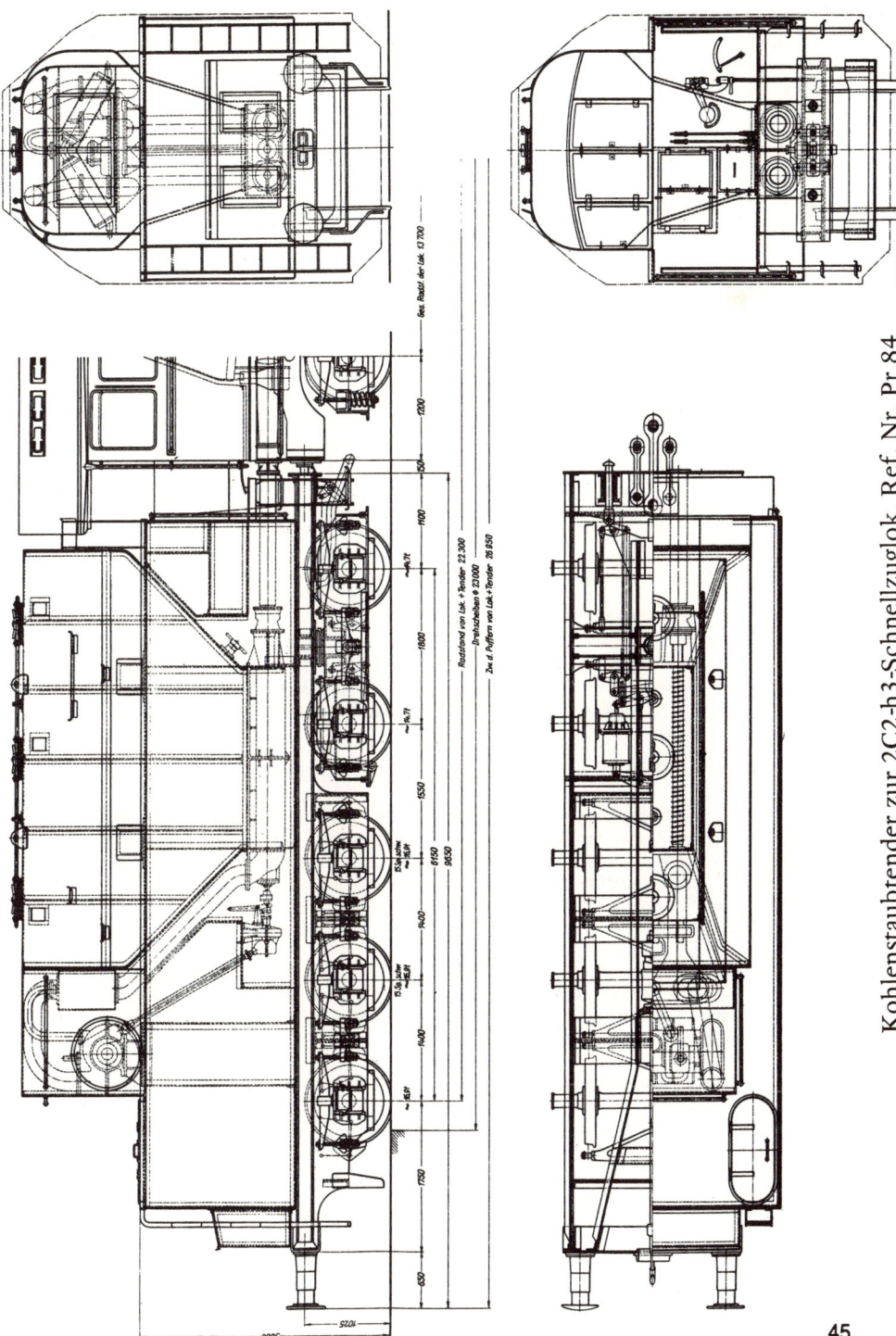

Kohlenstaubtender zur 2C2-h3-Schnellzuglok, Ref. Nr. Pr 84

45

Kessel. Noch mehr als beim Schichau-Entwurf L 11857 ist hier das an sich schon etwas einseitige Langrohrprinzip übertrieben worden. Die Wasserkammer selbst erscheint gegenüber der Baureihe 04 noch weniger günstig bezüglich des Wärmeausdehnungsverhaltens. Auch hätte nicht auf die schräge Lage der Stiefelknechtplatte verzichtet werden sollen, die — besonders bei großer Krebstiefe — in begrenztem Maße wie eine kurze Verbrennungskammer wirken kann. Dazu hätte freilich auch ein längerer Feuerschirm gehört, der ein besseres Ausbrennen der Flammen in der engen Feuerbüchse hätte ermöglichen können.

Es drängt sich die Frage auf, wie bei der Baureihe 01 eine volumenmäßig größere Feuerbüchse über nur einer Laufachse von 20,2 t Achsdruck untergebracht werden konnte, wenn für die hier vorgesehene zwei Achsen von insgesamt 33,8 t Achslast erforderlich sein sollen. Obwohl im vorliegenden Fall die Achsen auch mit zum Tragen eines gewissen Anteils des Langkessels herangezogen werden, erscheint doch eine größere Feuerbüchse möglich, zumal sich das Mehrgewicht beim Langkessel einsparen ließe.

Wie die entsprechend genannten anderen Entwürfe, so macht auch der VB-Vorschlag keine Ausnahme, wenn es im Dampffluß von der Heißdampfkammer über die Zylinder zum Blasrohr Engstellen bzw. hemmende Knicke gibt. Hier sind es besonders die Ausströmrohre, die dem entspannten Dampf noch einige Kehrtwendungen aufzwingen, bevor er aus dem tiefliegenden Blasrohr strömend noch für den nötigen Saugzug sorgen soll. Dabei bliebe zu bedenken, wie eng Strömungswiderstand und Gegendruck einerseits mit Gestaltung der Saugzuganlage und Saugzugwirkung anderseits zusammenhängen.

2C2-Schlepptenderlok, Ref. Nr. P 84

Da man die Rostfläche von 4,8 bis 5,0 m^2, wie sie nach den Anregungen der HV bemessen werden sollte, als obere Grenze für einen Heizer ansah, legte auch das Vereinheitlichungsbüro eine Variante des Entwurfs mit Stug-Kohlenstaubfeuerung und fünffachsigem Tender vor. Mit Ausnahme dieses Tenders und der (Stahl-) Feuerbüchse mit den für die Feuerung erforderlichen Einbauten entspricht diese Variante der Lokomotive dem vorbesprochenen Entwurf.

Windkanalversuche zur Ermittlung der Stromlinienform

Nachdem auf der 21. Besprechung des Lokomotivausschusses die Frage der Stromlinienform und der auftretenden Luftwiderstände mangels Unterlagen noch nicht eindeutig geklärt werden konnte, kam die HV dem Gutachten des Ausschusses nach, Windkanalversuche anzustellen, bevor mit dem Bau der Schnellfahrlokomotive begonnen würde, jedoch unter der Bedingung, die inzwischen abgeschlossenen Versuche der Firma Borsig an der TH in Berlin im Institut für Technische Strömungsforschung nochmals zu behandeln.

Anläßlich einer Versuchsfahrt trat der Ausschuß daher nochmals zusammen und fand zu der Empfehlung, weitere Windkanalversuche mit größeren, genauer nachgebildeten Modellen im Göttinger Windkanal durchzuführen, der wesentlich größere Windgeschwindigkeiten erzeugen konnte und mit feineren Meßinstrumenten ausgestattet war.

Nachdem die Hauptverwaltung dieser Empfehlung entsprochen und die finanziellen Mittel zur Durchführung bereitgestellt hatte, begannen im Februar 1933 in Göttingen die Besprechungen über die Durchführung der Versuche. Gleichzeitig wurden bei Borsig Modelle im Maßstab 1:20 (statt zu 1:33,3 bei den Versuchen in Charlottenburg) in Auftrag gegeben. Als Beispiel dafür, wie ernst die genaue Erforschung der Widerstände angegangen wurde, sei erwähnt, daß man einem Vorschlag, die Modelle von Lehrlingen im Ausbesserungswerk anfertigen zu lassen, nicht stattgab, sondern diese lieber von erfahrenen Modelltischlern unter der Aufsicht von Lokomotivkonstrukteuren in der Lokomotivfabrik herstellen ließ. Ebenso wurden die Blasversuche unter

Beisein eines Vertreters der Borsig-Werke sowie eines Hilfsarbeiters des Versuchsdezernats durchgeführt. ROR Wagner wollte sogar die Größe der Molekularteilchen der Luft im Verhältnis zum Maßstab der Modelle berücksichtigt wissen! Außerdem wurde untersucht, inwieweit die Modellversuche physikalisch schlüssig und auf die Wirklichkeit übertragbar seien. Abgesehen von unvermeidlichen Ungenauigkeiten in der Modellform ergab sich die Frage der Bedeutung gleicher Reynold'scher Zahlen bzw. der Anwendung des Newton'schen Ähnlichkeitsgesetzes.

Der Versuchsbericht des Göttinger Instituts hob hervor, daß es sich bei der Regellokomotive um ausgesprochen kantige Formen handele, daher nicht die Reynold'schen Zahlen ausschlaggebend seien, sondern das Newton'sche Gesetz. Die ersteren — bei welchen das Produkt $c_1 \times l_1 = c_2 \times l_2$ sein muß, wenn c_1 die wirkliche Luftgeschwindigkeit, l_1 die wirkliche Länge des Fahrzeugs, c_2 und l_2 jedoch die entsprechenden Größen für die Modelle sind — würden nur für genau oder annähernd stromlinienförmige Körper mit glatter Oberfläche gelten.

Überdies versuchte man die optimale Lösung zu finden hinsichtlich des Problems der genauen Umkehrung der Verhältnisse der Wirklichkeit, die bei stehendem Versuchsmodell und bewegter Luft eigentlich auch eine bewegte Gleisstrecke hätte einschließen müssen, was ohne erheblichen Aufwand nicht möglich war.

In Charlottenburg hatte man sich damit begnügt, die Gleisbettung als glatte Oberfläche nachzubilden, um möglichst gute Strömung der bewegten Luft zu erreichen, und man erzielte tatsächlich eine nur noch sehr geringe Beeinträchtigung des Strömungsgeschwindigkeiten, die sich zudem erst an einem Teil des aufgehängten Modells auswirkten, wo in der Nähe des „Bodens" keine widerstandgebenden Teile mehr vorhanden waren. Diese Versuchsanordnung konnte also recht genaue Ergebnisse liefern.

Im Göttinger Institut wurde die Anordnung insofern verbessert, als man — ausgehend wiederum von der eigentlich mit Luftgeschwindigkeit zu bewegenden Gleisstrecke — den „Boden" und seinen Einfluß umging, indem man ein Doppelmodell mit einander spiegelbildlich zugekehrten Rädern aufhing und damit gleichsam den Boden durch die strömende Luft ersetzte. Natürlich ist auch diese Versuchsanordnung anfechtbar, gerade im Hinblick auf die in Wirklichkeit in Bodennähe auftretenden Verwirbelungen, die sich bei der beschriebenen Anordnung natürlich anders verhalten müssen. Jedoch kann man davon ausgehen, daß Fehler aus diesem Bereich den grundsätzlich recht genauen Resultaten in keiner Weise Abbruch tun.

Neben der Anordnung mit 0 Grad Anblasewinkel (Windstille) wurde auch eine Messungsreihe mit 10 Grad Anblasewinkel vorgenommen, die einem Seitenwind, wie er im Durchschnitt den tatsächlichen Verhältnissen entsprechen würde, gleichkommt. Dabei wurden nicht nur die Messungen für 150 km/h durchgeführt, sondern es drei Anblasegeschwindigkeiten gefahren, um den parabelförmigen Verlauf der Widerstandskurve über der Geschwindigkeit auftragen zu können. Während nun bei der Regellok das Windleitblech damaliger großer Ausführung nur einen sehr geringen Leistungsaufwand ergab (13 PS), wuchs dieser bei der verkleideten Lok auf 144 PS (jeweils bei 150 km/h). Parabolische Rauchkammer (57 PS Ersparnis) und Windschneidenführerhaus (27 PS Ersparnis) erwiesen sich als wenig gewinnbringend. Die Verkleidung mit teilweise freiliegendem Triebwerk ergab hingegen einen Gewinn von 307 PS, die vollständige Verkleidung sogar 424 PS gegenüber der unverkleideten Regelform. Die vollverkleidete Tenderlokomotive ergab schließlich sogar einen Gewinn von 569 PS. Dies ist allerdings noch bei genau frontaler Anblasung gemessen, also ohne den Seitenwind zu berücksichtigen. Bei einem Anblasewinkel von 10 Grad ergibt sich ein Leistungsgewinn von 748 PS der vollverkleideten Tenderlok gegen die unverkleidete Regellok (alle Angaben für 150 km/h Fahrgeschwindigkeit). Absichtlich seien hier nur die Absolutwerte angegeben, da die Prozentangaben insofern nicht schlüssig sind, als sie nur für eine bestimmte Lokomotivleistung zutreffen. Allgemein kann eine Abnahme der Bedeutung dieser Werte mit steigender Leistung des Triebfahrzeugs festgehalten werden. Für die amerikanischen „Super Power-Maschinen" (wie sie, ausgehend von den Entwicklungen der Lokomotivfabrik Lima 1925 in den späteren Jahren der Dampftraktion vor jedem schweren oder wichtigen Fernschnellzug der USA anzutreffen waren) hätten dreistellige PS-Gewinne im Verhältnis zur Lokomotivleistung nur untergeordnete Bedeutung gehabt.

Bei der Beratung des Lokomotivausschusses über die Ergebnisse der Versuche wurde — hochmodern anmutend, wenn wir an die „Spoiler" heutiger Sportwagen denken, die dem gleichen Zweck dienen — auch schon herausgestellt, daß es wichtig sei, die Unterseite der Lokomotive möglichst auch zu verkleiden bzw. die Frontverkleidung so auszubilden, daß nur ein möglichst geringer Teil der Luft zwischen Fahrzeug und Oberbau entlangströmt. „Die abströmende Luft soll vor allem nach der Seite geworfen werden, so wenig wie möglich unter das Fahrzeug." (RR Staufer auf der 23. Beratung des Lokomotivausschusses in Karlsruhe).

Die Versuche bei der aerodynamischen Versuchsanstalt in Göttingen umschlossen auch solche zur Feststellung der Rauchströmung und ihrer Beeinflussung durch verschiedene Windleitmaßnahmen. Die unhandlichen Windleitbleche der Regelausführung wollte man aus mehreren Gründen nicht mehr verwenden. Eine Reihe von Versuchsanordnungen mit aus dem Schornstein des Modells kontrolliert ausgeblasenem Salmiaknebel ergaben, daß kleine Leitbleche, oberhalb der Verkleidung um den Schornstein angebracht, eine befriedigende Wirkung erzielten. Diese wurden bei der späteren Ausführung dann auch angewandt.

Es sei noch vermerkt, daß Professor Nordmann nach Abschluß der Windkanalversuche berichtete, man beabsichtige, „die schönen Modelle, die damit an sich ihren Beruf erfüllt haben, zu erhalten und der Öffentlichkeit zu zeigen, daß auch der vielfach verkannte Dampflokomotivbau mit so neuzeitlichen Mitteln, wie der Untersuchung im Windkanal, an seiner Fortbildung arbeitet."

Daneben wurden von der Hauptverwaltung Versuche mit einer teilweisen Verkleidung einer 03 genehmigt. Die bekannte 03 154 fuhr auf der Strecke Hamburg — Berlin Versuchszüge mit bis zu 144 km/h, weshalb Professor Nordmann keinen Grund zum Pessimismus gegenüber den Leistungen der vorhandenen Lokomotiven sah, so sehr auch die Stromlinienform anzustreben sei.

Nachdem weitergehende Verkleidungsversuche mit der 03 154 aufgrund der hohen Kosten abgelehnt worden waren, wurde nochmals eine 03 der Nachbauserien von 1936 mit Verkleidung ausgerüstet, obschon die beiden Loks der Baureihe 05 bereits gebaut worden waren. Die 03 193 sollte nun endlich den Gewinn durch die Stromlinienform gegenüber einer gleichen Regelmaschine genau feststellen helfen. Bisher war das ja bei keiner der verwendeten Maschinen bis in die letzten Einzelheiten möglich gewesen. Die DRG war dadurch nach Abschluß der Versuche in der Lage, den Leistungsgewinn aus der Stromlinienform einer Lokomotive genau angeben zu können: er betrug nach den Messungen bei 140 km/h 385 PS. Damit stand fest, daß die dreizylindrigen Nachbauserien der Einheits-Schnellzuglokomotiven mit Stromlinienverkleidung ausgeführt würden. Und in den letzten Monaten der dreißiger Jahre war es dann so weit: Die neuen Stromlinienlokomotiven rollten an.

Keine zehn Jahre später wollte man von stromlinienförmigen Verschalungsblechen an Dampfloks nichts mehr wissen und sollte sie nie mehr verwenden ...

Entscheidung

der Deutschen Reichsbahn-Gesellschaft, Hauptverwaltung, auf die Deutsche Reichs-bahn-Gesellschaft-Niederschrift über die Beratung des Lokomotiv-Ausschusses betr Entwickelung einer Lokomotive für 150 km/h Fahrgeschwindigkeit

(Verfügung der Hauptverwaltung 31 Faal 45 vom 17. Januar 1933)

Vermerk: Die nachstehende Verfügung gibt nur die Entscheidung der Hauptverwaltung auf den „Nachtrag" zur Niederschrift 21, der in diese hinter Seite 38 eingelegt ist. Die endgültige Ent-schließung der HV auf die Niederschrift 21 selbst ist vom Ausgang der Windkanalversuche abhängig und wird seinerzeit als Sonderdruck nachgeliefert.

Entscheidung zur Lokomotiv-Ausschußsitzung am 1. u 2. 12. 1932
Zum Bericht des Vorsitzenden — 21 Faal 2337/2a Bd 21 v 21. 12. 1932

Wir stimmen den Beschlüssen 1—3 des Lokomotiv-Ausschusses zu und ersuchen das Reichsbahn-Zentralamt für Maschinenbau, im Benehmen mit der Aerodynamischen Versuchsanstalt in Göttingen die Windkanalversuche einzuleiten. Die Kosten hierfür sind in Höhe bis zu vorläufig 2000 RM aus den den Reichsbahn-Zentralämtern bei Titel 15.1[8] zugeteilten Mitteln zu bestreiten.

Um auf Grund dieser Versuche gleichzeitig einen Maßstab dafür gewinnen zu können, wie weit die Größe des Wind-kanals und die Größe des Modells einen Einfluß auf das Ergebnis auszuüben vermag, ersuchen wir, die gleichen Modelle, die dem Versuche der Fa Borsig zugrunde gelegt waren, in dem größeren Maßstab auch im Göttinger Windkanal unter-suchen zu lassen. In Anbetracht der erheblichen seitens der Firma Borsig - Lokomotivwerke G m b H geleisteten Vorarbeiten ersuchen wir, der Firma Gelegenheit zu geben, an den Versuchen teilzunehmen. Wir legen großen Wert darauf, daß neben der gemäß den Beschlüssen des Lokomotiv-Ausschusses auf der 21. Beratung vorgesehenen Erprobung eines Lokomotivmodells in Anlehnung an die bisherige Form auch die Modelle mit vorn liegendem Führerstand unterstützt werden. Über das Ergebnis der Versuche sehen wir einem Bericht mit Stellungnahme seinerzeit entgegen.

BESCHREIBUNG DER 2'C2'h3-SCHNELLZUGLOKOMOTIVE FÜR HOHE FAHRGESCHWINDIGKEITEN, S 37.18, BAUREIHE 05

Mit HV-Verfügung vom 14. August 1933 wurden die Arbeiten zur Ausarbeitung des Entwurfs der Schnellfahrlokomotive der Firma Borsig in Berlin übertragen.

Maßgebend für die Durchbildung waren die folgenden Empfehlungen, die der Ausschuß für Lokomotiven auf der 21. Tagung in Braunschweig im Juli 1932 beschlossen hatte:

„Beschluß 1: Nach Ansicht des Ausschusses muß die Lokomotive so gebaut sein, daß sie sowohl für die Versuchsfahrten der Versuchsabteilungen, als auch für planmäßigen Streckendienst und damit für die Fortentwicklung des Dampflokomotivbaues nutzbar gemacht werden kann.

Beschluß 2: Der Ausschuß empfiehlt, die günstigste äußere Form durch Versuche im Windkanal ermitteln zu lassen, bevor der Entwurf weiter bearbeitet wird.

Beschluß 3: Der Betriebssicherheit bezüglich der Streckensicht steht eine Anordnung des Führerstandes hinten nicht entgegen, sofern die bisherigen Sichtverhältnisse der 01-Lokomotive gewahrt bleiben.
Die Betriebssicherheit hinsichtlich der Führung des Fahrzeugs im Gleis wird entscheidend beeinflußt durch die Lage des Kessels mit Stehkessel vorn und hinten. Damit kommt nur eine Schlepptenderlokomotive in Betracht.
Gegen diesen Beschluß stimmen die Herren Lüttich und Günther.

Beschluß 4: Der Ausschuß empfiehlt gegen die Stimme des Berichters (RR Staufer, Anm. d. Verf.), einfache Dampfdehnung anzuwenden.

Beschluß 5: Der Ausschuß empfiehlt einen Dampfdruck von 20 atü.

Beschluß 6: Die Ansicht des Ausschusses, ob die Maschine als Vierling oder Drilling gebaut werden soll, ist geteilt:
für den Drilling stimmen die Herren Lüttich, Baumann, Linack und Wagner;
für den Vierling stimmen alle Mitglieder mit Ausnahme des Herrn Lüttich und außerdem die Herren Dauner, Hörmann und Nordmann.

Beschluß 7: Der Zweiachsantrieb wird bevorzugt.

Beschluß 8: Die Größe der Rost- und Heizfläche kann·erst nach Abschluß der Versuche im Windkanal festgelegt werden.

Beschluß 9a: Die Lokomotive ist mit drei gekuppelten Radsätzen zu bauen, die einen Durchmesser von 2250 mm erhalten sollen; für die Laufradsätze vorn und hinten wird ein Durchmesser von 1000 mm vorgeschlagen.

Beschluß 9b: Der Ausschuß empfiehlt für das vordere Drehgestell einen größeren Achsstand als die Einheitsbauart hat.

Beschluß 9c: Der Ausschuß empfiehlt, das hintere Drehgestell zweiachsig mit Außenlagern und mit Drehzapfen in Drehgestellmitte auszuführen.

Beschluß 10a: Die gekuppelten Radsätze müssen zweiseitig abgebremst werden, für das hintere Drehgestell ist gleichartige Abbremsung anzustreben.

Beschluß 10b: Der Ausschuß empfiehlt, im Entwurf der Lokomotive auf späteren Einbau der Magnetschienenbremse möglichst Rücksicht zu nehmen.

Beschluß 11a: Als Tender ist möglichst der 4 T 32 zu verwenden. Um eine Gewichtsvermehrung bei Stromlinienform zu vermeiden, kann eine geringe Verminderung des Kohlenvorrats zugestanden werden.

Beschluß 11b: Bei der Ausbildung des Tenders ist auf ausreichendes Blickfeld nach rückwärts Bedacht zu nehmen.

Beschluß 12: Von der Behandlung der Lokomotiven mit Antrieb durch Turbine oder mit schnellaufenden Dampfmaschinen wurde abgesehen, weil diese Antriebe für die 150 km-Lokomotive als Versuchsmaschine nach Ansicht des Ausschusses nicht in Betracht kommen."

Zum Beschluß 2 sei auf den vorausgegangenen Abschnitt verwiesen, in welchem die daraufhin erfolgten Windkanalversuche beschrieben werden.

Die Beschlüsse 4 und 5 sind insofern interessant, als in der vorausgegangenen Debatte das Vierzylinder-Verbund-Triebwerk und der Kesseldruck von 25 atü jeweils unter Hinweis auf das damit ebenfalls für notwendig erachtete andere Merkmal abgelehnt wurden.

Nach nicht ganz schlüssiger Behauptung, bei der Verbundlokomotive müsse man bei 110 km/h mit 50 % Füllung fahren (1), kam ROR Dr.-Ing. Wagner zu dem Schluß, bei einem Kesseldruck von 20 atü sei auch noch mit einfacher Dehnung auszukommen. Bei 25 atü hingegen hielt man die Verbund-Anordnung für unbedingt erforderlich und auch vorteilhaft. Jedoch hielt man wiederum diesen Druck nicht für erforderlich, da man sowieso auf einstufige Dehnung abzielte. Vielmehr befand man bei einfacher Dehnung — die bereits vor der Entscheidung über den Kesseldruck so gut wie feststand — 20 atü für günstiger. Auch innerhalb der Möglichkeiten für Triebwerke einfacher Dehnung entschied letztlich das Durchsetzungsvermögen R. P. Wagners und ließ die einfachere Lösung — den Drilling — zum Tragen kommen, dies umso mehr, als der Vierling durch das Beispiel der unwirtschaftlichen S 10 (-Vierling) arg in Mißkredit stand (2).

Einen Überblick über die für notwendig erachteten Leistungen mögen die Zahlen, die ROR Günther als Mitberichter vor dem Lokomotivausschuß zur Besprechung der Schnellfahrprojekte vortrug, vermitteln (ohne Zuschlag für Beschleunigung):

— 1840 PSi für die stromlinienverkleidete Tenderlok,
   (1950 PSi von Firmenseite vorgesehen)
— 2000 PSi für die stromlinienverkleidete Schlepptenderlok,
   (2000 - 2450 PSi firmenseitig vorgesehen)
— 2450 PSi für die unverkleidete Schlepptenderlok,
   (2330 - 2580 PSi von Seiten der Firmen vorgesehen)

Wagner gab später sogar 2700 - 2800 PS ,,Kesselleistung'' an.

1. Die Stromlinien-Regellokomotiven 05 001 und 05 002

— Allgemeine konstruktive Durchbildung

Am 8. März 1935 erfolgte die Übergabe der ersten Lokomotive der Reihe 05, am 17. Mai 1935 folgte jene der 05 002.

Die Lokomotiven waren in ihrer allgemeinen konstruktiven Durchbildung weitgehend an die Einheits-Schnellzuglokomotiven angelehnt. Armaturen, Zurüstteile sowie Hilfsbetriebe entsprachen der Norm der Deutschen Reichsbahn, mit Ausnahme der Anpassung an den erhöhten Kesseldruck von 20 Atmosphären und der Sondereinrichtungen, wie der mechanischen Kohlennachschubeinrichtung.

Entgegen den Entwürfen waren jedoch andere Raddurchmesser gewählt worden, sowie ein neuer größerer Tender, der erstmalig bei der Deutschen Reichsbahn fünfachsig ausgeführt war, um die zulässige Achslast nicht zu überschreiten.

Kessel

Mit 256 qm feuerberührter Verdampfungsheizfläche erreichte der Kessel nicht ganz die für 20 atü und einfache Dehnung angestrebten Werte (265 qm). Dies war der letztlich doch mit „nur" 7,0 m (statt 7,3 m) ausgeführten Rohrlänge zuzuschreiben.

Aus den bei der Reichsbahn verwendeten Kennziffern für die Heiz- und Rauchrohre ergaben sich noch mit der Baureihe 01 einheitliche Durchmesser. Ebenso entsprach der Kessel-Nenndurchmesser mit 1900 mm jenem der 01, um spezielle Kümpelgesenke für die Herstellung der Kessel zu vermeiden. Auch der Überhitzer konnte mit seiner Rohrweite unter Anpassung an die etwas größere Rohrlänge übernommen werden. Natürlich handelte es sich um einen Dreischleifenüberhitzer Bauart Wagner.

Die Rauchkammer zeigte Anpassungen an die Stromlinienform. Sie war im vorderen Teil abgeflacht, mit schräg ansteigender Decke, der Vorwärmer wurde hinter den Schornstein verlegt.

Mit 18,6 qm war die Feuerbüchsheizfläche im Verhältnis etwas größer ausgefallen als bei der Baureihe 01, für das Betriebsverhalten des Kessels ein gewisser Vorteil. Als eine der letzten wurde sie aus Kupfer hergestellt, wobei die Blechstärke von 16 mm beibehalten und der erhöhte Kesseldruck in engerer Stehbolzenteilung berücksichtigt wurde, welche hier in Abständen von 80 mm gesetzt waren. Die mit der schweren Einheits-Schnellzuglok vereinheitlichten Rohr- und Türwände wurden durch einseitige X-Nähte stumpf mit dem Feuerbüchsmantel verschweißt. Zum besseren Dichthalten und zur größeren Widerstandsfähigkeit gegen die beim Einwalzen der Rohre auftretenden Verformungskräfte wurde die Rohrwand 30 mm stark ausgeführt. Die Bodenringecken waren als Zugeständnis an den heraufgesetzten Druck an der Außenseite herabgezogen, um eine dritte Nietreihe anbringen zu können, da sich in diesem Bereich die Nietabstände zwangsläufig größer gestalteten als in den benachbarten Bereichen.

Stehkesselmantel und Rückwand waren 16,5 mm stark, die Vorderwand 19 mm. Die obere, senkrechte Fläche der Rückwand wurde mit dem Mantelblech durch ein verstrebtes Winkelstück verbunden (Schweißkonstruktion). Die Rohrwand der Feuerbüchse war durch 18 (80 mm lange) Bodenanker mit dem Langkesselboden verbunden. Die Stehkesseldecke wurde durch 17 Queranker (42 mm Durchmesser) sowie durch Sichelbleche ausgesteift. Während der Seitenstehbolzen aus Hohlkupfer bei 21 mm Durchmesser gefertigt waren, bestanden die Deckenstehbolzen aus weichem Stahl (Durchmesser 26 mm). Letztere trugen feuerraumseitig Sicherungsmuttern, die jedoch — wie man später bei Temperaturmessungen feststellte — mehr oder weniger nur theoretischen Wert hatten. Ihre Aufgabe, bei durch Wassermangel hervorgerufener Überhitzung ein Abstreifen der Feuerbüchsdecke von den Stehbolzengewinden zu verhindern, hätten sie, wie bei jeder anderen so ausgerüsteten Lokreihe, auch bei der 05 nicht erfüllen können, da sie im Ernstfalle zu den bereits am stärksten aufgeheizten und daher am wenigsten Festigkeit aufweisenden Teilen der Verankerung gezählt hätten. Bei Untersuchungen an anderen Lok maß man dort Temperaturen um 560 Grad bei angestrengtem Betrieb! Der einzige Nutzen der Anordnung lag daher in einer gewissen Schonung der dahinter liegenden Verankerung der Feuerbüchsdecke selbst.

Der Wasserraum zwischen Feuerbüchse und Stehkessel war nach oben hin erweitert, was durch leicht nach innen geneigte Feuerbüchswände erreicht wurde. Diese Anordnung erleichterte das Aufsteigen der Dampfblasen.

Die im Verhältnis 1:11,8 geneigte Rostfläche hatte im zweiten Rostfeld einen Kipprost von 450 mm x 658 mm Seitenlänge. Die genormten Roststäbe ergaben eine freie Rostfläche von 43 %. Die Luftzufuhr zum Rost geschah durch eine große mittlere Luftklappe, vorn am Aschkasten , sowie durch seitliche Luftfangtaschen dicht unter der Rostfläche.

Die Versorgung der Hilfsbetriebe mit Sattdampf übernahmen zwei Ausrüstungsstutzen, die auf dem Kesselrücken vor dem Führerhaus und linksseitig vor dem Dampfdom sitzen. Ersterer versorgte Strahlpumpe und Dampfheizung, letzterer Luft- und Speisepumpe, Hilfsbläser, Dampfpfeife und Lichtmaschine. Die Speisepumpe war als Knorr-Tolkien-Speisepumpe mit 250/350 l/min Förderleistung ausgebildet. Die saugende Strahlpumpe war in ihrem Düsensystem für 20 atü Kesseldruck eingerichtet. Das von der Speisepumpe geförderte Kesselspeisewasser gelangte über den Knorr-Röhrenvorwärmer der Regelbauart in den Speisedom, von dem es über Winkelrostschlammabscheider und seitlichen Taschen dem Kesselboden zufloß, wo eine Abschlammeinrichtung mit Schlammtopf angeordnet war. Der Abdampf der Hilfsbetriebe wurde ebenfalls dem Vorwärmer zugeführt.

„Für den Kesselmantel fand in Anbetracht des heraufgesetzten Kesseldrucks von 20 atü ein leicht molybdänlegierter Stahl von 0,12 % bis 0,16 % C, 0,4 % Mo und einer Zugfestigkeit von 48 bis 55 kg/qmm Verwendung, der sich im Verhalten etwas günstiger zeigte, als der später verwendete St 47 K." (3)

Rahmen und Laufwerk
„Die Barren sind geradlinigem Kraftfluß möglichst angepaßt, jedoch niedrig gehalten, damit sie den kleinen senkrechten Durchbiegungen des langen Kessels folgen können." (4)

„Auch das Drei-Zylinder-Triebwerk schickt einen großen Teil seiner Kräfte durch den Rahmen, der sich entsprechend seiner Beanspruchung verbiegen muß. Der Stephenson-Kessel nahm die Formänderung seiner Unterlage geduldig hin. Ein vielteiliger Kessel neuzeitlicher Bauform dürfte empfindlicher sein." (5)

Auch eineinhalb Jahrzehnte später hatte man noch nicht zu einer einheitlichen Betrachtungsweise gefunden (6), welches Bauteil nun den elastischen Formänderungen des anderen folgen könne und welches das andere aussteifen helfen sollte. Die in den fünfziger Jahren aufgetretenen Schwierigkeiten mit der Dichthaltung der Langkessel-Rundnähte und die damit verbundenen kostspieligen Ausbesserungsarbeiten (Einziehen neuer Nieten, Nachstemmen, ggf. Halbmondflicken einschweißen) zeigten dann deutlich, daß die niedrig gebauten Barrenrahmen der Einheitsbauart (seitensteif, jedoch senkrecht-nachgiebig) dem naturgemäß wesentlich steiferen Kessel eben gerade durch ihre Elastizität zusätzliche Beanspruchungen auferlegten. Verschärft wurde die Situation noch durch nachlassenden Unterhaltungszustand (Verspannungen infolge mangelhafter Schmierung der stehkesselseitigen Gleitträger, die die kleinen Längenänderungen der Kessel im wechselnden Betrieb ausgleichen sollen einerseits und verstärktes „Arbeiten" des Rahmens, verbunden mit senkrechten Erschütterungen durch schwereres Ansprechen der Federung bei mangelnder ordnungsgemäßer Wartung andererseits).

Bei der BR 05 konnten die Barrenrahmenwangen aus gewalzten Platten (St 34) wegen der geringeren Kolbenkräfte des Drillingstriebwerks mit nur 90 mm Stärke leichter ausgeführt werden als beim schweren Zwilling der Reihe 01. Zudem waren sie vor den Zylindern und im Bereich des Kuppelkastens auf 50 mm geschwächt. In der Höhe der Obergurte waren sie durch ein waagerechtes Blech versteift, die Untergurte hinter jeder Kuppelachse durch einen Stab verbunden. Vorn sorgt das Gußstück des Mittelzylinders für die Querversteifung des Rahmens, wofür es mit starken waagrechten Wänden und entsprechenden Schraubenflanschen ausgestattet wurde. Paßschrauben griffen durch die Rahmenwangen hindurch und erfaßten Außen- und Innenzylinder zugleich. Eine waagerechte Blechkonstruktion nahm die vom Drehgestell ausgehenden waagerechten Kräfte auf, lagerte den Drehzapfen und übertrug die Lokomotivlast durch Seitenauflager auf das Drehgestell. Auch am stehkesselseitigen Ende lag eine entsprechende, mit Rücksicht auf den Aschkasten durchgebildete geschweißte Rahmenverbindung. Abschließende Querverbindung bildete der Zugkasten in Stahlgußausführung mit 10 mm starker Stirnplatte, die die konkaven Gleitplatten für die Tenderpuffer trägt. Deren Winkel wurden wegen der verstärkten Vorspannung der Kupplungsfeder flacher als bisher gewählt, um zu hohe Anlaufdrücke der Laufachsen in Gleisbögen zu vermeiden.

Der Regelbauart entsprechend, wurden die Kuppelachslager mit hinten liegenden Stellkeilen versehen und die Achsgabelstege mit von innen und außen seitlich greifenden Klauen und durchgehenden Paßschrauben ausgeführt.

Als Kesselauflagerung diente rauchkammerseitig eine besondere Blechkonstruktion, die den Innenzylinder überbrückte. Hier wurde also ein Mangel der späteren BR 45 vermieden, das Gußstück des Mittelzylinders gleichzeitig für mehrere Aufgaben heranzuziehen, woraus sich nicht vorausberechenbare Spannungen im Gußblock ergaben, die zu Schäden führten.

Während im Bereich des Langkessels Pendelbleche die tragende Verbindung zwischen Rahmen und Dampferzeuger herstellten, lag der Stehkessel mit am Bodenring angeordneten Gleitstücken auf I-Form-Profilen (Rahmen-Querverbindungen) auf und war durch Klammern gegen Abheben zusätzlich gesichert. Am hinteren Querträger wurde längsmittig ein nachstellbares Schlingerstück angeordnet.

Das Laufwerk war im Hinblick auf die geforderte hohe Fahrgeschwindigkeit besonders sorgfältig durchgebildet. Überragende Bedeutung für Laufgüte und -sicherheit einer Lokomotive hat das vordere Drehgestell. Zum Zeitpunkt des Entwurfs bestand die Abfederung des Einheitsdrehgestells noch aus dem doppelarmigen Schwanenhalsträger mit innenliegender Längsblattfeder. Für die neue Schnellfahrlok wurde die Bauart zur schnelleren Anpassung an die Gleisunstetigkeiten insofern verbessert, als vor die Blattfeder noch Schraubenfedern geschaltet wurden, die praktisch reibungsfrei arbeiteten und daher wesentlich feinfühliger und reaktionsschneller ansprachen, so daß eine gleichmäßigere Radbelastung sichergestellt war. Versuche mit Kohledruckmeßdosen hatten bei vorausgegangenen Versuchsfahrten mit einer 01-Lok gezeigt, daß die Arbeitsweise des Regelgestells für die geplante Geschwindigkeit keine zufriedenstellenden Ergebnisse garantiert hätte. Zur Unterbringung der Wickelfedern mußten bei den beschränkten Platzverhältnissen deshalb die Tragarme des bisherigen Schwanenhalsträgers umgeändert werden. Herabgezogene Schmiedestücke bildeten nun die Auflagerteller der Schraubenfedern. Mit den freien Enden der Wickelfedern durch innenliegende Stifte verbunden, übernahm die Längsblattfeder über einen Querträger wie bei der früheren Ausführung die lastschlüssige Verbindung zu den Kragstücken des Lokrahmens. Eine entsprechende Ausführung kam gleichzeitig auch an den neueren Lieferungen der Lok BR 01 und BR 03 zur Anwendung.

Das hintere Drehgestell kürzeren Achsstands erhielt ebenfalls eine „Verbundfederung" mit über den Achslagern angeordneten Blattfedern, die am äußeren Ende über Tragstifte auf Schraubenfedern wirkten, während sie am drehgestellmittigen Ende mit einer gleichzeitig den Achslastausgleich herstellenden Blattfeder verbunden waren.

Zusammen mit der Achslastausgleichgruppe der Kuppelachsen ergab sich hieraus für die Baureihe 05 Sechspunktabstützung. Bisher hatte man bei den 2C1-S-Bauarten die Vierpunktabstützung (Verbindung des Ausgleichssystems der Kuppelachsen mit der Schleppachse) gewählt, um eine Verminderung des Reibungsgewichts bei ungünstiger Gleislage auf jeden Fall zu verhindern. Bei der Baureihe 05 gedachte man dem Problem durch eine entsprechend langhubigere und weichere Abstimmung der Drehgestellfederung ebenfalls zufriedenstellend beizukommen.

Die Drehgestell-Rückstellkräfte des vorderen Drehgestells der Baureihe 05 wiesen ursprünglich den gleichen Anfangsdruck auf wie bei den 2C1-S-Reihen, jedoch steigerte sich der Enddruck bei 75 mm Seitenausschlag (gegen 50 mm der 2C1-S-Lok) auf 5700 kg (4360 kg).

In Hinblick auf die geforderte Fahrgeschwindigkeit wurde der Achsstand des vorderen Drehgestells außerdem von 2200 mm auf 2350 mm verlängert sowie Raddurchmesser von 1100 mm gewählt.

Um sicher zu gehen, wurden die Lok 05 001 und 05 002 bezüglich der Laufachslager verschieden ausgerüstet: Während die Lok 05 002 Gleitlager der Regelbauart erhielt, wurde die 05 001 mit Fischer-Pendelrollenlagern versehen, die in Zusammenarbeit des RZA mit der Lagerfabrik besonders entwickelt worden waren. Um dabei keine abweichenden Achslagerausschnitte und Achslagergehäuse zu erhalten, wurden zwei kleinere Rollenkränze nebeneinander statt eines großen angeordnet. Die dadurch gewonnene Sicherheit eines Notlaufes machte jedoch bei den bislang in Deutschland an der Lokomotive unerprobten Lagern die Not zur Tugend. Da die Zahl der Lagerschäden im Verhältnis zur Gesamtzahl der im Betrieb festgestellten Schäden an Lokomotiven zu dieser Zeit etwa bei 30 % lag und mit der Verschärfung der Fahrzeiten noch anzusteigen drohte, sah man sich nach Verbesserungsmöglichkeiten um, von denen eine in der Verwendung von Wälzlagern gesehen wurde. So erhielt auch die 01 058 im Herbst 1936 einen vollständigen Satz Wälzlager an den Treib- und Kuppelstangen. Ebenso wie die Rollenlager an den Laufachsen der 05 001 bewährten sie sich gut und führten 1939 zur Auftragsvergabe von zehn Lokomotiven der dreizylindrigen Stromlinienausführung der 01 mit Rollenlagern an den Treib- und Kuppelstangen sowie Nadellagern in den vorderen Treibstangenlagern und im Steuerungsgestänge. Außerdem war geplant, einen vollständigen Satz Rollenlager im Gestänge mit gleichzeitiger Anwendung von Rollenlagern auch an den Treib-, Kuppel- und Laufachsen bei einer neuen Lok der Baureihe 03 auszuführen, um Aufschluß über das Verhalten der Lager zu erhalden, die gegenüber den Gleitlagern erheblich verringerte Toleranzen in den Stichmaßen und Spielen der Achslagerführungen bedingten.

Zu dieser Zeit wurden bereits alle neu angelieferten Tender, soweit es die Kapazität der Industrie zuließ, mit Wälzlagern ausgerüstet und vorzugsweise den Schnellzuglokomotiven beigestellt, die dadurch zu 4 T 34-Tendern kamen, während die Güterzugloks im Tausch die älteren 4 T 32 erhielten.

Während man sich bei der Deutschen Reichsbahn bedächtig vorantastete, um Rückschläge zu vermeiden, ist ein Vergleich mit den USA interessant: Hier hatte die von der Möglichkeit vollständig rollengelagerter Lokomotiven überzeugte Timken Roller Bearing Company zusammen mit weiteren Lieferern schon 1930 auf eigene Kosten eine 2D2-S-Lok bauen und mit ihren Lagern ausrüsten lassen, da das Mißtrauen bei den Bahngesellschaften so groß war, daß es nicht einmal gelungen war, eine Gesellschaft zu einer Probeausführung an einer vorhandenen Maschine zu bewegen.

Der Erfolg war überwältigend: die Lokomotive "Four Aces" unternahm eine zwei Jahre dauernde Tournee durch die USA, wobei sie bei den verschiedensten Bahnen Versuchsfahrten durchführte und 119.600 Meilen zurücklegte ohne daß irgendwelche Schwierigkeiten mit den Rollenlagern aufgetreten wären. Seither wurden zunehmend schnellfahrende aber auch für schwere Lasten bestimmte Lokomotiven mit Rollenlagern an den Achsen bzw. an Achsen und Gestänge ausgerüstet.

Triebwerk

Dr.-Ing. Wagner zur Frage der Wirtschaftlichkeit eines Schnellverkehrs mit Dampflokomotiven: „Baut man aber jetzt S-Lokomotiven für 150 km/h, die in allen ihren Teilen dieser hohen Geschwindigkeit angemessen sind, so werden deren Bauteile nicht anders beansprucht als die einer Lokomotive, die für 110 km/h gebaut und mit dieser Geschwindigkeit oder nur einer wenig höheren, etwa 120 km/h, gefahren wird." (7)

In diesem Zusammenhang muß es gesehen werden, wenn die Baureihe 05 wesentlich vergrößerte Raddurchmesser erhielt, während man bei ausländischen Schnellfahrlok nicht oder nicht so weit über die 2m-Grenze hinausging.

Bei der Drillingsmaschine der Baureihe 05 liegen alle drei Zylinder waagerecht in Höhe der Achsmitten. Der Innenzylinder ist leicht vorverschoben (125 mm), um eine genügend lange Treibstange zu erhalten, während die Außenzylinder in einer senkrechten Ebene mit der Mittelachse des Schornsteins und des Drehgestells lagen. Diese Anordnung galt im klassischen Lokomotivbau fast als ein Axiom der Harmonie und wurde bei den Einheitsloks stets ausgeführt. Natürlich mangelte es nicht an maschinentechnisch-zweckgebundenen Begründungen dafür, aber unter den Maschinen, die hiervon abwichen, gab es ebenso thermodynamisch gelungene Bauarten, die zeigen, daß es sich doch mehr um eine Sache der Überlieferung oder des schöpferischen Gestaltungswillen des Konstrukteurs handelte.

Die beiden Außenzylinder waren identisch und wiesen die damals üblichen angeschraubten Ausströmkästen auf, die gleichzeitig die lose eingefügten Schieberbuchsen auf ihre Dichtfläche preßten. Der Innenzylinder war mit angegossenen Ausströmkästen durchgebildet. Zylinder und Schieberkästen waren beidseitig offen und durch Stahlgußdeckel verschlossen, von denen die hinteren die Schieberstangengeradführung bzw. das vordere Auflager der Gleitbahn trugen, während in den vorderen die feinregulierbaren Kolbenstangenführungen der Einheitsbauart lagen. Zum besseren Einschleifen wurden die Zylinderdeckel durch einen winkelversteiften Druckring auf ihren Sitz gepreßt. Die schwimmend geführten Kolben aus St 50 waren in Hinblick auf den erhöhten Kesseldruck mit vier Dichtringen versehen. Sie hatten durchgehende, vorne ausgebohrte Kolbenstangen von 90 mm Durchmesser, die durch gußeiserne Halbschalenstopfbuchsen mit drei Dichtringen liefen. Die Kreuzköpfe aus Stahlguß wurden gegenüber den 2C1-S-Reihen verlängert, um die Geradführung zu verbessern und Kolbenstangenbrüchen durch Ermüdung — wie sie bei den vorgenannten Reihen aufgetreten waren — vorzubeugen.

Der Druckausgleich geschah druckluftgesteuert durch die Bauart nach Patent Meister mit 100 mm Überstromquerschnitt. Die Wirksamkeit wurde so hoch eingeschätzt, daß man glaubte, wegen des bei offener Stellung fehlenden Kompressionspolsters und der daraus resultierenden größeren Lagerbeanspruchung durch die Massenkräfte, diese Vorrichtung erst ab einer auf etwa 100 km/h gesunkenen Geschwindigkeit anwenden zu dürfen. Das mag etwas übertrieben gewesen sein, denn so wirksam war der Ausgleich nun auch nicht. Einige englische und amerikanische Lokomotiven dieser Zeit hatten überhaupt keine Leerlaufeinrichtung.

Wegen der erhöhten Drehzahl wurden bei der 20 atü-Maschine der Baureihe 05 noch die bei den 16 atü-Reihen angewandten 660 mm Hub beibehalten. Die schädlichen Räume betrugen um 15 % und waren damit vergleichsweise reichlich bemessen. Trotz des kleinen Zylinderdurchmessers von 450 mm wurden auch die großen Kolbenschieber der Einheitsbauart (300 mm) verwendet. Bei dreien an der Zahl boten sich ungleich günstigere Voraussetzungen für zügigen Dampfdurchsatz als bei so manchem Projekt mit nur zwei (HD-) Schiebern des kleinen Einheitsmaßes von 220 mm Durchmesser. Das Verhältnis von Schieberdurchmesser zu Zylinderdurchmesser lag also bei sehr günstigen 66,6 % (während allgemein schon 50 - 55 % als gutes Verhältnis galten). Dazu kam noch der vergleichsweise geringe Durchmesser der Zylinder überhaupt. (Mit linearer Abnahme des Zylinderdurchmessers nimmt auch die Querschnittsfläche der Dampfkanäle in gleicher Weise linear ab, während sich das Zylindervolumen in quadratischer Form verringert. Die Strömungsverhältnisse werden also bei kleineren Zylindern schon von vornherein günstiger.)

Zum Vergleich: die A4-Pacifics der London & North Eastern Railway, ebenfalls schnelle Stromlinienlok, hatten bei 470 mm Zylinderdurchmesser (und praktisch gleichem Hub von 660,4 mm) ein Verhältnis von 48,5 %. Man sollte andererseits jedoch diese Zahlen nicht überbewerten; ein Alleinmaßstab sind sie nicht, denn bei der Gestaltung der inneren und äußeren Steuerung spielen zu viele Faktoren mit. Wichtige Grundvoraussetzungen stellen außerdem z.B. Schieberhub, Voreilung sowie Einlaß- und Auslaßdeckung und Kanalbreite dar. Der Schieberhub war für die neue 2C2-S-Lok gegenüber den Einheitslok vergrößert worden und zwar durch eine Erweiterung der Exzentrizität von 180 auf 200 mm sowie durch eine geänderte Teilung des Voreilhebels, der die Voröffnung nun auf 8 mm brachte. Damit belief sich der größte Schieberhub auf nahezu 200 mm. Bei einer Kanalbreite von 45 mm wurde die Einlaßdeckung 50 mm und die Auslaßdeckung ursprünglich 0 mm. Damit ergab sich ein sehr freies Ausströmen des expandierten Dampfes und infolge dessen eine gute Flächenausbildung des Dampfdiagramms. Leider wog aber auch hier der Gesichtspunkt der Unterhaltung — wie so oft bei den Einheitslokomotiven — im Endeffekt schwerer als jener der Leistungsfähigkeit, so wurden die fortschrittlichen Ausströmungsverhältnisse der 05 (die 2C1-Maschinen hatten noch + 2 mm Ausströmüberdeckung) später abgeändert und auf die vergleichsweise enorme Überdeckung von 10 mm gebracht. Dies sollte durch eine höhere Kompression den Dampfverbrauch angesichts der relativ großen schädlichen Räume vermindern und durch Pufferung die Massenkräfte dämpfen helfen, so daß die Lagerbeanspruchung vermindert würde. Angeblich (8) sollte die Maßnahme dennoch wenig Einfluß auf das ungehinderte Abströmen des Dampfes haben, jedoch konnte der gedachte Zweck ja nur erreicht werden, wenn eben ansehnliche Teile der Abdampfmenge durch früher schließende (und weniger weit öffnende) Schieberkanten zurückbehalten wurden. Das mußte sich natürlich auf die Leistung auswirken. Wurden schon vorher die Zylinderdurchmesser als für die Leistung des Kessels (besonders bei höheren Anstrengungen als der sogenannten ,,Kesselgrenze'' von 57 kg qm/h) knapp festgestellt (9), so mußte sich jede Verkleinerung der Dampfdiagrammfläche durch längere Kompression weiter ungünstig für die Leistung in allen Geschwindigkeitsbereichen unterhalb 160 - 180 km/h auswirken. Mit einem Verhältnis Zylinderinhalt zu Kesselheizfläche von I : H = 1,23 wies die 05 ja auch bereits einen Extremwert auf (die 61 001 hatte ein solches von 1,64 und eine sehr flach verlaufende indizierte Leistungskurve mit Scheitelpunkt bei 125 km/h). Eine Vergrößerung des Zylinderdurchmessers auf 470 bis 480 mm (I:H = 1,34 - 1,39) wäre daher im Hinblick auf die im Leistungsprogramm ausgewiesenen Betriebsgeschwindigkeiten von 150 bis 160 km/h vorteilhaft gewesen.

Das Gestängelager-Problem bei den Lokomotiven der Reichsbahn war zu großen Teilen ein Problem der Schmierung. Diese Teile wurden nicht hochwirksam mit Druckumlaufschmierungen versorgt, wie das im Motorenbau der gleichen Zeit bereits selbstverständlich war. Auch bei der 05 wurden zunächst Versuchsbauarten durchgeprüft, die nicht zu voll befriedigenden Ergebnissen führten. Dieses Problem wurde noch im Kriegsjahr 1942 von Krupp der Lösung näher gebracht, als es der Lokomotivfabrik gelang, eine Umlaufschmierung für Stangenlager zu entwickeln. Bei der gewöhnlichen Durchlaufschmierung, wie man sie an den Dampflokomotiven kennt, wurde dem Lager nur etwa 1 % der Ölmenge pro Zeiteinheit zugeführt, die es bei ungedrosselter Ölzufuhr aufnehmen würde. Daraus ergibt sich, daß eine metallische Berührung der Lagerflächen nicht vermieden wird, es entsteht die ,,halbflüssige Reibung''. Bei vollkommener Schmierung, wie sie durch die Umlaufschmierung erreicht werden sollte und heute im Motorenbau eine Selbstverständlichkeit ist, verhindert der Schmierkeil des Ölfilms die metallische Berührung — und damit den Verschleiß — fast gänzlich. An zwei Lok BR 03 sind entsprechend ausgerüstete Treib- und Kuppelstangen im Betrieb erprobt worden und sollen die Erwartungen erfüllt haben. Nach dem Krieg geriet die Angelegenheit jedoch leider wieder in Vergessenheit.

Die BR 05 erhielt zur Schmierung der in Dampf laufenden Teile sowie der inneren Kreuzkopfgleitbahn zwei Bosch-Reichsbahn-Hochdruckschmierpumpen mit je 20 Anschlüssen, die jedoch nicht voll genutzt wurden. Eine der auf der Heizerseite im Führerhaus untergebrachten Pumpen versorgte durch 14 Anschlüsse den linken Außenzylinder und übernahm vom Innenzylinder die hintere Kolbenstangenstopfbuchse und die Gleitbahn, während die andere Pumpe die restlichen Schmierstellen des Mittelzylinders sowie den rechten Außenzylinder versorgte. In allen Lei-

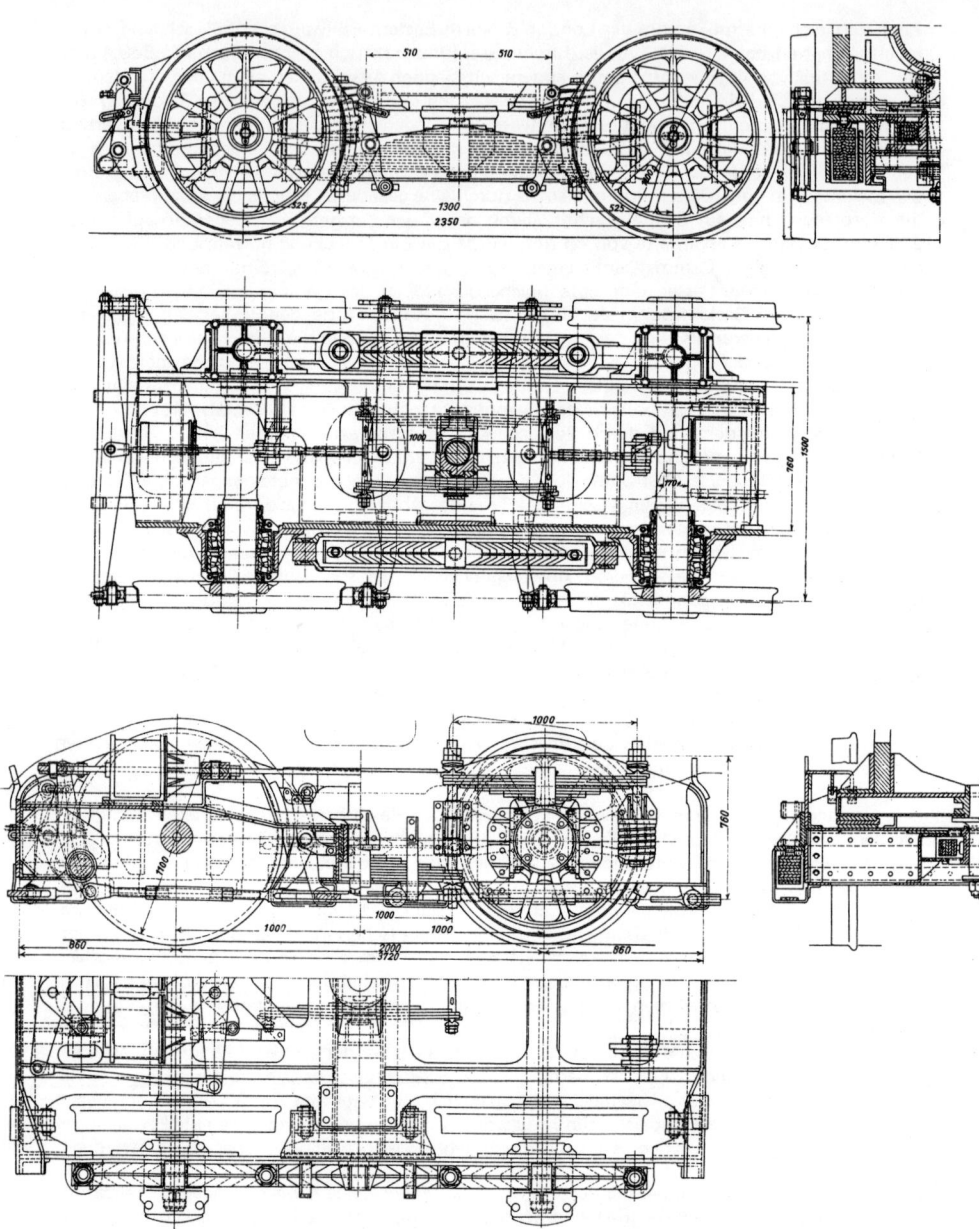

Ansicht des führenden (oben) und des nachlaufenden Drehgestells der
Lokomotiven Baureihe 05

tungen, die zu in Dampf laufenden Teilen führten, waren unmittelbar nach den Schmierpumpen Tropfenanzeiger der Bauart Woerner eingeschaltet. Diese Druckgefäße ermöglichten gegen einen leuchtenden Hintergrund sichere Kontrolle der geförderten Ölmenge. Zudem wurden die Leitungen gegen Leerlaufen durch Ölsperren (Bauart Woerner) gesichert, die vor die heißen Schmierstellen geschaltet waren.

Das Gestänge der BR 05 war im Hinblick auf die hohe Triebwerksdrehzahl sorgfältig durchgebildet und bei hoher Knicksicherheit in den Hauptebenen möglichst leicht ausgeführt. Dies wurde durch stark ausgeprägte, dünnwandige I-Querschnitte erreicht.

Daß die äußeren Treibstangen mit 315 kg Gewicht doch nicht so leicht wurden, wie bei manchen anderen Schnellzuglokomotiven dieser Zeit (besonders bei englischen und — im Verhältnis zu den Kolbenkräften — bei späteren amerikanischen Triebwerken), lag nicht nur an der Festigkeit des verwendeten Stahls, sondern auch an der außergewöhnlichen Längenentwicklung von 4250 mm zwischen den Lagermitten. Damit stand die BR 05 — zusammen mit der österreichischen 1D2-S Reihe 214, die gleichlange Treibstangen aufwies — an der Spitze im Lokomotivbau in der ganzen Welt. Solche Triebwerksabmessungen dienten natürlich auch manchem als Begründung, daß die klassische Dampflokomotive im Wettbewerb um höhere Geschwindigkeiten zu aufwendig und deshalb nicht mehr konkurrenzfähig sei. Bezüglich der Schienenbeanspruchungen durch unabgefederte Massenkräfte hatten sie zu einer Zeit, da die lückenlos geschweißten Geleise noch in ferner Zukunft lagen, natürlich recht, übersahen jedoch dabei die Entwicklungmöglichkeiten des Einzelachsantriebs und des Turbinenantriebs.

Zwischen den Rahmenwangen wirkte die dritte, mit 2000 mm zwischen den Lagermitten weniger als halb so lange Treibstange auf die erste Kuppelachse. Ihr Schaft konnte daher gegenüber den äußeren Treibstangen mit verminderten Querschnitten ausgeführt werden. Der vordere Stangenkopf entsprach den äußeren, der hintere war abweichend gestaltet und richtete sich in der Dimensionierung nach dem Durchmesser der Treibachse zwischen den Kurbelblättern (240 mm Durchmesser gegen 165 mm Zapfendurchmesser für die Außentriebwerke). Diese Treibachse konnte, da beim Drilling leichter durchschmiedbar als bei vierzylindrigen Maschinen, aus unlegiertem Reduktionsstahl (60 kg/qmm Festigkeit) hergestellt werden. Zur Gewichtsersparnis war sie im geraden Teil mit 78 mm ausgebohrt, in der Kröpfung betrug die Bohrung 70 mm Durchmesser.

Die mit 2300 mm Laufkreisdurchmesser gewählten Treibradsätze zeigten besonders seitensteife Speichen von sehr flach-elipsoidem Querschnitt, zwischen denen weitreichende „Schwimmhäute" die Aufnahme und Verteilung der dynamischen Beanspruchungen verbesserten. Wegen dieser Befestigung (Schrumpfsitz) mußten die Radreifen bei dem großen Raddurchmesser stärker im Querschnitt ausgeführt werden und durften auch nicht so weit wie bei den 2C1-Maschinen abgefahren werden. Bei 100 mm (statt 75 mm) Neustärke durften die Radreifen nur bis 50 mm Ist-Stärke nachgedreht werden.

Bremsausrüstung
Bei der Bremsanlage wurde die Sorgfalt ganz besonders deutlich, mit der man bei der DRG an das Schnellfahrproblem heranging. Während englische und amerikanische Maschinen für hohe Geschwindigkeiten oft nur einseitig gebremst wurden (J3a der NYC, A4 der LNER), war für die Reihe 05 eine doppelseitig wirkende Bremse an allen Treib- und Laufrädern (mit Ausnahme der ersten Laufachse) angeordnet. Diese verstärkte Bremse wurde auch bei allen neuen Lieferungen der 2C1-Reihen verwendet und hatte ein sicheres Anhalten innerhalb der Signalabstände auch aus höchsten Geschwindigkeiten zu gewährleisten.

Erstmalig wurde der Bremsdruck bei der Baureihe 05 durch einen Fliehkraftregler geschwindigkeitsabhängig — entsprechend dem mit sinkender Fahrgeschwindigkeit zunehmenden Reibungskoeffizienten zwischen Lauffläche und Bremsklotz — geregelt, der den Druck selbsttätig von

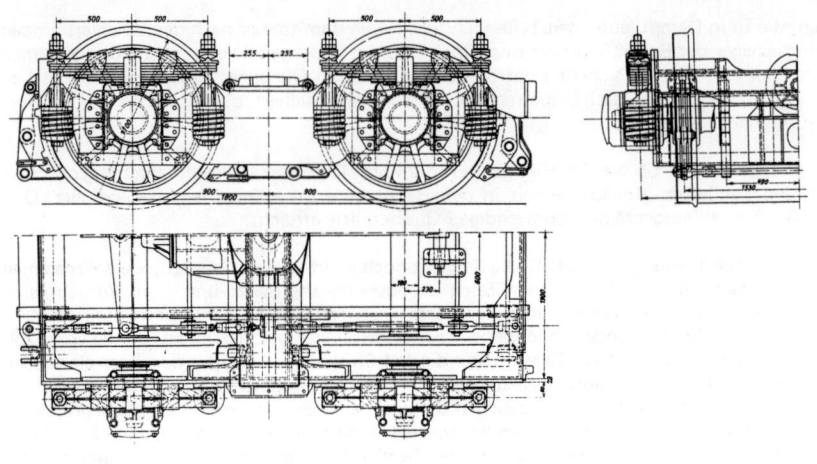

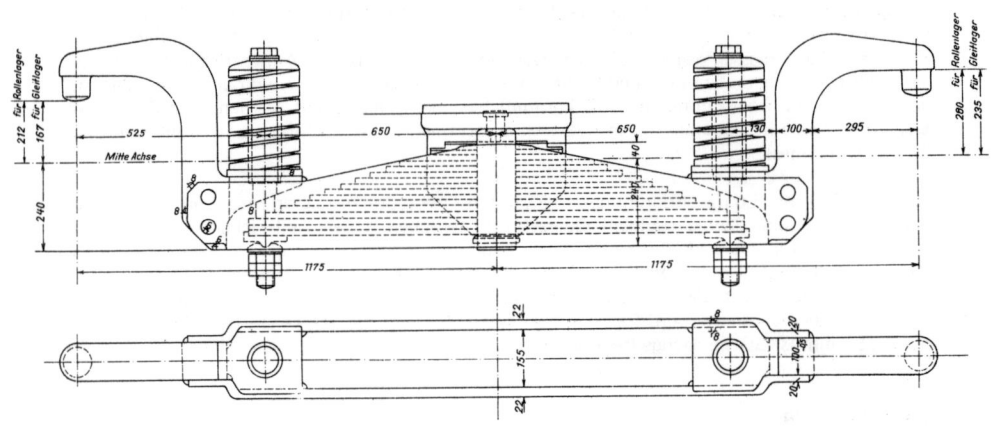

Ansichten des Tenderdrehgestells und des Ausgleichshebels des führenden
Drehgestells der Lokomotiven Baureihe 05

6,5 atü bis auf 2,7 atü herabsetzte. Trotz des erhöhten Bremsdruckes wurde die Bremsleitung der Lok nur wie üblich mit 5 atü beaufschlagt, die zusätzliche Drucksteigerung einer gesteuerten Anzapfung aus dem Hauptluftbehälter entnommen. Bei der Bauart der Bremse handelte es sich um eine selbsttätig wirkende Einkammerbremse Bauart Knorr mit Zusatzventil, die von der Doppelverbundluftpumpe der Regelbauart versorgt wurde. Sie entsprach in der Arbeitsweise weitgehend den Ausführungen, die auch bei den nachfolgenden Bauarten (01.10, 03.10, 06) zu finden waren.

Neben dem für möglichst gleichmäßigen Anpreßdruck ausgelegten Gestänge wurden die Bremsklötze gegenüber den bisherigen Ausführungen wesentlich verlängert und mit unterteilter Sohle ausgerüstet, um den spezifischen Flächendruck nicht über Gebühr anwachsen zu lassen. Die Aufteilung des Bremsklotzes gestattete, einen gut greifenden Werkstoff für die Bremssohlen zu verwenden, da diese im geschmiedeten Bremsschuh ein sattes Auflager fanden und praktisch nicht noch auf Druck beansprucht wurden. Die Bremssohle war in je 300 mm lange Stücke unterteilt, weil sich der Werkstoff durch Erwärmung ausdehnte und der Halbmesser der Reibflächen sich vergrößerte. Ohne diese Unterteilung hätte sich die Bremssohle mittig rascher abgenutzt und hätte nach einiger Zeit bei scharfem Ansetzen der Bremsen durch den im kalten Zustand hohlen Sitz schlecht gegriffen oder wäre u. U. sogar gebrochen.

Die Bremsdrücke betrugen bei der Baureihe 05 beginnend mit 50 % an der führenden Laufachse (um ein Gleiten sicher zu verhindern), 80 % an der zweiten Laufachse (bei nur 450 mm langen Bremsklötzen mit unterteilter Sohle) und 180 % bei allen übrigen Achsen, einschließlich des Tenders. 10)

Dementsprechend waren die Bremszylinder bemessen, deren Durchmesser 8 bzw. 10 Zoll für das führende Drehgestell, zwei mal 12 Zoll für das hintere Drehgestell und zwei mal 16 Zoll für die Treibachsen betrugen. Jeweils zwei 14 Zoll messende Zylinder beaufschlagten das Tenderdrehgestell und die drei festgelagerten Tenderachsen, bei denen die Anordnung von je zwei 500 mm langen Bremsklötzen wegen der beengten Platzverhältnisse nicht unproblematisch zu bewerkstelligen gewesen war.

Als besonders schnellfahrende Lok erhielten die 05 selbstverständlich induktive Zugbeeinflussung, für die damals schon ein großer Teil des Schnellzug-Streckennetzes ausgerüstet war. Es handelte sich um eine Dreifrequenzbauart mit Geschwindigkeitsüberwachung; der Mittelfrequenz-Wechselstrom wurde von einem kleinen Umformer geliefert, der an den Turbodynamo angehängt war.

Tender
Aufgrund der Beschränkung des Gesamtradstandes durch den Drehscheibendurchmesser von 23 m, bot der Tenderentwurf erhebliche Schwierigkeiten, nachdem man nun doch die vorzusehenden Vorräte auf 37 cbm Wasser und 10 t Kohle erhöht hatte. Das gestiegene Gewicht erforderte nun fünf Achsen, die schließlich auf nur 200 mm Radstand-Mehrlänge gegenüber dem 4 T 32 untergebracht wurden. Gerechnet vom Tenderkuppelkasten, überschritt der für die Längenentwicklung des Gesamtradstandes maßgebliche Abstand der letzten Tenderachse den entsprechenden Wert des 4 T 32 so gut wie gar nicht.

Die hinteren, im Hauptrahmen fest gelagerten Radsätze waren untereinander durch Ausgleichshebel verbunden, während das vordere Drehgestell mit kugeligem, tragenden Drehzapfen ohne Seitenausschlag ausgeführt war. Der Tender besaß daher Dreipunktabstützung.

Erstmalig wurde der Tenderaufbau geschweißt ausgeführt, wodurch gegen die genietete Ausführung einige Gewichtsersparnis erzielt werden konnte. Der Hauptrahmen wurde in den Wasserkasten einbezogen; er bestand aus 20 mm starken Blechplatten, die über den hinteren Tenderachsen rund 170 mm, über dem Drehgestell aber 400 mm in den Wasserkasten ragten.

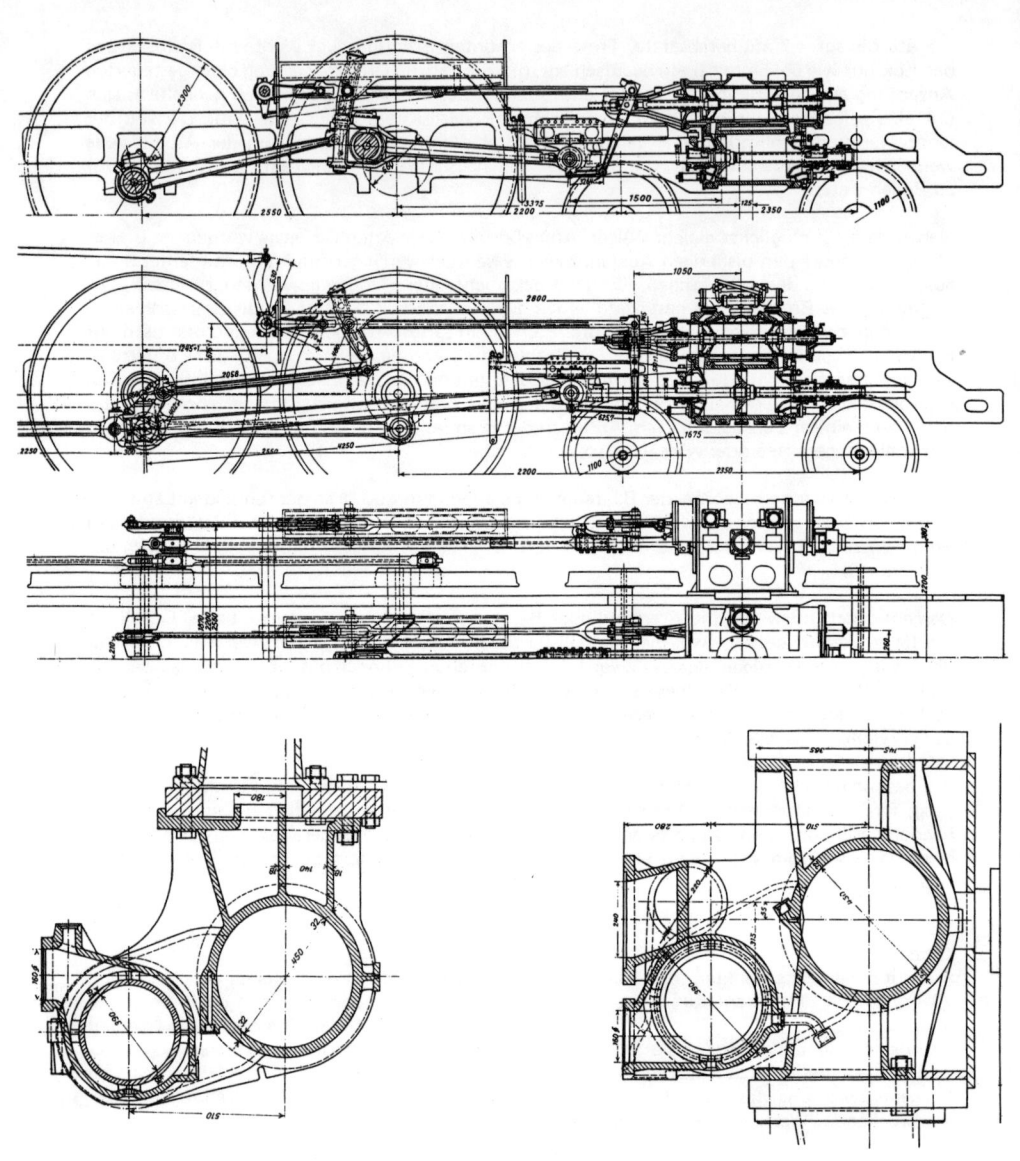

Steuerungsanordnung der Lokomotiven Baureihe 05, Querschnitte durch Innen- und Außenzylinder

Im 8 mm starken Bodenblech wurden Aussparungen für die Tenderräder vorgesehen und eine Längsverstrebung in Form von zwei nahe der Mitte verlaufenden U-Eisen von 200 mm Höhe angebracht. Über dem Drehgestell kreuzten sie mit gleichhohen U-Trägern, die den kugeligen Drehzapfen und die zwei seitlichen Notlager des Drehgestells aufnahmen. Der Wasserkasten, durch sieben Querwände versteift, sowie an der Decke mit drei längslaufenden T-Trägern zur Aufnahme des Kohlengewichts versehen, hatte anstelle einer inneren Längswand einen aus Blech und Winkeleisen zusammengeschweißten T-Träger. Die äußeren Umrahmungskanten waren aus Winkeleisen (65/100/11 mm) gebildet, an welche die Seitenwände sowie der Boden stumpf mit V-Naht angeschweißt waren.

Der Kohlenbunker wies einen im vorderen Teil verhältnismäßig steil abfallenden Boden auf, was einen langen waagerechten Boden für den hinteren Teil ergab. Da dem Heizer durch die Stromlinienverkleidung ein Vorholen der Kohle nicht mehr zuzumuten war, mußte eine mechanische Kohlenvorschub-Einrichtung vorgesehen werden. Zwei Schieber liefen auf kleinen Rädern und wurden durch zwei hinter dem Kohlenkasten liegende Druckluftzylinder für 10 atü betrieben. Wurde die Vorschubeinrichtung vom Führerhaus aus betätigt, schob sich aus der hinteren Wand des Kohlenkastens eine 200 mm hohe Blechkonstruktion heraus, mit der gleichzeitig, durch Stangen verbunden, der etwa 2 m voraus lagernde Schieber sich vorbewegte. Dieser Schieber sollte beim Zurückziehen unter den Kohlen durchrutschen und war deshalb auf der entsprechenden Seite mit einer Abschrägung versehen. War schon der Hub der Vorrichtung mit 500 mm recht gering, so verklemmte sie sich auch bald und brachte, wie auch die ineinanderschiebbare Kohlenabdeckung, den im Betrieb damit befaßten Personalen so manchen Verdruß und arbeitsintensive Überraschung.

Die Vorspannung der Tenderkupplung betrug 21 t, wobei die querliegende Blattfeder, welche die beiden seitlichen Stoßpuffer andrückte, drehbar gelagert war, so daß sie als Ausgleichshebel in Kurven wirkte. Die Kupplung besorgten wie üblich ein starres Hauptkuppeleisen mit zwei Notkuppeleisen.

Stromlinienverkleidung
Die äußere Gestaltung ist aus den Abbildungen ersichtlich, es erübrigt sich deshalb, darauf näher einzugehen.

Zur Stabilisierung gegen den recht beträchtlichen Staudruck mußte die Frontverkleidung mit einem kräftigen Tragwerk unterstützt werden. Die obere der drei Stirnklappen mußte mit einer Schraubenspindel aufgeklappt werden, während die beiden anderen zur Seite zu öffnen waren.

Die Kesselverkleidung war in üblicher Weise auf Kesselreifen angebracht und reichte seitlich auf den Umlauf herab. Die Kesselbekleidung zog sich um den Langkessel im gesamten Umfang herum.

Nach oben wegschiebbare Rolläden sollten den Zugang zu allen wichtigen, der ständigen Kontrolle unterliegenden Teilen des Triebwerks sowie des Laufwerks sichern.

Das Führerhaus war bei weitgehender Anlehnung an die Regelausführung in die Stromlinienverkleidung mit einbezogen und geschlossen ausgeführt. Jedoch wurde die Rückwand durch den Tender gebildet, weshalb trotz beweglicher Klappen und Bleche, die ein federndes Anschmiegen an die entsprechenden Tenderflächen gewährleisten sollten, Luftspalte nicht zu vermeiden waren.

Die Verkleidungshaube über dem Tenderkohlenkasten und die übrigen Verkleidungsteile des Tenders waren leicht abbaubar angebracht. Zusammen mit der entsprechenden Durchbildung der Tendervorderwand war damit der Einreihung des Tenders in das Einheitsprogramm Rechnung getragen. Er konnte also ohne bauliche Änderung mit anderen, unverkleideten Lokomotiven gekuppelt werden.

Auch die aus 1,5 mm starken Blechen gefertigte Verkleidung der Maschine selbst war leicht abzunehmen.

Nach Versuchsfahrten wurden neben dem Schornstein dreiteilige Windleitbleche ähnlich einer in Göttingen erprobten Modellausführung angebracht. Auch wurde der Turbodynamo aus einer Nische im Rauchkammerscheitel wegen zu starker Erwärmung unter den Umlauf verlegt.

Die Lackierung erfolgte in einem vornehmen Weinrot, mit schwarzem, gelb eingefaßten und über die ganze Länge von Maschine und Tender durchlaufendem Band.

2. Die Stromlinien-Lokomotive für Steinkohlenstaub-Feuerung 05 003

Während zumeist Kohlenstaub-Feuerungen zur Anwendung kamen, um für den Rostbetrieb ungeeignete oder nur schlechten Kesselwirkungsgrad ergebende Kohlesorten verwenden und in einigen Fällen höhere Kesselleistungen erzielen zu können, lag bei der 05 003 der Grund nicht in der Feuerung, sondern letztlich in der Areodynamik. Mit der Stromlinienverkleidung glaubte man an höherer Stelle bei der DRG, auch den Führerstand aus seiner angestammten Lage herausnehmen zu müssen.

Wie ein unsicherer Autofahrer seine Nase möglichst weit vorn an die Windschutzscheibe bringt in dem irrigen Gefühl, besser sehen zu können, wollte auch das Reichsverkehrsministerium den Führerstand von schnellfahrenden Dampflokomotiven nach vorn gerückt wissen. Auch Vertreter anderer Stellen warfen sich für die Lokpersonale „an die Front" und forderten den „Freien Blick auf die Strecke".

Man entwarf allen Ernstes Fernrohre, mit denen das Lokpersonal mindestens optisch an den vorderen Teil der Lokomotive versetzt werden sollte. Ein vom Führerstand aus mit Drahtseilen bewegtes Verschlußstück, das Kappe und Wischer in sich vereinigte, war zur Sauberhaltung des Objektivs vorgesehen und sollte „Krähen oder dergleichen ohne weiteres beiseite schieben". Am hinteren Ende der Einrichtung gab sich der Vorschlag humaner: Dort hatte eine Gummi-schwamm-Stirnstütze dafür zu sorgen, „daß eine Verletzung des Personals ganz ausgeschlossen ist". Sogar der nicht einheitlichen Körpergröße des Lokpersonals war durch eine „Optische Kurbel" Rechnung getragen.

Diese Überlegungen mögen als Beispiel dienen, wie wichtig man an höherer Stelle einen guten Ausblick vom Dampflokführerstand bei gesteigerten Geschwindigkeiten hielt. Telegramme jagten zwischen HV und RZM hin und her, wobei die HV unverzüglichen Aufschluß über die Sichtverhältnisse auf der 01-Lokomotive forderte und das RZM sich bemühte darzulegen, daß auch weiterhin diese völlig ausreichend seien, also kein Grund zu plötzlichen Bedenken bestünde.

Nicht verunsichert fühlten sich die Lokpersonale selbst: Schon auf der 21. Tagung des Lokomotivausschusses, 1932 in Braunschweig, hatte der als Vertreter des Fahrdienstes anwesende Lokführer Fleischhauer betont, das Personal habe sich einstimmig für die bisherige Anordnung (Führerstand hinten) ausgesprochen. Man kam daher im Ausschuß zu der Überzeugung, es bestehe keine Notwendigkeit, überstürzt die gesamte Bauart der Dampflokomotive „auf den Kopf zu stellen", nur um den Führerstand vorne zu haben.

Dennoch sollte die Frage auf Anordnung des Reichsverkehrsministeriums nochmals behandelt werden. Auf der 24. Tagung in Wernigerode kamen daraufhin einige interessante Aspekte zur

Sprache: Es sei möglich, die Sichtverhältnisse auch vom hintenliegenden Führerstand zu verbessern. Ebenso werde es die mechanische Feuerbeschickung — der Stoker — dem Heizer ermöglichen, sich stärker als bisher an der Streckenbeobachtung zu beteiligen. Schließlich sei der vornliegende Führerstand auch nicht unbedingt nur positiv zu beurteilen. Gerade der panorama-ähnliche Blick auf die Strecke ermüde das Auge schneller, weil der untere und seitliche Rand des Blickfeldes durch die Fahrgeschwindigkeit stark verschoben werde, wie Lokführer Fleischhauer und Bauartdezernent Wagner übereinstimmend von einschlägigen Fahrten berichteten. Fleischhauer betonte nochmals, daß sich das Lokpersonal weiterhin für die hintenliegende Anordnung ausspreche und daß in jedem Fall der wichtigste Helfer des Personals die gute Streckenkenntnis sei.

Schon vorher hatte das RZM in seiner Antwort an die HV darauf hingewiesen, daß manche ungünstigen Signalstandorte, bei denen die HV eine Überprüfung der Sichtweiten als besonders wichtig angesehen hatte, gar nicht hätten festgestellt werden können. Denn man hatte schon beim Aufstellen der Signale auf gute Sichtbarkeit von weither geachtet. Der Beschluß des Lokausschusses konnte daher nur lauten: ,,Die Sichtverhältnisse vom hintenliegenden Führerstand können so gestaltet werden, daß auch bei schnellfahrenden Lokomotiven eine sichere Signalbeobachtung gewährleistet ist." 11)

Dennoch lautete die Verfügung der HV zur Stellungnahme des Lokausschusses:

,,Kenntnis genommen. Wenn hiernach auch von dem hintenliegenden Führerstand eine ausreichende Signalbeobachtung gewährleistet ist, so ändert dies nichts an der Tatsache, daß der vornliegende Führerstand eine noch wesentlich bessere Sicht bietet. Es wird deshalb im Zusammenhang mit der zukünftigen Entwicklung der Dampflokomotive anzustreben sein, auch die Vorverlegung des Führerstandes weiterzuverfolgen. Als erster Schritt auf diesem Wege ist inzwischen die Durchbildung und Beschaffung einer 2C2-Schnellzuglokomotive mit Staubkohlenfeuerung und vornliegendem Führerstand in die Wege geleitet worden."

Und blieb auch der Verein Deutscher Lokomotivführer mit so manchem berechtigten Antrag, der einen Vorschlag zur Verbesserung der Verhältnisse auf den Führerständen zum Inhalt hatte, an höherer Stelle ungehört oder erhielt das Urteil ,,nicht notwendig" oder ,,zu aufwendig", so bekam er die ,,bessere Sicht", die er gar nicht gefordert hatte, nun — mindestens in einer Maschine — doch verordnet!

Bei der neuen Lokomotive sollte nicht Braunkohlenstaub verfeuert werden, sondern Steinkohlenstaub. Da die Steinkohlenkörner längere Zeit zum Ausbrennen benötigen, war hierfür eine Neukonstruktion erforderlich. Zusammen mit der umgedrehten Lage des Kessels waren dies Vorgaben, nach denen 1934 die Arbeiten bei Borsig begannen.

Da die Maschine konstruktiv weitgehend den vorausgegangenen Schwesterlok entsprach, sei im folgenden nur auf die sich aus der umgedrehten Fahrtrichtung sowie der Steinkohlenstaub-Feuerung ergebenden Besonderheiten eingegangen.

Feuerung

Aus der Lage der Feuerbüchse ergaben sich lange Staubleitungen, die mit ihren wechselnden Querschnitten und dem übergroßen Transportweg eines der Grundübel der Anlage darstellen sollten. In einem stationären Vorversuch wurden daher die erwarteten Verhältnisse nachgebildet und mit einem AEG-Brenner Flammversuche unternommen, die zu ermutigendem Resultat führten, da sich die Flamme gleichmäßig über die gesamte Brennfläche verteilte.

Während die Vorarbeiten schon liefen und Fortschritte zeigten, gesellte sich noch eine weitere Erschwernis durch eine Verfügung der HV hinzu, die vorsah, die zwar reichlich vorhandene, jedoch schlecht gängige Kohlensorte der Steinkohlenzeche Ewald (Hamm) zu verwenden.

Standversuche und Umbau der Kohlenstaubförderanlage

Im Sommer 1939 kam die Lokomotive 05 003 in das Hennigsdorfer Werk der *BLW* zurück. Hier wurde zunächst die gesamte Luftführung, vom Ausblasestutzen des Gebläses beginnend, bis zu den Brennern an den kritischen Stellen mit Druckmessern besetzt. Sodann wurden Blasversuche bei den verschiedenen Drehzahlen der Turbine unternommen. Zu ihrem Betrieb diente Fremddampf. Die Förderschnecken blieben ausgekuppelt. Leider sind Aufzeichnungen über diese Versuche nicht mehr vorhanden, so daß Zahlen nicht gebracht werden können; Tatsache ist jedoch, daß das Ergebnis sehr mangelhaft war. Mehr als 80 vH der vom Gebläse erzeugten Pressung ging auf dem Wege zu den Brennern verloren. Die Verluste begannen schon im Lufterhitzer am Ausblasestutzen und steigerten sich in der Umführung der Förderschnecken-Gehäuse, in den Mischkammern und in den vielen Richtungs- und Querschnittsänderungen der langen Staubleitung unter der Lokomotive. Waren also hier bei reiner Luftförderung die Druckverluste schon so groß, so müssen sie bei Förderung des Staubluftgemisches wegen der erhöhten Reibungsarbeit noch beträchtlicher gewesen sein. Hier lag also der Kernpunkt für das Versagen der Lokomotive!

Das Werk beschloß nunmehr den Umbau der Kohlenstaubförderanlage nach seinen eigenen Grundsätzen unter Verlegung des Gebläses an das vordere Ende des Tenders, wie dieses in ihrem ursprünglichen Entwurf vorgeschlagen, aber von der Reichsbahn nicht angenommen worden war. Der Lufterhitzer wurde ausgebaut, da ohne Nutzen. Die Förderrohre wurden begradigt und in den Querschnitten ausgeglichen, soweit es die baulichen Verhältnisse der Lokomotive gestatteten. Zugleich wurde mit der Turbinenfabrik der AEG ein neues Turbogebläse entwickelt, das als Doppelgebläse ausgebildet ist (Abbildung 21) und jede der beiden Förderleitungen getrennt mit Luft versorgt. Die Leistung des neuen Gebläses beträgt 16000 m³/h bei 4000 U/min. und 400-mm-WS-Pressung. In Abbildung 22 und 23 ist die neue Gesamtanordnung der Kohlenstaubförderanlage dargestellt.

Der inzwischen ausgebrochene Krieg verzögerte die Herstellung des Gebläses, so daß erst im Juni 1940 mit den Standversuchen begonnen werden konnte, aus denen Zahlentafel 7 einen Ausschnitt gibt, und zwar

Abb. 21. Neues AEG-Doppel-Turbogebläse, Leistung 16 000 m³/h angesaugte Luft bei 4000 U/min und 400-mm-WS-Pressung

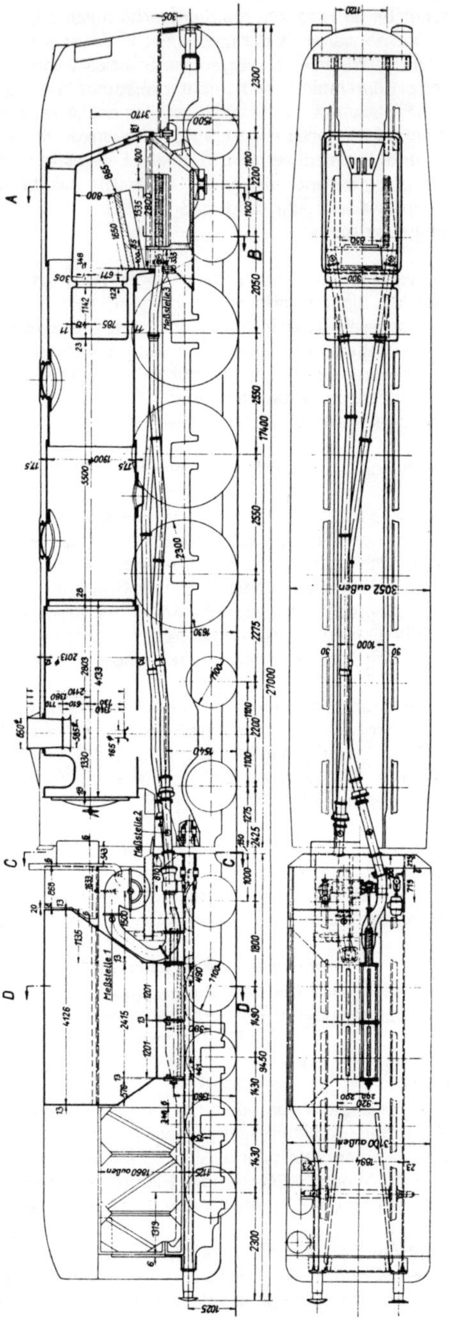

Steinkohlenstaub-Stromlinienlokomotive der DRG mit umgebauter Staubförderanlage, Zustand 1940

Obwohl mit dieser Kohlensorte noch keine Erfahrungen für die Staubfeuerung auf Lokomotiven vorlagen glaubte man, auch noch die Vereinigung von Turbogebläseantrieb und Förderschneckenantrieb vorschreiben zu können. Damit wurde dem Konstrukteur jeder Entscheidungsspielraum genommen und die Möglichkeit, die optimale Abstimmung später mit Versuchen empirisch zu bestimmen, von vornherein ausgeschlossen. Die in England bei der Southern Railway gemachte ungünstige Erfahrung, als man dort die Steinkohlenstaub-Feuerung an einer — wesentlich kleineren — 1C-Personenzuglok der Klasse U versuchte, wurde jedenfalls von den höheren Stellen der DRG nicht beachtet.

Ohne tiefer auf die Verhältnisse der Staubfeuerung eingehen zu wollen (der interessierte Leser sei auf die Schrift „Kohlenstaublokomotiven" von Kurt Pierson verwiesen), sollen doch einige grundsätzliche Zusammenhänge, des besseren Verständnisses wegen, gestreift werden.

Im Vergleich mit den stationären Kesselanlagen bietet der Lokomotivkessel den schwebenden Kohlenstaubteilchen nur eine sehr kurze Zeit zum Ausbrennen, was durch das beschränkte Volumen der Feuerbüchse bedingt ist. Die Wärmebelastung beträgt bei Lokomotiven etwa das Zehnfache des Betrags für ortsfeste Anlagen (vergleichbaren Baujahres). Die Verbrennungszeit des Kohlenstaubkorns beziffert sich nach Prof. Nusselt direkt proportional zum Quadrat der Korngröße. Dieser Verbrennungsvorgang umfaßt in einer Zeit von wenig mehr als zwei Sekunden die Vorgänge:

1. Einblasung in den Feuerraum und Erwärmung,
2. Entgasung,
3. Zündung und Verbrennung,
4. Verbrennung des verkokten Staubkorns,
5. Abkühlung der flüssigen Schlacke unter den Erweichungspunkt vor Auftreffen auf die Rohrwand.

Man trachtet nun danach, die Zündzeit und den Zündweg so kurz wie möglich zu halten, den Brennweg jedoch möglichst zu verlängern. Darüber hinaus spielen die Qualitäten der Kohlensorte eine entscheidende Rolle: Geringer Gehalt an flüchtigen Bestandteilen und hoher Aschegehalt begünstigt das Zusetzen der Rohrwand durch Bildung von Schwalbennestern. Aber auch die Beschaffenheit der Aschegehalte selbst ist von einflußnehmender Bedeutung. Die Mahlfeinheit ist ebenfalls mit ausschlaggebend für den verbrennungstechnischen Erfolg. Ein möglichst hoher prozentualer Durchsatz durch das Normalsieb 70 (4900 Maschen pro Quadratzentimeter) ist anzustreben.

Die Feuerungsanlage der Stromlinienlok mit vornliegendem Führerstand entsprach der Bauart STUG, indem sie ein starres Verhältnis zwischen Primärluft- und Brennstoff-Förderung schuf, wobei der Schneckenantrieb der Staubförderung von der Gebläseturbine abgenommen war (festes Übersetzungsverhältnis 1:26,7). Bei 4000 U/Min sollte das Gebläse eine Förderleistung von 8000 qm/h Erstluft mit einem Überdruck von 400 mm WS liefern. Die Antriebsturbine wurde mit Heißdampf betrieben. Die Primärluft sollte in einem mit Abdampf von 190 Grad betriebenen Vorwärmer auf etwa 80 Grad vorgewärmt werden. Am vorderen Ende der Kohlenstaub-Förderschnecken mit dem Brennstoff vermischt, sollte sie diesen durch die 180 mm Durchmesser aufweisenden Staubleitungen an die wassergekühlten AEG-Schlitz-Brenner befördern. Unterhalb der Stehkesselvorderwand (in normaler Fahrtrichtung mit dem Stehkessel voraus, also zurückliegend!) wurde die Zweitluft angesaugt und durch einen besonderen Luftkanal an den Feuerschirm herangeführt, bestrich dessen Unterseite, um sich mit dem entflammten Staub zu durchmischen. Auch auf die Lage des Turbogebläses wurde von Seiten der Reichsbahn Einfluß genommen und eine Lage an der Vorderwand des Tenders gegen die Bedenken der Firma Borsig abgelehnt. Oberhalb des Wasserkastens, hinter dem Staubbunker, befand man das Aggregat unterhaltungsfreundlich plaziert, doch wurden die Auswirkungen auf die Funktion der Staubfeuerungsanlage dabei wenig beachtet. Die beiden Förderschnecken konnten vom Führerstand aus elektro-pneumatisch getrennt ferngesteuert, d. h. ein- und ausgeschaltet werden. Kontrolllampen gaben Aufschluß über den Lauf der Förderschnecken und ihre Drehzahl.

Kessel

Zur Bauzeit der Stromlinienlokomotive mit vornliegendem Führerstand für die DRG liefen in Deutschland nur Braunkohlenstaub-Lokomotiven mit dieser Feuerungsart. Standversuche mit englischer Steinkohle hatten zwar stattgefunden, doch zeigte sich schon bei diesen, daß die längere Ausbrennzeit durch Verschlackung der Rohrwand Schwierigkeiten bot, die noch der Lösung harrten.

Da nun aber Steinkohlenstaub zur Verwendung kommen sollte, waren zumindest Vorkehrungen für einen längeren Brennweg nicht mehr zu umgehen. Deshalb erhielt die neue Lokomotive auf Anraten von Dipl.-Ing. A. Wolff nach langem Zögern von Seiten des Bauartdezernenten der DRG nun doch eine Verbrennungskammer. Um sicher zu gehen, daß dieses neue Bauteil keine Schwierigkeiten bezüglich der Stehbolzen bereiten würde, sah der Konstrukteur A. Wolff eine Dehnungsfalte zwischen Verbrennungskammer und Feuerbüchse vor. Dies umso mehr, als sich das Bauteil bei der Pennsylvania Railroad ausgesprochen günstig auf die Unterhaltungskosten ausgewirkt hatte. Der Lokomotivdezernent der amerikanischen Bahn, F. W. Hankins, teilte A. Wolff in einem Briefwechsel mit, daß sich bei den Lokomotiven der Klasse M1 (2D1-Mehrzwecklok) mit 2,4 m langer Verbrennungskammer wesentlich weniger Stehbolzenundichtigkeiten und -brüche zeigten, als an anderen Lokomotiven und zwar eben aufgrund dieser Dehnungsfalte.

Die Ausführung dieses Bauteils wurde bei der späteren 05 003 noch insofern verbessert, als nicht mehr — wie bei den amerikanischen Lokomotiven — die Verbrennungskammer nur zu ca. 120 Grad im oberen Teil umfaßt wurde und ein entgegengesetzt angeordnetes Stück in der Rauchkammerrohrwand den Kreis schloß, sondern der Ring geschlossen in der Verbrennungskammer angeordnet wurde.

Im Gegensatz zu den vorausgegangenen Stromlinien-Schnellfahrloks wurde die Feuerbüchse vollständig geschweißt aus Stahl hergestellt. Dies geschah mit Rücksicht auf den stärkeren Abbrand bei Kohlenstaub-Lokomotiven mit Kupferfeuerbüchsen, als bei rostgefeuerten Lok. Da die Verbrennungskammerlänge vollständig von der Rohrlänge abgezogen wurde, um bei der beschränkten Achslast von 18 t jede Mehrbelastung am zylinderseitigen Ende der Lokomotive zu vermeiden, ergab sich bei der Kohlenstaub-Lokomotive erstmals wieder für eine große Reichsbahn-Schnellzug-Lokomotive eine günstige Rohrlänge von 5,5 m. Dabei wurden die Elemente des Überhitzers bis an die Verbrennungskammerrohrwand herangezogen, um einerseits noch eine große Heizfläche unterzubringen, andererseits aber auch, um die von der Verbrennungskammer gesenkten Rauchgastemperaturen beim Eintritt in die Rohre auszugleichen. Wie bei den Wasserkammern, denen man ja auch die Wirksamkeit aberkannte, fürchtete man also doch gleichzeitig eine große Wärmeaufnahme dieser Bauteile, mithin letztlich ihren nicht unwesentlichen Verdampfungsanteil zugebend.

Für die Kesselbleche wurde — wie für die beiden vorausgegangenen Lokomotiven — ein Stahl höherer Festigkeit gewählt, als bisher üblich: Sie bestehen aus einem Molybdän-Sonderstahl von 48 kg/qmm Berechnungsfestigkeit.

Laufwerk

Für die vorausgegangenen 2C2-Stromlinienlok hatte noch der Leitsatz gegolten, das vordere Drehgestell mit Innenrahmen zu versehen, um beste Anschmiegung an das Gleis zu erzielen, das hintere jedoch verstärkt zur Querstabilisierung heranzuziehen und daher, sowie zur besseren Aschkastenausbildung, mit Außenrahmen auszuführen. Bei der dritten 2C2-Stromlinienlok befand man sich insofern in der Zwickmühle, als die Reichsbahn gefordert hatte, die Lok müsse (bezeichnend für die Einstellung gegenüber dem Versuch!) so gestaltet werden, daß sie ohne Schwierigkeiten auf Rostfeuerung umbaubar sei. Daher wurde die Lok hinsichtlich des Laufwerks zum „Januskopf": Sie erhielt zwei gleiche Innenrahmendrehgestelle, gleichen Achsstand wie die Einheits-2C1-Lok, jedoch mit vergrößerten Raddurchmessern von 1100 mm.

Für das Triebwerk ergab sich die Konsequenz, die Steuerung für die umgedrehte Fahrtrichtung einzurichten und auch die Gegengewichte in ihren Abweichwinkeln (für den dynamischen Massenausgleich) anders zu setzen als bei den Lok der Regelbauform. Bemerkenswert ist bei dieser im besten Sinne vorwiegend für eine Fahrtrichtung gedachten Lok die Verwendung der Kuhn'schen Schleife statt eines Hängeeisens für die Umsteuerung.

Nach den Erfahrungen mit den vorausgegangenen Schwesterlok bei Schnellbremsversuchen aus höchsten Fahrgeschwindigkeiten, die Verschiebungen der Achsstummel gegenüber den Radnaben verursacht hatten, verstärkte man bei der dritten Schnellfahrlok die Radnaben und presste sie mit bis auf 200 t erhöhten Drücken auf die Achsen. Die Drehgestelle erhielten nach den guten Erfahrungen an den Radsätzen der 05 001 Fischer-Pendelrollenlager.

Der Tender war in Anlehnung an die vorausgegangenen Lok ausgebildet, mit Ausnahme des Aufbaus zur Aufnahme der Kohlenstaubanlage.

VERSUCHSFAHRTEN UND -ERGEBNISSE, UMBAUTEN UND BETRIEBSEINSATZ

Als in den dreißiger Jahren der Schnellverkehr auf deutschen Schienensträngen wieder aufzuleben begann und mit dem „Fliegenden Hamburger" und dem Henschel-Wegmann-Zug über die Landesgrenze hinaus Impulse zu geben vermochte, ahnte niemand, daß später einmal gerade an diesen Entwicklungen die Vielschichtigkeit der Zeitgeschichte deutlich werden sollte. Ein dichter werdendes Netz von FD-Verbindungen, beschleunigte und besser ausgestattete Schnellzüge repräsentierten — zumindest in ihren „besseren Klassen" — in dieser Zeit das gepflegte Reisen. Denn das Automobil galt noch als abenteuerlich und angesichts eines Flugreisenden verspürte man immer noch einen Hauch von Pioniergeist.

Die Hauptverwaltung hatte bereits von den Ausschüssen Untersuchungen angefordert, welche Fahrzeitkürzungen, respektive Mehrkosten für verschiedene Strecken bei verschiedenen Höchstgeschwindigkeiten, Zuggewichten und Loktypen zu erwarten seien. Dir. b. d. R. Gaedicke gab hierzu auf der Tagung des Lokomotiv-Ausschusses in Cochem, November 1934, einen ersten Überblick durch die folgende Aufstellung für die Flachlandstrecke:

Fahrzeit Dortmund — Hamm

Last	Höchst- geschwindig- keit	S 03 min	S 01 min	2 C 2 min	2 D 2 min
250 t	110 km	19,5	19,3	19,1	18,8
250 t	120 „	18,6	18,2	18,0	17,7
450 t	110 „	21,2	20,6	—	19,6
450 t	120 „	20,9	20,2	—	18,7

Wie man sieht, nicht gerade ermutigend. Fast müßte man danach der alten KPEV recht geben, die in der einfachen 2C-Lok das wirtschaftliche Optimum sah und von größeren Schnellzuglokomotiven nichts wissen wollte.

Die „Arbeitsgemeinschaft für Bremsen an besonders schnellfahrenden Zügen" hatte zum Zeitpunkt der Beratung des Lok-Ausschusses bereits Untersuchungsmaterial zur Verfügung stellen können. Die Berechnungen auf Grundlage der Zuko wurden u. a. für die Strecke Berlin-Zoo — Köln ausgeführt, die längere Ohne-Halt-Abschnitte aufweist und beinhalten sämtliche veränderlichen Zugförderungskosten.

München — Würzburg (277,0 km)
Kosten der Zugfahrt

	Wagengewicht		
	239,4 t v = 110 km/h a	250 t v = 130 km/h b	253,6 t v = 150 km/h c
1. Gesamtfahrzeit in Minuten	166,9	155,2	151,0
2. Kohlenverbrauch unter Dampf . . . kg	2482	2810	3072
3. " ohne Dampf "	65	62	63
4. " ohne Spalte 5 "	2547	2872	3135
5. " für Nebenleistungen kg	250	250	250
6. Kosten . . . . RM	57,70	64,57	70,05
7. Heizen des Zuges . . . . . . "	0,88	0,82	0,80
8. Speisewasser . . . . "	2,69	2,99	3,25
9. Unterhaltung des Kessels . . . "	12,36	17,10	21,19
10. Unterhaltung des Fahrgestells von Lok u Tender . . RM	72,02	74,70	75,90
11. Zeitkosten für die Unterhaltung der Lok . RM	2,31	2,32	2,36
12. Verzinsung der Lok . . . . . "	22,25	23,20	23,80
13. Erneuerung der Lok . . . . . "	8,90	9,28	9,55
14. Unterhaltung u Vorhaltung des Wagenzuges ohne Bremse . RM	62,92	70,35	79,65
15. Unterhaltung u Vorhaltung der Bremsen des Wagenzuges . RM	1,67	3,26	4,88
16. Kosten für den Luftverbrauch zum Bremsen . . RM	0,66	1,32	1,66
17. Lokpersonal . . . . "	34,65	33,79	33,39
18. Betriebspflege der Lok . . . . "	10,05	10,37	10,61
19. Zugbegleitpersonal . . . . . "	23,15	22,04	21,65
20. Unterhaltung des Oberbaues . . "	62,70	70,80	75,40
21. Erneuerung des Oberbaues . . . "	29,33	36,70	40,35
Gesamtkosten . . . . "	404,24	443,61	474,49
Kosten für 1 km . . . . RM	1,46	1,60	1,71
	$\frac{b}{a}=1{,}096$	$\frac{c}{a}=1{,}171$	$\frac{c}{b}=1{,}069$
Kosten für 1 Fahrminute . . . . "	2,42	2,86	3,14
	$\frac{b}{a}=1{,}18$	$\frac{c}{a}=1{,}3$	$\frac{c}{b}=1{,}1$
Zahl der Wagen	6	6	6
Zahl der Plätze bei 100% Besetzung .	176	176	176
Kosten für 100 Platzkm . . . RM	0,83	0,91	0,97

Berlin 300 — Köln (579,2 km)
Kosten der Zugfahrt

	Wagengewicht		
	239,4 t v = 110 km/h a	250 t v = 130 km/h b	253,6 t v = 150 km/h c
1. Gesamtfahrzeit in Minuten	346,4	306,2	283,1
2. Kohlenverbrauch unter Dampf . . . kg	5684	6311	6860
3. " ohne Dampf "	45	47	42
4. " ohne Spalte 5 "	5729	6358	6902
5. " für Nebenleistungen kg	250	250	250
6. Kosten . . . . RM	118,65	131,25	142,05
7. Heizen des Zuges . . . . . . "	1,80	1,61	1,49
8. Speisewasser . . . . "	6,23	6,83	7,35
9. Unterhaltung des Kessels . . . "	27,61	38,92	49,63
10. Unterhaltung des Fahrgestells von Lok u Tender . . RM	149,38	163,86	166,75
11. Zeitkosten für die Unterhaltung der Lok . RM	3,30	3,28	3,25
12. Verzinsung der Lok . . . . . "	33,80	35,21	37,22
13. Erneuerung der Lok . . . . . "	13,52	14,08	14,90
14. Unterhaltung u Vorhaltung des Wagenzuges ohne Bremse . RM	166,50	175,00	188,95
15. Unterhaltung u Vorhaltung der Bremsen des Wagenzuges . RM	3,49	6,80	10,08
16. Kosten für den Luftverbrauch zum Bremsen . . RM	1,50	2,80	3,10
17. Lokpersonal . . . . "	57,60	54,30	52,30
18. Betriebspflege der Lok . . . . "	13,15	13,75	14,25
19. Zugbegleitpersonal . . . . . "	41,60	37,70	35,60
20. Unterhaltung des Oberbaues . . "	74,60	85,80	97,55
21. Erneuerung des Oberbaues . . . "	56,20	69,80	82,30
Gesamtkosten . . . . "	768,93	840,99	906,77
Kosten für 1 km . . . . RM	1,33	1,45	1,57
	$\frac{b}{a}=1{,}09$	$\frac{c}{a}=1{,}18$	$\frac{c}{b}=1{,}08$
Kosten für 1 Fahrminute . . . . "	2,22	2,75	3,20
	$\frac{b}{a}=1{,}24$	$\frac{c}{a}=1{,}44$	$\frac{c}{b}=1{,}16$
Zahl der Wagen	6	6	6
Zahl der Plätze bei 100% Besetzung .	176	176	176
Kosten für 100 Platzkm . . . RM	0,76	0,82	0,89

Die vorstehenden Tabellen beruhten auf folgenden Vorgaben:

Kohlenkosten 21,00 RM pro t frei Tender, Wasserkosten 8,5 Rpf pro cm.
Wagenzug: 1 Packwagen und 1 Speisewagen sowie 4 Wagen 1./2. Klasse, Vollbesetzung mit
32 + 144 Reisenden 1. und 2. Klasse. Die unterschiedlichen Gewichte ergeben sich aus den
Verschiedenheiten der Bremssysteme, die für höhere Geschwindigkeit aufwendiger werden.

Fahrzeitermittlung:
1. Ohne Aufenthaltszeiten
2. Anzahl der Halte entsprechend den FD-Zügen dieser Strecke: Berlin-Zoo — Hannover —
   Hamm — Dortmund Hbf — Essen Hbf — Duisburg Hbf — Düsseldorf — Köln.
3. Zuglok: Die (zu diesem Zeitpunkt noch in Bestellung bei Borsig befindliche), wie es heißt,
   ,,windschnittig gebaute'' 2C2-S-Lok.
4. Bremsverzögerung: 0,6 m/sec^2
5. Ermittlung nach dem sV-Diagramm bei Annahme von 57 kg/qmh Heizflächenbelastung ohne
   Zuschläge.
6. Geschwindigkeitseinschränkung in den Kurven gemäß Verfügung der HV vom 6. Juni 1933.
7. Geschwindigkeitseinschränkungen im Gefälle:

0 %	110	130	150
4 %	106	125	143
10 %	101	119	136
20 %	94	110	125

Sonstige Geschwindigkeitseinschränkungen nach Anhang zu den FV: Strecke Dortmund —
Essen — Duisburg mit 120 km/h Höchstgeschwindigkeit.

Doch während die Bestrebungen der Deutschen Reichsbahn um einen wettbewerbsfähigen,
modernen und damit attraktiven Schnellverkehr mit lokbespannten Zügen — nachdem man mit
der Bewilligung der nötigen Gelder lange gezögert hatte — nun endlich erste gute Erfolge zeigten,
wurden alle weitergehenden Planungen bereits von lautstärkeren Tönen der Zeitgeschichte über-
rollt. Die Tragik, die mit diesem Kapitel der Eisenbahntechnik verbunden ist, wird deutlich an
den zu dieser Zeit entstandenen Schnellfahrlokomotiven der BR 61, ganz besonders der 19.10,
die zum Prototyp einer neuen Generation von Lokomotiven berufen gewesen wäre, aber auch
an den drei Lok der Reihe 05. Denn weder die mit ihnen gewonnenen Erkenntnisse noch ihre
eigenen Leistungen konnten sich noch nachhaltig auf die Schnellverkehrsverbindungen auswirken. Und — last not least — wurde, wie sich später zeigen sollte, durch die unseligen weiteren
Zeitläufe jeder sich noch bietende Anschluß für die Schnellzug-Dampflok klassischer Bauart
letztlich damals schon versäumt.

Versetzen wir uns jedoch zurück in das Jahr 1936: Gerade war der Henschel-Wegmann-Zug bei
einer Pressefahrt von Berlin mit einer Durchschnittgeschwindigkeit von 113 km/h nach Hamburg gekommen. Bei einem Empfang in den Hauptbahnhofsgaststätten führte hierzu Direktor
der Deutschen Reichsbahn Dr.-Ing. e. h. Leibbrand aus: (12)

,,Hamburg ist fast schon ein historischer Ort geworden für die großen Schnellfahrten, die die
Deutsche Reichsbahn in den letzten Jahren auszuführen hatte. Die Fahrt in dem ,Fliegenden
Hamburger' ist vielen von Ihnen sicher noch in Erinnerung, und heute ist nachgefolgt der
Dampfzug, der eine neue Epoche in der Geschwindigkeit einleitet. Wenn ich sage: eine neue
Epoche, werden Sie antworten, es gibt so viel Epochen, und man nimmt gern den Mund etwas
voll. Aber ich glaube, daß das, was Sie heute erlebten und was Sie heute nachmittag in anderer
Form sehen werden, mehr ist als bloß die Inbetriebsetzung irgendeiner Lokomotive, die etwas
schneller fährt als früher.''

Nachdem der Redner dann darauf hingewiesen hatte, daß man zwar schon 1847 in England eine
Geschwindigkeit vom 97 km/h erreicht habe, daß man jedoch über diese Grenze 80 Jahre lang
fahrplanmäßig nicht hinausgekommen sei, kam er auf den Siegeszug des Triebwagens mit Ver-

brennungsmotor zu sprechen, der in den letzten Jahren alle Rekorde geschlagen habe. Leibbrand fuhr hiernach fort:

„Nunmehr ist die Dampfmaschine, von dem einer ihrer hervorragenden Vertreter gesagt hat, man sollte ihr nur die Gelegenheit dazu geben, sie würde es schon schaffen, wieder in die Linie eingerückt. Wir haben in den letzten Tagen erlebt, wie die Lokomotive den Triebwagen eingeholt hat, und aus diesem Wettbewerb des Dampfes mit der elektrischen Kraft und mit dem Verbrennungsmotor sind diese großen Leistungen entstanden, die wir hier bewundern können.

Es ist etwas, was vielleicht Ihnen, wenn Sie so bequem im Zuge sitzen, kaum zum Bewußtsein kommt und nicht kommen kann, was es bedeutet, wenn die fahrplanmäßige Geschwindigkeit von 90 oder 100 km heraufgesetzt wird auf etwa 140 km und wenn die Fahrgeschwindigkeit auf 160 km und mehr wächst. Das kann nur der ermessen, der sich darüber klar ist, daß durch eine derartige Erhöhung der Geschwindigkeit auf bald das Doppelte nicht nur an die Maschinenleistung, sondern auch die Bremskraft Anforderungen gestellt werden, die ungeheuer sind. Und wenn Sie in diesem Zug saßen und sich nicht gerade durch einen Blick auf das Tachometer über die Geschwindigkeit Rechenschaft gegeben haben, dann hatten Sie nicht das Gefühl, daß diese große Tat etwas Absonderliches sei. Sie macht auf die Menschen nicht den Eindruck der Unsicherheit oder des Außergewöhnlichen, sondern sie empfinden sie fast als etwas Selbstverständliches. Und gerade darin liegt die Großartigkeit und die Zukunft dieser Entwicklung.

Dieser Schnellbetrieb ist nicht ein Geschenk der Technik an einzelne, sondern ein Geschenk der Technik für das ganze Volk. Wir sind in der Lage, diese Leistung zu einem Preis anzubieten, der nicht höher liegt, als wir für unsere besten Züge fordern müssen. Diese Züge werden auch nicht vereinzelt bleiben, sondern sich ausbreiten, weil sie wirtschaftlich sind und eine soziale Tat darstellen, die dem ganzen deutschen Volk zugute kommt. Sie sind nicht als eine sportliche Leistung zu bewerten, sondern als eine Leistung, die nicht nur unser Ansehen zu stärken berufen ist, sondern unsere Wirtschaft zu heben imstande sein wird."

Dem damals in der Fachpresse erschienen Bericht (12) entnehmen wir ferner:

„Um 15.37 Uhr begann die Rückfahrt mit der Borsig-Stromlinien-Lokomotive. Wieder hatten sich zuvor — wie bei der Abfahrt aus Berlin — außer den Pressevertretern eine große Zahl von Schlachtenbummlern auf dem Bahnsteig eingefunden, die sich das Ereignis der ersten öffentlichen Fahrt der neuen Hochleistungslokomotive nicht entgehen lassen wollten. In der Tat wurde diese Fahrt für alle Teilnehmer abermals zu einem Erlebnis, erreichte der Zug auf der Strecke bis Wittenberge eine Geschwindigkeit von rund 190 km/h. Auch zwischen Wittenberge und Neustadt (Dosse), wo nochmals kurz gehalten wurde, um die Pressevertreter, die die Fahrt auf der Lokomotive mitmachten, auszuwechseln, sowie auf der Reststrecke bis Berlin zeigte der Geschwindigkeitsmesser mehrmals 190 Stundenkilometer an. Die normalen D-Zugwagen, aus denen der Zug bestand, liefen dabei völlig ruhig und schleuderfrei und ließen die außergewöhnliche Geschwindigkeit in keiner Weise vermuten. Bei zweimaligem Unterwegsaufenthalt ergab sich für die Gesamtstrecke Hamburg — Berlin eine Reisegeschwindigkeit von 116 km/h."

Erste Ergebnisse zeigten einige Schnellfahrten, die noch vor der planmäßigen Leistungsuntersuchung angestellt wurden: (13)

Tag	Strecke, Fahrtumstände	Ort km	V km/h	Z_e^* kg	Z^{**} kg	η %	N_e PS	N_i PS
7.6. 1935	Hamburg–Berlin Last: 196 t Seitenwind: 7,5 m/s	61,0	160,0	3547	5152	68,8	2100	3051
		56,7	170,0	3706	5446	68,0	2333	3430
		50,8	180,0	2698	4583	58,9	1800	3055
		42,0	190,0	2820	4845	58,2	1984	3409

Zahlentafel 3. Versuchsergebnisse der Stromlinien-Schnellzuglokomotive 05 002.

Tag	Strecke, Fahrtumstände	Ort km	V km/h	Z_e*) kg	Z_i**) kg	η %	N_e PS	N_i PS
23.7. 1935	Berlin–Hamburg Last: 241 t Gegenwind: 4,2 m/s	77,0	164,25	2641	4303	61,4	1606	2619
		154,5	171,4	2765	4527	61,1	1756	2875
		187,5	162,7	2531	4171	60,7	1526	2513
		215,2	168,6	2220	3942	56,3	1386	2461
		237,5	163,1	2535	4180	60,6	1531	2525
	Hamburg–Berlin Last: 241 t Rückenwind: 2,3 m/s	204,5	173,0	2318	4103	56,5	1486	2630
		146,0	179,95	2294	4178	54,9	1529	2785
		138,1	180,4	2633	4525	58,2	1760	3023
		51,2	158,7	1747	3334	52,4	1027	1960
26.7. 1935	Berlin–Hamburg Last: 205 t, windstill	120,5	146,7	1200	2637	45,5	652	1433
		175,0	151,2	1322	2812	47,0	741	1575
	Hamburg–Berlin Last: 205 t Rückenwind: 6 bis 7 m/s	162,5	145,35	1611	3032	53,1	867	1631
		77,0	163,2	2366	4012	59,0	1430	2425
		67,5	182,0	2366	4281	55,2	1595	2887
		60,0	183,7	1789	3729	48,0	1217	2537
		50,0	189,4	2241	4266	52,5	1572	2993
		44,0	195,6	2214	4330	51,2	1605	3137

*) Z_e Zugkraft am Tender-Zughaken, auf Beharrungszustand und 1 : ∞ bezogen.
**) Z_i die der Zylinderleistung entsprechende Zugkraft.

Die Tabelle zeigt, daß die Maschine deutlich das zugrundeliegende Leistungsprogramm übertraf.

1. Versuchsfahrten und deren Ergebnisse

Stromlinienlokomotiven 05 001 und 05 002

Nach den guten Erfahrungen mit dem Dampfverbrauch der Mitteldrucklokomotiven und ermutigt durch die mit 20 atü Dampfdruck arbeitenden französischen Verbundlok, glaubte man bei der DRG, auch bei Anwendung eines nicht ganz den Mitteldrucklok, aber doch den französischen Maschinen gleichkommenden Druckes, die gleichen oder mindestens ähnlich gute Ergebnisse im Dampfverbrauch erzielen zu können — natürlich mit dem „einfachen" Drilling statt mit dem „verwickelten" Vierzylinder-Verbund-Triebwerk. Doch die erwarteten Zahlen wurden nicht erreicht. In der Tat waren die spezifischen, auf die indizierte PS-Stunde bezogenen Dampfgewichte — genauer die Wärmeeinheiten, bezogen auf die indizierte PS-Stunde — der 16 atü-Zwillingslok nicht oder nur unwesentlich unterschritten worden. Dies galt nicht allein für die Baureihe 05 (im Vergleich zur Baureihe 03), sondern sinngemäß auch für den Durchschnitt der gesamten 20 atü-Reihen. Grund hierfür waren zunächst einmal die von den mit 16 atü Kesseldruck arbeitenden Maschinen übernommenen inneren und äußeren Steuerungsmaße. Dabei mußte die Hubverlängerung bei den Reihen für veränderlichen Achsdruck, sowie bei der Schnellfahrtenderlok 61001 ohne Wirkung auf den Dampfverbrauch bleiben, weil eine weitergetriebene Dampfdehnung auf diese Weise nicht herbeigeführt werden konnte (gleiche Füllungsprozente).

Die 61 001 wurde mit dem von der Norm abweichenden sehr langen Hub von 750 mm ausgeführt (ohne dadurch für ihre Zwillingsmaschine einheitliche Zylinderdurchmesser mit der Baureihe 05 zu erreichen), andererseits die Baureihe 05 angesichts der hohen Triebwerksdrehzahlen mit einem auf 660 mm beschränkten Hub. Deshalb ist es interessant,.die beiden Lokomotiven hinsichtlich Betriebsprogramm, indizierter Leistung und Volumen der Dampfzylinder in nachstehender Tabelle (unter A) zu vergleichen.

Tabelle A

Betriebsprogramm		Spalte 1 05	Spalte 2 61	Spalte 3 Spalte 2/ Spalte 1 (%)
Wagengewicht	t	250	124	49,6
mit Geschwindigkeit	km/h	160	160	100
Betriebsgewicht der Lok, volle Vorräte	t	215,9	128,3	59,4
Gesamtgewicht des Zuges	t	465,9	252,3	54,2
Verdampfungsheizfläche des Kessels	qm	256	151,9	59,3
Zylinderabmessungen	mm	(3) 450/660	(2) 460/750	104,5/113,6
Zylinderinhalt, gesamt	ltr	314,7	249,4	79,3
Größte indizierte Leistung	PSi	2370	1450	61,2
bei Geschwindigkeit	km/h	185	125	67,6
Zylinderinhalt gesamt:Verdampfungsheizfläche	ltr:qm	1,23	1,64	133
Zylinderinhalt gesamt:Größte ind. Leistung	ltr:PSi	0,133	0,172	129
Gesamtgewicht des Zuges:Zylinderinhalt gesamt	t:ltr	1,48	1,01	68,3

Tabelle B

bei Zylinderabmessungen:	mm	(3) 480/660	(2) 480/660	100/100
Zylinderinhalt gesamt	ltr	358,3	238,9	66,7
Zylinderinhalt gesamt:Verdampfungsheizfläche	ltr/qm	1,40	1,57	112
Gesamtgewicht des Zuges:Zylinderinhalt gesamt	t/ltr	1,30	1,06	81,2

Wie die Tabelle zeigt, hatte die Baureihe 61 wesentlich größere Zylinder und zwar bezogen auf die Leistung und auf das zu befördernde Gesamt-Zuggewicht. (14). Da sich die beiden Maschinen leistungsmäßig annähernd wie 3:2 verhielten, ist es bemerkenswert, daß in diesem Fall die Zylinderabmessungen nicht einheitlich gewählt wurden wie bei den Baureihen 41 und 45, bei denen die Verhältnisse nicht in gleichem Maße dazu angetan waren. Zwar sollte der Henschel-Wegmann-Zug besonders gut beschleunigen und die Wahl größerer Zylinder im Verhältnis zur Leistung war an sich angezeigt, jedoch hätte dies wohl auch mit einheitlichen Zylindergrößen erreicht werden können, wie es an dem Zahlenbeispiel in vorstehender Tabelle unter B dargestellt wurde. Daß somit sogar beide Lokomotiven mit dem Scheitelpunkt der Verlaufskurve ihrer Zylinderleistung in günstigere Fahrgeschwindigkeiten rücken würden (etwa 140 - 160 km/h), war damals allerdings noch nicht zu übersehen gewesen, da die Leistungscharakteristiken, die dem Zahlenbeispiel zugrundeliegen, noch nicht existierten. Diese Ergebnisse hätten erst bei einer Nachbestellung von Lok der Baureihen 05 und 61 berücksichtigt werden können. In der Folge kam man bei der 61 002 dann auch zu einem etwas verringerten Zylindervolumen ähnlich dem des Berechnungsbeispiels, wobei gleichzeitig das Zwillingstriebwerk verlassen wurde.

Professor Nordmann führte die gegenüber den Erwartungen schlechteren Dampfverbrauchswerte bei der Reihe 05 auf die großen schädlichen Räume und die zu geringe Kompression zurück. Gerade erstere aber waren eine Folge der Vereinheitlichung, durch die der Mittenabstand von Kolben- und Schieberstange weiter als nötig gewählt worden war, was die schädlichen Räume vergrößern mußte. Daneben zeigte der Verlauf der Dampfverbrauchskurve für die indizierte Leistung an der Kesselnennlast keinen Minimumpunkt, sondern vielmehr Werte, die bis in höchste Geschwindigkeiten stetig in weiterem Fallen begriffen waren. Wohl wirkte sich im unteren bis mittleren Geschwindigkeitsbereich die Ausströmdeckung +/- 0 — in Verbindung mit den hierfür zu kleinen Zylindern und den dadurch erforderlichen langen Füllungen — in einer mangelhaften Kompression und damit einer Verbrauchserhöhung aus; bei sehr hoher Fahrgeschwindigkeit und damit hoher Triebwerksdrehzahl überwog jedoch der Einfluß der freieren Dampfströmung, da sich in diesen Arbeitslagen — bedingt durch die der Schieber-steuerung eigene „schleichende Kanaleröffnung im Bereich kleiner Füllungen — bereits ohne positive Ausströmdeckung eine angemessene Kompression aufbaute". Ein Blick ins Ausland zeigt, daß man dort sogar zu negativen Ausströmdeckungen überging!

Zur meßtechnischen Seite ist zu vermerken, daß bei der 05 erstmals die Methode der Messung des Dampfstroms angewandt wurde, die ein Ablesen unhandlicher Wassermengen vor und nach der Fahrt überflüssig machte. Dazu wurde schon beim Bau der Lok ein Meßflansch in das Reglerrohr eingesetzt. Dieses Meßgerät der Firma Hallwachs & Langen in Bensheim benutzte den geringen Druckabfall, der durch die scharfkantige Querschnittsverringerung des Meßflan-sches hervorgerufen wurde und von der durchgesetzten Dampfmenge in der Zeiteinheit abhän-gig war. Vor und hinter dem Meßflansch waren die beiden Schenkel eines mit Quecksilber gefüllten U-förmigen Meßglases angeschlossen, das, mit einer Vielzahl elektrischer Kontakte versehen, eine Fernablesung im Führerstand oder Meßwagen ermöglichte.

Damit ließ sich der Beharrungszustand wesentlich einfacher und ohne Beeinträchtigung durch die abzurechnende Beschleunigungsperiode erfassen. Um nicht die Kesselreserve in Anspruch zu nehmen, blieb lediglich noch auf genau gleichen Wasserstand und Kesseldruck bei Meßbeginn und Meßstop zu achten. Diese Meßart bewährte sich gut und ergab bei Geschwindigkeiten, die auch nach dem üblichen Verfahren durchgemessen werden konnten, recht gute Übereinstimmung der Ergebnisse.

Die Laufqualitäten der Maschine erwiesen sich von Anfang an als gut. Eine sich zunächst im Bereich von 140 bis 150 km/h zeigende Schlingertendenz wurde durch Verstärken der Rück-stellfedern des vorderen Drehgestells beseitigt. (Dies geschah übrigens auch bei der Baureihe 03, die 1937 nach Schwingungsmessungen verstärkte Rückstellfedern für das vordere Drehgestell erhielt).

Zudem zeigte sich bei der Baureihe 05 ein unerwartet niedriger Laufwiderstand (abgesehen von der Luftwiderstandsersparnis durch die Stromlinienverkleidung), der seine Ursache teilweise in den Treibrädern sehr großen Durchmessers finden dürfte, aber auch in der günstigen Wahl der Lagerabmessungen.

Schon bei den ersten Versuchen im Sommer 1935 erwies sich die Maschine als über die Erwar-tungen leistungsfähig. Hier verdienen die Werte von 3430 PSi sowie die am 26. Juli 1935 gefahrenen 195,6 km/h hervorgehoben zu werden. Diese Fahrten wurden mit der mit Gleit-lagern ausgerüsteten 05 002 durchgeführt; die 05 001 stand zwischenzeitlich auf der Fahrzeug-schau zur 100 Jahr-Feier der Deutschen Eisenbahnen. Auch wurden die Versuche mehrfach durch Vorführungen der Maschinen unterbrochen.

Wichtig war auch die Frage der Bremswege aus hohen Fahrgeschwindigkeiten. Die Bremsgruppe des Versuchsamts Grunewald unternahm mehrere Versuchsfahrten mit der 05 001, bei denen aus 180 bis 185 km/h Schnellbremsungen durchgeführt wurden. Die Ergebnisse zeigten, daß aus einer Geschwindigkeit von 175 km/h heraus der Signalabstand auf den von Schnelltrieb-wagen befahrenen (für die größten Betriebsgeschwindigkeiten zugelassenen) Strecken mit einem Bremsweg von 1200 m noch eingehalten werden konnte. Bei 181 km/h Eingangsgeschwin-digkeit betrug der Bremsweg 1375 m.

Im Frühjahr des Olympiajahres 1936 schlossen sich die planmäßigen Versuchsfahrten mit der 05 002 an, die im Bereich von 60 bis 180 km/h mit jeweils um 20 km/h erhöhten Beharrungs-geschwindigkeiten ausgeführt wurden. Hierzu gehörte auch die Fahrt vom 11. Mai 1936, die in der folgenden Tabelle (15) mit den Ergebnissen für Geschwindigkeit und Leistung am Zug-haken steckbriefartig aufgeführt ist und auf die noch näher eingegangen werden soll.

Tag	Strecke	Zugzusammensetzung	Zug-gewicht t	V_{mitt} km/h	V_{mitt} unter Dampf km/h	V_{max} km/h	Heizflächen-belastung kg/m³h Mittel	Spitze	Höchste Zughaken-leistung PSe_{max}
18.10.35	Charlottenburg-Hamburg	Meßwagen u. 4 D-Wagen	254	123,6	126,6	177,3	57,0	77,5	2350
5. 2.36	Charlottenburg-Hamburg	Meßwagen u. 4 D-Wagen	242	123,7	128,8	180,0	54,3	80,0	2650
11. 5.36	Wittenberge-Spandau ...	Meßwagen u. 3 D-Wagen	197	135,0	140,8	200,4	55,5	85,4	2370

Der Lok-Probezug bestand aus dem Meßwagen und drei Schnellzugwagen mit einer Gesamtlast von 197 t. Wetterbedingungen: 15 Grad Lufttemperatur, Barometerstand 757 mm, bedeckt, leicht windig. Lokomotive: 05 002; Lokmannschaft: Oberlokführer Oscar Langhans und Reservelokführer Ernst Höhne. „Ehrengast" der Fahrt: Reichsverkehrsminister Dr.-Ing. e.h. Dorpmüller. Die Abfahrt erfolgte in Hamburg Hbf.

Während der Sachsenwald mit 140 km/h durcheilt worden war, steigerte man nach der Durchfahrt Büchen die Geschwindigkeit auf 160 km/h, welche — unterbrochen durch Begrenzungen auf 140 km/h, in Hagenow Land sogar 120 km/h, von denen erneut hochbeschleunigt werden mußte — bis Klein-Warnow eingehalten wurde. Es bestand nicht die Absicht, die Lok schon auf diesem, für Messungen weniger geeigneten Streckenabschnitt auszufahren, doch 170 km/h in der Nähe von Karstädt und als vorläufige Spitze 178,2 km/h hinter Dergenthin wurden auch hier schon ohne weiteres erreicht. Bei Einfahrt Wittenberge mußte der Zug 4317 halten und wartete 2,5 Minuten am Einfahrtsignal. Der sich daraus zwangsläufig ergebende erste Streckenabschnitt war in 71,2 Minuten — davon 69,8 Minuten bei offenem Regler — durcheilt worden. Damit ergab sich eine mittlere Geschwindigkeit von 132 km/h.

Hinter Wittenberge beschleunigte 05 002 rasch wieder auf 150 km/h, die die Streckenhöchstgeschwindigkeit auf diesem Abschnitt darstellte. Nach der letzten Beschränkung im Bahnhof Zernitz sollte die Lok voll gefahren werden. Neustadt wurde noch mit beigezogenem Regler durchfahren, danach folgte der für höchste Geschwindigkeiten bestgeeignete Streckenabschnitt. Die Geschwindigkeit stieg auf 180 km/h bei Kilometer 70, die in der Ebene liegende 20 Kilometer lange Gerade bis Paulinenaue begann mit 195 km/h bei Kilometer 63. Schon bei Kilometer 62 (das bedeutet nach rund 19 Sekunden seit Kilometer 62!) wurden 200 km/h erreicht. Bei Kilometer 59 wurde jedoch bereits Herabsetzung der Geschwindigkeit angeordnet und eine Bremsung bei gedrosseltem Regler eingeleitet. Maschinentechnische Bedenken, die gegen eine Fortsetzung der Leistung der bei diesem Wert noch im Beschleunigen begriffenen Maschine gesprochen hätten, lagen nicht vor. Danach lag die Geschwindigkeit bis Nauen bei 170 km/h. Auf den letzten Streckenabschnitten bis Berlin bestimmten dann wieder die (abnehmenden) Streckenhöchstgeschwindigkeiten die Aufzeichnungen der Meßstreifen. Damit war der zweite Streckenabschnitt mit einer mittleren Geschwindigkeit von 135 km/h durchmessen worden, beide Abschnitte also mit höheren Durchschnitten als die der Schnelltriebwagen!

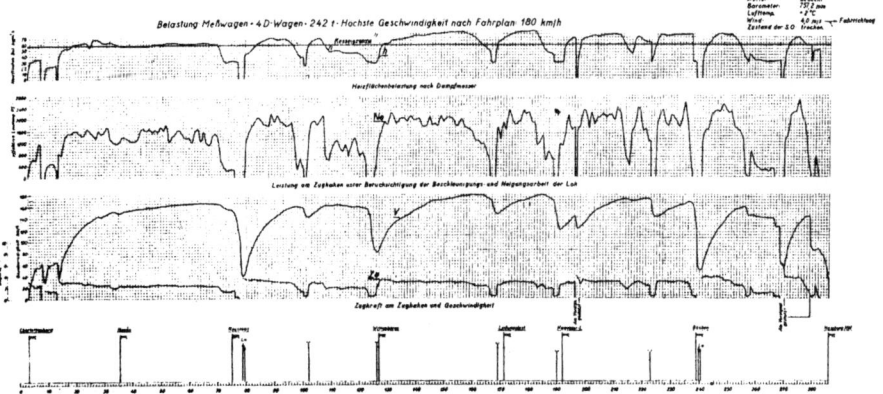

Versuchsfahrt mit Lok 05 002 vor Lok-Probezug Nr. 4020 von Charlottenburg nach Hamburg Hbf. am 5. Februar 1936

Die größte aufgezeichnete Geschwindigkeit blieb daher 200,4 km/h. Von verschiedenen Seiten wird geschätzt, daß bei Fortsetzung der Vollanstrengung eine Endgeschwindigkeit von über 220 km/h hätte erreicht werden können. Heute sind jedoch die damals potentiell noch erreichbar gewesenen Geschwindigkeiten schwerlich genau anzugeben. Unter den Bedingungen und der Triebwerksdrehzahl der englischen Rekordlok 4468 ("Mallard") würde die 05 002 etwa 230 km/h schnell gewesen sein. Jedoch ging es der Deutschen Reichsbahn-Gesellschaft nicht um betrieblich wenig nutzbare Endgeschwindigkeiten, sondern lediglich um die Feststellung der Eignung der Lok für den Schnellverkehr — und darin lag der volle Erfolg der Fahrt!

Das Triebwerk hatte den Anforderungen aus den bei der hohen Drehzahl (bis 465 U/min) freiwerdenden dynamischen Kräften gut entsprochen. Es waren keinerlei Anzeichen von Überbeanspruchung festzustellen, lediglich ein starkes Anwachsen des Kolbenringverschleißes hatte sich bei Fahrgeschwindigkeiten über 160 km/h gezeigt. Jedoch waren zu dieser Zeit noch Kolbenringe von der alten, breiten Ausführung verwendet worden. Inzwischen hatten Versuche mit schmalen Kolbenringen schon wesentliche Verbesserungen gebracht.

Zur Leistung ist zu vermerken, daß sie bei der Baureihe 05 erstmals für eine DRG-Lok die 3000 PS-Marke überschritt. Die effektive Zughakenleistung wurde mit 2370 PSe, die indizierte mit rund 3400 PSi festgestellt. Die Kesselbelastung betrug im Mittel 55,5 kg/qmh und die Belastungsspitze wurde mit 85,4 kg/qmh beziffert. Ähnliche Kesselbelastungen waren schon vorher gefahren worden, u.a. 1934 bei einer Beharrungsmeßfahrt mit der Baureihe 03, während der die Belastung rund eine dreiviertel Stunde lang um 84 kg/qmh lag und zu der Professor Dr.-Ing. Nordmann berichtete, „der Kessel hatte den erforderlichen Dampf unermüdlich geschafft" (16). Auch bei der Fahrt der 05 002 gab es kein Ermüden des Kessels und auch kein Rohrlaufen (dies war während der sehr umfangreichen und lange andauernden Versuche, Bremsmess- und Schnellfahrten aufgetreten, nachdem in beiden Fällen des öfteren Belastungswerte von 80 bis 85 kg/qmh erreicht worden waren, so daß einmal die Rohre gewechselt wurden).

In diesem Zusammenhang sei übrigens die bekannte Empfindlichkeit der Reichsbahn-Einheitskessel alten Bauzustandes (mit Kupferfeuerbüchse, Aufdornstehbolzen, eingewalzten Rohren und weitem Blasrohr) im Bereich höherer Belastungen erwähnt. Sie bezog sich weniger auf die Belastungswerte selbst, als mehr noch auf den im Betrieb oft raschen und weiten Belastungswechsel mit nicht immer vermeidbaren Unkorrektheiten in der Feuerführung. Diese Empfindlichkeit konnte erst in späteren Jahren mit dem Übergang zum Bauzustand bei der Bundesbahn (Stahlfeuerbüchse mit eingeschweißten Stehbolzen und Rohren sowie verbesserter Luftzufuhr zum Rost und neuer Saugzug-Abstimmung) weitgehend beseitigt werden. (17) Im übrigen litten nicht die DRG-Kessel allein an undichten Stehbolzen und Rohren oder gar Stehbolzenbrüchen. Dies zeigten z.B. die Versuchsergebnisse auch noch der in den fünfziger Jahren gebauten Standard-Pacifics der British Railways, Klass 7, wo es trotz Verbrennungskammerkessel (allerdings mit Kupferfeuerbüchse) bei Belastungen von 71 kg/qmh Schwierigkeiten gab. (18)

In diesem Zusammenhang sei auch die Rekordfahrt der „Mallard" der LNER erwähnt und kurz geschildert, da die beiden Fahrten seinerzeit Gegenstand teilweise heftiger Kontroversen waren.

Im Zuge von Bremsuntersuchungen mit den neu eingerichteten Stromlinienzügen, die eine Reihe Schnellbremsungen aus hohen Fahrgeschwindigkeiten einschlossen, war beabsichtigt, auch den britischen Geschwindigkeitsrekord anzugehen, der zu dieser Zeit von einer LMS-Pacific mit 183 km/h gehalten wurde. Hierzu wurde die Maschine „Mallard" (Lok 4468) auserwählt, weil sie mit dem Doppel-Kylchap-Saugzug ausgerüstet war und sich bereits unter den Maschinen der Klasse A4 als besonders gut laufend und leistungsfähig erwiesen hatte.

Der Zug bestand aus drei Doppeleinheiten des „Coronation"-Stromlinienzuges und Meßwagen, zusammen 236 t. Als Versuchsstrecke wurde der Abschnitt zwischen Grantham und Peterborough ausgewählt. Auf der Maschine: Lokführer J. Duddington, Heizer T. H. Bray sowie Inspektor J. Jenkins. Datum: 3. Juli 1938.

Nach einer Langsamfahrstelle in Grantham, die mit 39 km/h durchfahren wurde, öffnete Lokführer Duddington den Regler voll und legte die Steuerung auf 40 % aus. Die Maschine beschleunigte damit kräftig die 0,5 % Steigung bis Stoke Summit hinauf, wo am Scheitelpunkt eine Geschwindigkeit von 120 km/h erreicht war. Auf dem nun folgenden Gefälle von 0,5 bis 0,56 % beschleunigte die Lok bei gleichbleibender Einstellung von 40 % Füllung und voll geöffnetem Regler äußerst rasch bis auf 167 km/h bei Corby, 172,5 bei Meilenstein 96, 179,5 bei Meilenstein 95 und 186,5 bei Meilenstein 94. Zwischen den Markierungen 92 1/2 und 89 3/4 lag die Geschwindigkeit durchwegs über 193 km/h mit der bekannten Spitze von 202,7 km/h, die seither groß als „Weltrekord für Dampftraktion" herausgestellt wurde. Jedoch verhinderte ein Schaden am Treibstangenlager des Inntriebwerks eine Fortsetzung der Fahrt: Es war heißgelaufen und ausgeschlagen, so daß die Lok in Peterborough abkuppeln mußte und leer zum Hauptwerk Donchaster zurückfuhr.

Wir wollen nicht in ein Tauziehen um km/h-Bruchteile verfallen — außer Frage steht, daß es auch hier der Spekulation überlassen bleibt, ob und wie sich noch einige Skalenstriche an Geschwindigkeit hätten hinzufügen lassen. Dies wäre letztlich unwesentlich und zu stark von Zufällen abhängig, um irgendeine wirkliche Bedeutung für die maschinentechnische Leistung zu haben. Besser freuen wir uns mit allen Beteiligten, ohne deren persönliches Engagement es — wie überall — diese Erfolge nicht gegeben hätte. Damals, als die Mehrzahl der noch halbwegs erschwinglichen Automobile keine 100 km/h Spitze erreichte (Opel Kadett 85 km/h) und auch unter den noblen Wagen 135 km/h schon aufsehenerregend waren (der „Große" Adler), erreichten Dampflokomotiven bereits Geschwindigkeiten von 200 km/h und waren damit ebenso schnell wie einige unserer heutigen Super-E-Loks! Dabei ist zu bemerken, daß der technische Fortschritt, wie sinnvoll oder unsinnig er immer sein mag, die Reisegeschwindigkeiten auf der Straße inzwischen gut verdoppelt bis verdreifacht hat, während unsere elektrisch geförderten Schnellzüge über die besten Plangeschwindigkeiten der dampflokgeführten Züge der späten dreißiger Jahre nicht oder nicht wesentlich hinausgekommen sind.

Schließlich seien in diesem Zusammenhang noch die Beanspruchungen der Treibstangenlager und -Treibzapfen beleuchtet: Die Beanspruchungen setzen sich bei Fahrt unter Dampf aus den Kolbenkräften sowie den hin- und hergehenden und den umlaufenden Massenkräften zusammen. Die ersten beiden sind in den Diagrammen zu einer zusammengesetzten Drucklinie vereinigt (unterbrochene Linie) und auf dem Kolbenweg sowie um den im hinteren Totpunkt als feststehend gedachten Treibzapfen herum aufgezeichnet. Die aus den umlaufenden Massen resultierende Fliehkraft ist im Zapfenmittelpunkt angegeben, die aus allen drei Komponenten zusammengesetzte Gesamtkraft wiederum gemäß ihrer Wirkungsrichtung über dem betreffenden Treibzapfenwinkel.

Zur Verdeutlichung der Druckwirkung auf die Lagerschale ist diese als feststehend betrachtet. Während nun die wagerechten Kräfte der hin- und hergehenden Massen nur auf einer Linie wirken, wandern die Fliehkräfte der umlaufenden Massen um die Lagermitte herum und addieren sich vektoriell mit ersteren Kräften. Die Untersuchungen wurden durchgeführt für folgende Fälle (vergleichend auch für die 2C1-h2-S-Lok Baureihe 03): Baureihe 05: 175 km/h und 30 % Füllung für Innen- und Außentriebwerke; Baureihe 03: 120 und 143 km/h für 30 % Füllung.

Interessant ist dabei anzumerken, daß bei bestimmten Fahrgeschwindigkeiten (120 km/h bei der Baureihe 03; Baureihe 05 nicht aufgeführt) die Druckmaxima zwar geringere Werte zeigten als bei der zugelassenen Höchstgeschwindigkeit. Dennoch konnten sich durch den fast schlagartigen Wechsel der Druckrichtung im Zusammenwirken mit dem verschleißbedingt im Betriebe auftretenden Lagerspiel sogar schädlicher auswirken (Hammerwirkung) als die an sich höheren Belastungen bei einer Fahrgeschwindigkeit, die über diesem Bereich lag. Wo diese Geschwindigkeit lag,   hing nicht zuletzt von den gewählten Triebwerksstählen und damit

Zum Aufsatz: Beanspruchung der Treibzapfen und der Treibstangenlager von Dampflokomotiven bei hohen Fahrgeschwindigkeiten.

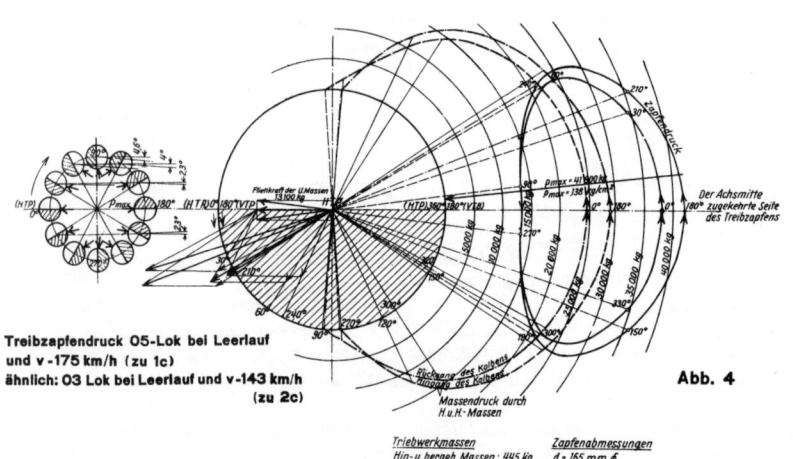

Abb. 1

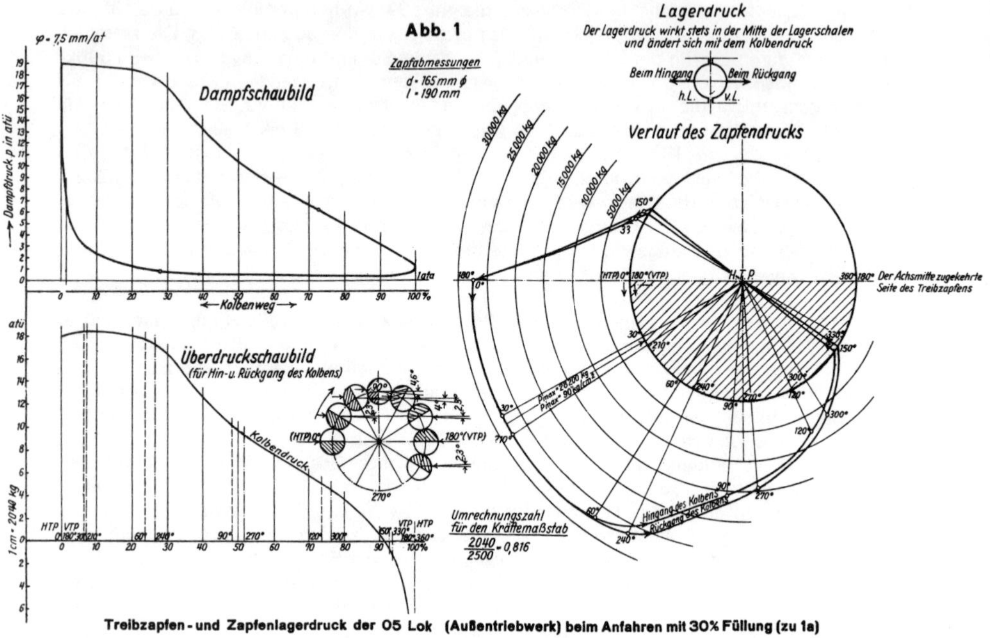

Dampfschaubild

Zapfabmessungen
d = 165 mm ⌀
l = 190 mm

Lagerdruck
Der Lagerdruck wirkt stets in der Mitte der Lagerschalen und ändert sich mit dem Kolbendruck

Beim Hingang   Beim Rückgang

h.L.   v.L.

Verlauf des Zapfendrucks

30000 kg
25000 kg
20000 kg
15000 kg
10000 kg
5000 kg

Der Achsmitte zugekehrte Seite des Treibzapfens

Überdruckschaubild
(für Hin- u. Rückgang des Kolbens)

Kolbendruck

Umrechnungszahl
für den Kraftmaßstab
$\frac{2040}{2500} = 0,816$

Treibzapfen - und Zapfenlagerdruck der O5 Lok   (Außentriebwerk) beim Anfahren mit 30% Füllung (zu 1a)

Treibzapfendruck O5-Lok bei Leerlauf
und v = 175 km/h (zu 1c)
ähnlich: O3 Lok bei Leerlauf und v = 143 km/h
(zu 2c)

Der Achsmitte
180° zugekehrte Seite
des Treibzapfens

Rückgang des Kolbens
Hingang des Kolbens

Massendruck durch
H.u.H.-Massen

Abb. 4

Triebwerkmassen
Hin- u. hergeh. Massen: 445 kg
Umlaufende Massen: 219,5 kg

Zapfenabmessungen
d = 165 mm ⌀
l = 190 mm

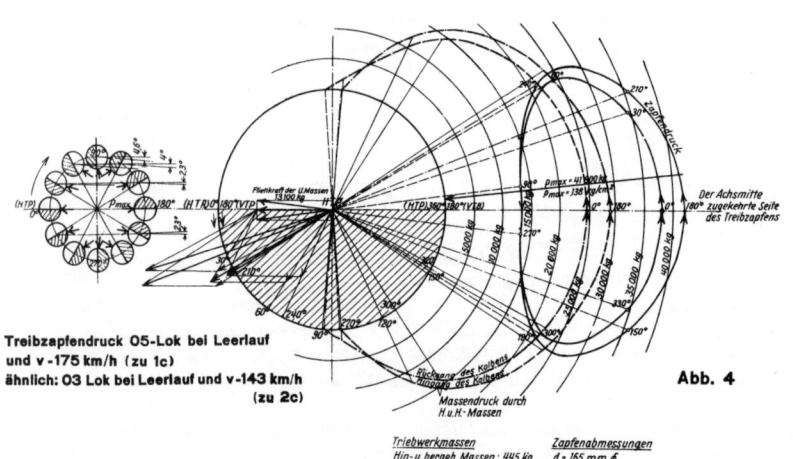

-gewichten ab; hochfeste Sonderstähle konnten hier wesentliche konstruktive Erleichterungen bieten oder höhere Drehzahlen ermöglichen, wie es bei einigen ausländischen Maschinen geschah (bei Lok der LMS, der LNER, der N & W, der RR usw.)...

Steinkohlenstaub-Lokomotive 05 003

Dem Bau vorausgegangen waren Versuche mit einer den wirklichen Verhältnissen nachgebildeten Modelleitung. Auch die Staubbelästigung war nach einer Probefahrt mit einer der vorhandenen Güterzuglokomotiven vor einem Personenzug für erträglich erklärt worden. Doch schien seit 1937 der gute Stern der Einheitslokomotiven zu verlöschen, nachdem er im Vorjahr nochmals hell aufgeleuchtet war. (19)

Auch die Versuche mit der Stromlinien-Steinkohlenstaub-Lokomotive führten zu keinem befriedigenden Ergebnis. Dipl.-Ing. A. Wolff: ,,Da der für die Versuche vorgesehene Steinkohlenstaub nicht rechtzeitig eintraf, beschloß man, die Lokomotive zunächst mit Braunkohlenstaub der Michel-Gruben zu betreiben. Es schien dies eine willkommene Gelegenheit, das Verhalten der Lokomotive bei dieser Brennstoffart zu erforschen und die mechanischen Einrichtungen der Kohlenstaubanlage vor dem Eintreffen des richtigen Brennstoffes auf sichere Wirkung auszuprobieren und Anstände an der elektromechanischen Betätigung der Schneckenkupplungen zu beseitigen.

Obwohl bei den verschiedenen Fahrten, wie erwartet, nur eine Leistung von etwa 2/3 der mit Stückkohle gefeuerten Schwesterlokomotiven 05 001 und 05 002 erreicht wurde, verliefen sie doch verbrennungstechnisch zufriedenstellend. Um auf höhere Leistung zu kommen, hätte das Übersetzungsverhältnis der Gebläse-Turbine und der Förderschnecken (entsprechend den Heizwerten der beiden Kohlenarten) abgeändert werden müssen, ein Nachteil, den der hier gewählte gemeinsame Antrieb mit sich brachte, der nur für Verfeuerung von Steinkohlenstaub bemessen war." (20)

Bei Verfeuerung von Braunkohlenstaub hätte statt 1950 kg/h 2480 kg/h für eine Kesselbelastung von 60 kg/qmh durchgesetzt werden müssen. Dafür hätte die Drehzahl der Förderschnecken von 150 auf 191 U/min heraufgesetzt werden müssen, wobei es noch fraglich bleibt, ob bei dem sich später herausstellenden Luftmangel diese erhöhte Menge überhaupt hätte verarbeitet werden können.

Bei einer Versuchsfahrt am 16. November 1937 von Berlin nach Hamburg mit der Bremslok 17 120 konnte die Heizflächenbelastung nicht über 50,7 kg/qmh gesteigert werden. Dabei betrug der Schieberkastendruck 18 atü, die Füllung 15 % und die Fahrgeschwindigkeit 120 km/h. Die Zugkraft am Tenderzughaken blieb mit 2,65 t hinter jener der Schwesterlokomotiven mit 2,8 t noch bei 150 km/h zurück. Dabei betrug die Einströmtemperatur in die Zylinder 383 bis 395 Grad. Die Luftvorwärmung erreichte trotz 198 Grad Abdampftemperatur der Gebläseturbine nur 57 Grad, die Verbrennung zeigte CO_2 = 14,0; O_2 = 5,2; CO = 0,2; H = 0,0 %, was günstig gewesen wäre, wenn sich die Werte auch für höhere Leistung hätten erreichen lassen. Für die Mittelwerte der Aufzeichnungen darf auf nachstehende Tabelle Bezug genommen werden.

Versuchsfahrt mit der Lok 05 003 von Berlin
nach Hamburg am 16. 11. 1937

Bremslokomotive Betr. Nr. 17 120

Brennstoff: Michel-Braunkohlenstaub

Mittelwerte der Aufzeichnungen

Strecke:	Nauen—Witten-berge	Ludwigs-lust—Brahlstorf	Büchen—Grabow	Witten-berge—Nauen
Geschwindigkeit km/h.........	120	120	120	120
Füllung %	15	15	15	15
Schieberkasten-druck atü......	15	16	17	15
Kesseldruck atü ..	20	18	19	20
Zugkraft, mittl. Z_e kg	2 295	2 278	2 653	2 448
Leistung, eff. PS_e	1 020	1 005	1 170	1 090
Wasserverbrauch, gesamt kg/h ...	11 330	10 630	11 540	10 930
Wasserverbrauch, abz. Hilfs-maschinen kg/h	10 730	10 000	11 099	11 003
spez. Dampfver-brauch kg/PS_e-h	10,2	10,26	9,62	9,11
Heizfl. Belastung kg/m²	47,1	43,9	50,7	48,0
Temperaturen °C:				
Rechter Zyl.				
Einstr.........	394	372	395	397
Ausstr.	138	138	143	152
Linker Zyl				
Einstr.	374	377	383	383
Ausstr.	128	133	140	146
Mittel Zyl.				
Einstr.........	384	390	392	393
Ausstr.	141	143	148	156
Einstr. Turbo-ventilator	272	263	263	290
Rauchgase				
oben	356	361	375	377
Mitte	323	321	337	321
unten	376	323	333	339
Luftvorwärmer				
Dampfeinstr....	185	194	198	205
Dampfausstr. ..	107	107	107	119
Lufteinstr.	22	18,5	22	21
Luftausstr.	57	55,5	57	59
Lufttemp. vor Brennerdüse ...	34	33,5	30	34
Dampfdruck vor Ventilator-turbine atü	15,6	15,1	15,3	12,8
Luftdruck hinter Ventilator mm/Hg-Säule .	60	60	57	40
Speisewassertem-peratur i. Tender °C	23	24	26	27
Speisewassertemp. hinter Vorwär-mer °C	92	93	93	94
Kühlwasser aus Brennerdüse °C	22	22	28	28
Verbrennung % CO_2	13,4	13,6	14,0	14,2
O_2	5,6	5,0	5,2	5,2
CO	0,2	0,2	0,2	0,0
H	0,0	0,0	0,0	0,0

Bei einer anderen Fahrt mit Braunkohlenstaub aus der Michel-Grube sollte ein leichter Zug von insgesamt drei Wagen (einschließlich Meßwagen) mit 160 km/h befördert werden. Er erreichte 156 km/h bei einem Kesseldruck, der nicht über 18 atü zu steigern war. Die Beharrungsgeschwindigkeit betrug 150 km/h. Dabei ergaben sich nachstehende Mittelwerte:

Versuchsfahrt mit der Lok 05 003 von Berlin
nach Hamburg am 1. 10. 37

Brennstoff: Michel-Braunkohlenstaub

Mittelwerte der Aufzeichnungen

Streckenabschnitt	Nauen—Wittenberge
Geschwindigkeit km/h	150
Zuggewicht (Meßwagen + 2 D-Wagen) t . .	140
Füllung %	15
Kesseldruck atü	18
Zugkraft, mittl. Z_e kg	1028
Leistung, eff. PS_e	495
Dampftemperatur am Schieberkasteneintritt ° C	402
Dampftemperatur am Blasrohraustritt ° C.	165
Rauchkammer-Abgastemperatur in der Mitte ° C	355
Speisewasser-Temperatur:	
Vorwärmer-Eintritt ° C	40
Vorwärmer-Austritt ° C	97
Kühlwasser-Temperatur im Brenner ° C . . .	46
Luftaustritt aus dem Luftvorwärmer ° C.	70
Lufttemperatur vor der Brennerdüse ° C . .	50
Dampftemperatur vor der Turbine ° C	275
Verbrennung % CO_2	14,5
% CO + H_2	0,1
Heizflächenbelastung ausschl. Luftpumpendampf, jedoch einschl. Turbo-Ventilator und Lichtmaschinendampf kg/m²h	43,5

Anschließend an diese Fahrversuche mit Braunkohlenstaub fanden Versuche mit Steinkohlenstaub der Zeche Ewald in Hamm statt. Dabei zeigte sich die Problematik der Feuerung in voller Schwere: Nach verhältnismäßig kurzer Fahrtdauer versetzten Schlackennester an der Rohrwand den freien Rohrquerschnitt, so daß die Lokomotive regelrecht an Brennstoff erstickte. Bei größeren Leistungen versagte die Feuerung schon vorher an Luftmangel. Es zeigten sich schwere Entmischungserscheinungen im Kohlenstaub-Luft-Gemisch in den Zuleitungen, so daß teilweise Kohlenstaub ohne zu zünden aus den Brennern herauslief. Die Saugzuganlage war nicht in der Lage, die erforderliche Sekundärluft — der man einen Berechnungsanteil von 60 % zugrunde gelegt hatte — auch nur annähernd in die Feuerbüchse zu ziehen. Die Luftzuführung lag am Ende des Führerstandes der Lokomotive (hinter Stehkessel und Drehgestell), wo sich bei schneller Fahrt aufgrund der aerodynamischen Verhältnisse der Stromlinienverkleidung ein nicht zu unterschätzender Unterdruck bildete. Diese Konstruktion erwies sich — erst recht im Zusammenhang mit dem weiten Blasrohr der Einheitslokomotiven — deutlich als verfehlt. Dazu gesellte sich noch die nicht den Bedingungen entsprechende Mahlfeinheit des Brennstoffes (die Vorgaben wurden in einem Fall um 182 % überschritten). Dies begünstigte die Verschlackung in hohem Maße, insbesondere als diese Kohlensorte außerdem noch eine stark eisenhaltige Schlacke von niedrigem Schmelzpunkt (1030 bis 1090 Grad) aufwies.

Zahlentafel

Zusammensetzung und Siebanalysen von Steinkohlenstaub der Zeche Ewald/Hamm

			16.4.37	11.1.38	11.1.38	20.12.37
a) Rohkohle	—	—				
Gesamtwasser . . . . . vH	1,5	0,7	1,8	1,3	1,4	—
Asche . . . . . . vH	12,8	12,4	10,7	13,6	14,2	—
Brennbares fester Kohlenstoff . . . . . . vH	59,4	59,1	62,8	60,3	—	—
flüchtige Bestandteile . vH	26,3	27,8	24,7	24,8	—	—
Heizwert, oberer kcal/kg	6770	6830	6980	7150	7010	—
Heizwert, unterer kcal/kg	6991	7058	6760	6940	6790	—
b) Reinkohle flüchtige Bestandteile . . vH	30,7	32,0	28,2	29,8	—	—
Heizwert kcal/kg	8169	8127	7730	8150	8060	—
Rückstand auf 4900er Sieb vH	13	15,1	28,2	13,7	13,7	9,85

km/h	40	50	60	70	90	100	110	120	130	140	150	160	175
Steigung	Wagengewicht in t (**D-, F- u Eilzug**) *)												
0 1:∞	—	—	—	—	—	—	—	735	595	460	350	255	150
$1^0/_{00}$ 1:1000	—	—	—	—	—	—	715	585	465	360	270	195	110
$2^0/_{00}$ 1:500	—	—	—	—	—	700	580	465	370	285	210	150	—
$3^0/_{00}$ 1:333	—	—	—	—	710	580	475	385	305	230	170	110	—
$4^0/_{00}$ 1:250	—	—	—	—	595	480	395	315	250	185	130	—	—
$5^0/_{00}$ 1:200	—	—	—	—	505	410	330	260	205	150	100	—	—
$6^0/_{00}$ 1:166	—	—	—	640	430	345	275	220	165	120	—	—	—
$7^0/_{00}$ 1:140	—	—	660	560	370	295	235	185	145	95	—	—	—
$8^0/_{00}$ 1:125	700	665	600	490	325	255	200	155	110	—	—	—	—
$10^0/_{00}$ 1:100	570	525	475	385	245	190	145	105	—	—	—	—	—
$14^0/_{00}$ 1:70	385	355	320	250	145	105	—	—	—	—	—	—	—
$20^0/_{00}$ 1:50	230	205	185	135	—	—	—	—	—	—	—	—	—
$25^0/_{00}$ 1:40	160	135	115	—	—	—	—	—	—	—	—	—	—

Einheitslokomotive, Baureihe 05

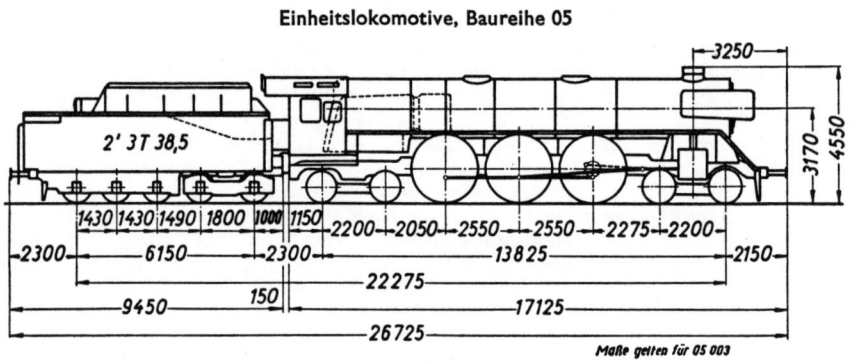

2' 3T 38,5

Maße gelten für 05 003

km/h													
Steigung	Wagengewicht in t												
0 1:∞													
$1^0/_{00}$ 1:1000													
$2^0/_{00}$ 1:500													
$3^0/_{00}$ 1:333													
$4^0/_{00}$ 1:250													
$5^0/_{00}$ 1:200													
$6^0/_{00}$ 1:166													
$7^0/_{00}$ 1:140													
$8^0/_{00}$ 1:125													
$10^0/_{00}$ 1:100													
$14^0/_{00}$ 1:70													
$20^0/_{00}$ 1:50													
$25^0/_{00}$ 1:40													

*) Leistungstafel auf Grund von Versuchsfahrten aufgestellt.

84

Aber auch die Entmischungserscheinungen in den Staubleitungen wurden — neben den Folgen aus Druckabfall und knapper Primärluft — hierdurch begünstigt. Eine weitere Folge war, daß ein ansehnlicher Teil des Kohlenstaubes unverbrannt in die Rauchkammer gelangte und der Auswurf von Flugstaub unzumutbare Ausmaße annahm. Schon nach 500 km Fahrt konnte man allein vom Dach des Meßwagens 25 kg Staub „rückgewinnen".

Deshalb versuchte man nun, die Sekundärluft zu verstärken, indem die Saugzuganlage abgeändert wurde und Luftdurchtrittsöffnungen an der Stirnseite der Stromlinienverkleidung und unterhalb der Brenner eingebaut wurden. Dennoch blieb es bei den bisherigen Ergebnissen. Nur bei ganz leichten Fahrten wurde die Verbrennung durch den Betrieb von nur einem Brenner gebessert, da aus dem anderen die anteilige Primärluft ausströmte, so daß sich das Verhältnis Primärluft zu Staubmenge verdoppelte. Auch wurde ein Zwischenrost eingebaut, der die Sekundärluft gleichmäßiger verteilen helfen sollte. Die eingebauten Thermoelemente zeigten, daß die Feuerraumtemperaturen sehr ungleichmäßig waren und an den Brennerenden nur rund die Hälfte wie in Brennermitte erreichten. Die Schachtwand vor dem ursprünglichen Zweiluftkanal wurde entfernt und durch zwei weitere Schlitze in jedem der AEG-Brenner ersetzt. Damit verfuhr man zwar genau entgegengesetzt wie bereits Ende der zwanziger Jahre an einer AEG-Lokomotive für Ungarn, die ebenfalls an Rohrwandverschlackung litt (man hatte dort die hinteren, nicht mehr unter dem Feuerschirm liegenden Brennerschlitze verschlossen, um einen längeren Flammweg zu erzielen), und so zeigte sich das Ergebnis in Gestalt eines großen Kokskuchens an dem von den Zuleitungen weggewandten Brennerende, wo der Einblasdruck naturgemäß am niedrigsten lag.

Nun wollte man aber doch einmal eine längere Fahrt mit höherer Kesselanstrengung durchführen und baute daher — um den freien Querschnitt zu erhöhen — die Überhitzerelemente aus zwölf Rauchrohren aus. Während der 77 km des ersten Versuchsabschnitts konnte der Kesseldruck dauernd auf 20 atü gehalten werden, wobei mit 100 km/h bei 20 % Füllung und 13 atü Schieberkastendruck gefahren wurde. Das Blasrohr war durch einen breiten Steg eingeengt worden und ergab so einen gleichbleibenden Druck von 0,17 atü. Das Gebläse arbeitete mit durchschnittlich 9 atü. Von den anfänglichen 55 mm WS Unterdruck in der Rauchkammer, die sich fortschreitend auf 100 mm WS wegen des Schlackenansatzes an den Rohren erhöhten, gelangten anfänglich 15 mm WS in die Feuerbüchse, während es am Ende noch 8 mm WS waren. Inzwischen hatte sich der freie Durchmesser der Rauchrohre durch die trichterförmigen Ansätze von 101,5 mm auf rund 60 mm verringert. Die Heizrohre waren verschlossen. Die nun folgenden 78 km Versuchsstrecke bewiesen eigentlich nichts anderes als die Unwichtigkeit dieser Heizfläche und die überragende Bedeutung einer genügenden Strahlungsheizfläche: Trotz dieses Rohrwandzustandes konnte der Kesseldruck von 20 atü gehalten werden. Die Gebläseturbine wurde dabei allerdings mit bis auf 12 atü steigendem Druck beaufschlagt, der Rauchkammerunterdruck näherte sich 120 mm WS, wovon in der Feuerbüchse nichts blieb, anfänglich sogar ein leichter Überdruck zu verzeichnen war. Die Heißdampftemperaturen betrugen bei dieser Fahrt um 300 bis 310 Grad, während die Abgastemperaturen von zunächst etwa 400 Grad auf 340 Grad abfielen. Schließlich setzte die Rohrverstopfung jedoch der Fahrt ein Ende.

Weitere Änderungen hielt man bei Borsig ohne genaue Überprüfung der Vorgänge für aussichtslos. Man gab vielmehr dem Wunsche Ausdruck, zunächst durch Standversuche die Verbrennungsverhältnisse eingehender untersuchen zu wollen. Die Lokomotive kam daher im Sommer 1939 an die Lieferfirma zurück, wo man sie eingehenden Versuchen unterzog und schließlich entsprechend umbaute. Die wichtigste Feststellung war, daß die langen Zufuhrleitungen bei der Luftförderung einen Druckverlust von 80 % ergaben, was den Schwerpunkt des Versagens offenlegte. Die Umbauten wurden nun z.T. nach den Richtlinien durchgeführt, die die maßgeblichen DRG-Stellen zunächst abgelehnt hatten: Das Turbogebläse rückte in die Vorderseite des Tenders, der unwirksame Luftvorwärmer wurde abgebaut, die Gebläseleistung durch ein neues AEG-Doppel-Turbogebläse von 8000 cbm/h auf 16000 cbm/h bei gleichem Druck erhöht. Den Förderverlusten wurde durch weitgehende Begradigung der Rohrleitungen und Querschnittsangleichung entgegengetreten. Jedoch verzögerte der Kriegsausbruch die Arbeiten sehr, so daß — als endlich das neue Turbogebläse zur Verfügung stand — die Versuche bald darauf als „nicht kriegswichtig" eingestellt werden mußten. Die Zeichen hatten sich für die Kohlenstaublokomotiven überdies inzwischen gewandelt, da die Kohlenzechen ihre minderwertigen Kohlensorten kriegsbedingt auch anderweitig gut absetzen konnten und man von Seiten der Reichsbahn nun doch zu der Ansicht gelangt war, die Staubbelästigung sei im Reisezugverkehr nicht mehr tragbar.

Abschließend soll noch auf einen anderen Aspekt bei der mit dem vornliegenden Führerstand verbundenen Problematik hingewiesen werden: Eine Führerstandsanordnung vor der Rauchkammer bei einem der Regelbauart entsprechenden Aufbau der Lokomotive war mit der Begründung abgelehnt worden, dies würde eine Trennung von Lokführer und Heizer bedingen, die nicht gutzuheißen wäre. Während das sicher richtig ist, wäre jedoch gerade durch die Kohlenstaubfeuerung die Vorversetzung auch des Heizers möglich gewesen: Statt der langen Brennstoffgemisch-Zuleitungen hätten sich dann — wesentlich problemloser — entsprechend lange Anstellstangen für die Feuerungsbedienung ergeben. Die Feuerung, vielleicht — in Hinblick auf die Verbrennungskammer und günstigere (d.h. längere) S-Form der Flammwege — mit STUG-Brausenbrennern statt der seitlichen AEG-Brenner, hätte eine wesentlich bessere Luftzuführung erhalten können, die nicht mehr im Sogbereich der Frontverkleidung gelegen hätte.

Umbau der 05 003 in eine Lok der Regelbauform
Da die Zeitumstände eine Weiterführung der Kohlenstaub-Versuche also nicht mehr gestatteten und man überdies festgestellt hatte, daß der sehr feine Staub auch durch die Ritzen geschlossener Fenster selbst von fabrikneuen Wagen in die Abteile drang, gab die Deutsche Reichsbahn den Auftrag, die Lokomotive in eine der Regelbauart entsprechende Stromlinienlok unter Angleichung an die Schwesterlokomotiven umzubauen. Doch der Krieg verhinderte auch dies; Stromlinienlokomotiven rangierten bald an letzter Stelle in der Bedeutung der Zugförderung. So verblieb die Maschine im Werk der BLW in Hennigsdorf.

Als sich jedoch der Lokomotivmangel im Sommer 1944 äußerst verschärfte, erinnerte man sich auch dieser, eigentlich für exklusive Schnellverbindungen gedachten und für Kriegszwecke denkbar ungeeigneten Lok, so daß sie noch im März 1945 — als die Alliierten Streitkräfte im Westen schon bis zum Rhein vorgestoßen waren, im Osten die Russische Armeen 100 km vor Berlin standen, Frauen und Kinder in Munitionsfabriken arbeiten mußten und die Lazarette überfüllt waren — „einberufen" wurde.

Entgegen den früheren Umbauplänen hatten sich nun die Arbeiten natürlich weitestgehend zu beschränken. Doch wie so oft Licht und Schatten dicht beieinander liegen, so entstand doch gerade aus der Beschränkung, die dem Lokomotivwerk auferlegt war, durch das chaotische Inferno, in welchem sich der Untergang der alten Welt vollzog, als letzte Verkörperung einer mit-untergehenden Epoche der Technik, wie einst Phoenix aus der Asche, in Gestalt der 05 003 die technisch wie ästhetisch wohl höchstwertige unter den Einheits-Schnellzuglok einer inzwischen bis zur Unkenntlichkeit veränderten Reichsbahn.

Angesichts der Umstände, unter welchen sich diese Sonderarbeiten in den Borsig-Lokomotiv-Werken zu vollziehen hatten, bot schon diese vereinfachte Ausführungsform große Schwierigkeiten. Um die Stellung der Gegenkurbeln entsprechend der Fahrtrichtung zu ändern, war es notwendig, die Treibzapfen und auch die gekröpfte Achse aus den Radsternen herauszupressen. Dabei wurde die Achse jedoch beschädigt (wegen der hohen Einpressdrücke) und mußte durch eine neue ersetzt werden, die beim Bochumer Verein unter schwersten Bedingungen hergestellt wurde. Die Gegengewichte wurden in den Abweichwinkeln neu ausgerichtet, neue Rahmenenden unter Wechsel des Pufferträgers angeschweißt und ein Rost von wenigstens schwacher Neigung 1:12 (durch entsprechende Ausbildung der Rostbalkenträger) eingebaut. Die Ausbildung des Aschkastens gestaltete sich durch das Innenrahmendrehgestell nicht ganz leicht.

Jedoch sollte der Unterschied zur 05 001/002 nicht überschätzt werden, da auch bei diesen der Aschkasten ganz zwischen den Rahmenwangen eingezogen wurde, diese also trotz des Außenrahmengestells für die Breitentwicklung ausschlaggebend geblieben waren und die mit der Außenlagerung gegebenen Möglichkeiten nicht ausnutzen ließen.

Der Kessel ist der erste Verbrennungskammer-Kessel für die Reichsbahn und später die Bundesbahn. Die Hauptabmessungen (Rostfläche, Strahlungsheizfläche, Berührungsheizfläche und Rohrlänge) und die Verhältniszahl Berührungsheizfläche zu Strahlungsheizfläche sind mit den beiden Ersatzkessel-Bauarten der 01 (DB-01 und 01.5 der DR) vergleichbar. Dazu vermerkte Dipl.-Ing. Wolff: „Während letztere (05 001/002) Langrohrkessel mit 7000 mm langen Rohren und verhältnismäßig kleiner Feuerbüchse haben, besitzt der Kessel der Lokomotive 05 003 die ... große Verbrennungskammer-Feuerbüchse, allerdings mit etwas kleinerer Rostfläche. Auch die Verdampfungsheizfläche ist um 11 % kleiner. Hier böte sich eine vorzügliche Gelegenheit, die beiden Kessel aufgrund von Versuchen miteinander zu vergleichen, um dabei weitere Klarheit über Wert und Einfluß der Strahlungsheizfläche zu gewinnen. Da diese Frage in den letzten Jahren viel umstritten worden ist, wird die Gegenüberstellung der beiden Kesselbauarten ... von besonderem Interesse sein." (21) Leider kam es hierzu nicht mehr, eine Leistungsmessung der Lokomotive wurde nicht mehr vorgenommen, ganz zu schweigen von Versuchen mit höherer Heizflächenanstrengung als der alten Nennlast („Kesselgrenze") der „Ära 25".

Vergleich der Kessel der Lokomotiven der Baureihe 05

Baureihe				05	05[1])
Bauart	Abk	Dim		Einheitslok 1925	Einheitslok 1925
Kessel:					
Kesselüberdruck	p_K	kg/cm²		20[3])	20[3])
Wasserraum des Kessels	W_K	m³		10,85	9,90
Dampfraum des Kessels	D_K	m³		4,90	3,80
Verdampfungswasseroberfläche	O_W	m²		15,60	13,20
Feuerrauminhalt von Feuer- büchse u Verbrennungskammer	$F_{Fb}+F_{Vk}$	m³		8,780	
Länge der Verbrennungskammer	l_{Vk}	mm		—	1400
Größter Kesselnenndurchmesser	d_K	mm		1900	1900
Kesselleergew, ohne Ausrüstung	G_{Klo}	t		30,9	26,1
Kesselleergew, mit Ausrüstung	G_{Klm}	t		39,8	34,9
Rohre:					
Anzahl der Heizrohre	n_{Hr}	Stck		106	$\frac{137^4)}{9}$
Heizrohrdurchmesser	d_{Hr}	mm		70×2,5	$\frac{54×2,5^4)}{54×6}$
Anzahl der Rauchrohre	n_{Rr}	Stck		24	35
Rauchrohrdurchmesser	d_{Rr}	mm		171×4,5	143×4,25
Rohrlänge zw den Rohrwänden	l_r	mm		7000	5500
Überhitzerrohrdurchmesser	$d_{Ür}$	mm		30×3,5	38×4
Rost:					
Rostfläche	R	m²		4,71	4,40
Länge × Breite	R_{lb}	m × m		2,775×1,696	2,800×1,570
Heizflächen:					
Strahlungsheizfläche = Feuer- büchs-+Verbrennungskammer- Heizfläche = H_{Fb} + H_{Vk}	H_{vs}	m²		18,50	22,66
Rauchrohrheizfläche	H_{Rr}	m²		85,50	81,34
Heizrohrfläche	H_{Hr}	m²		151,52	122,52[4])

Baureihe				05	05[1])
Bauart	Abk	Dim		Einheitslok 1925	Einheitslok 1925
Rohrheizfläche $= H_{Rr} + H_{Hr}$	H_{vb}	m^2		237,02	203,86
Verdampfungsheizfläche	H_v	m^2		255,52	226,52
$H_v = H_{vs} + H_{vb} = H_{Fb}$					
$+ H_{Vk} + H_{Rr} + H_{Hr}$					
Überhitzerheizfläche	$H_{ü}$	m^2		90,00	81,90
Heizflächen-Verhältn $= H_{vb} : H_{vs}$	φH	—		12,81	8,97
Strahlungsflächen-Verhältnis	φS	—		3,93	5,15
$\varphi S = H_{vs} : R$					
Überhitzerheizfläche je t Dampf	$H_{ü} : D$	m^2/t		6,18	5,18
Feuerrauminhalt v Feuerbüchse		m^3/m^2		1,86	
u Verbrennungskammer					
$: Rostfläche = (F_{Fb} + F_{Vk}) : R$					

[1]) Umgebaute Kohlenstaublokomotive.
herabgesetzt. [4]) 9 Ankerrohre zusätzlich.

Gegenüber dem Dienstgewicht der 05 001/002 von 129,9 t betrug dasjenige der 05 003 nur noch 124,0 t.

Am Tender bezogen sich die Umbauten auf den Kohlenkasten, der unter Verwendung von Teilen für Leichtbautender der Bauart Westwaggon geschweißt wurde. Mit einem Fassungsvermögen von 38,5 cbm Wasser und 12 t Kohle wurde er zum größten Lokomotivtender der Reichsbahn. Erst jener der Baureihe 10 der DB sollte noch etwas mehr an Vorräten fassen.

Alle Sondereinrichtungen, die nicht mit der Kohlenstaubfeuerung zusammenhingen, u.a. die induktive Zugbeeinflussung und die Druckluft-betätigten Zylinderentwässerungsventile, blieben der 05 003 erhalten.

Äußerlich unterschied sich diese Maschine von den Schwesterlok durch ihre Form, die den Einheits-Schnellzuglokomotiven der Deutschen Reichsbahn angeglichen war, während 05 001 und 002 noch unter der Verschalung der Stromlinienhülle verblieben waren.

Interessehalber noch eine Bemerkung zu den Abständen der Drehgestelle von den Treibachsen. Entsprechend den Schwesterlok war das voranlaufende Drehgestell bei der Kohlenstaublok näher an das Triebwerk herangerückt als das nachlaufende. Nachdem aber in diesem ,,Larvenstadium'' der Lok die Vorwärts-Fahrtrichtung mit dem Stehkessel nach vorn ging, ergab sich nachher das umgekehrte Verhältnis — zusammen mit der gleichartigen Ausführung der Drehgestelle ein Vorteil für die harmonische Ausgewogenheit der Form der Maschine.

Zu dieser Zeit — zwei Monate vor Kriegsende — existierten die früheren Bedenken hinsichtlich des Blickfeldes vom Führerstand großer Schnellzuglok nicht mehr, und so verließ die 05 003 mit großen Windleitblechen und vornliegenden Luft- und Speisepumpen das Werksgelände der Firma Borsig zur Übergabe an die Direktion Altona, wo sie sich im Kriegsdienst ähnlich ,,bewährt'' haben mag wie weiland der brave Soldat Schwejik, denn nach einem (!) Betriebstag mit 330 km Laufleistung wurde sie wieder abgestellt. Erst 1947 kam sie in Hamm wieder zum Einsatz.

Als das Bw Hamm von der Reichsbahngeneraldirektion in Bielefeld den Auftrag bekam, die 05 003 in Betrieb zu nehmen, stand sie fast völlig verrostet in Hamburg. Trotzdem lief sie mit eigener Kraft nach Hamm, wo sie überarbeitet, entrostet und schließlich betriebsbereit gemacht wurde. Hierbei wurden auch die Panzerplatten entfernt, die zuletzt während des Krieges noch angebracht worden waren. Die Probefahrt lief sie vor einem planmäßigen Schnellzug als Vorspann nach Dortmund und zurück. Die geringfügigen Beanstandungen konnten beseitigt werden. Die Lok wurde daher in den planmäßigen Schnellzugverkehr übernommen und lief hauptsächlich auf der Strecke Hamm — Köln in Doppelbesetzung, wobei noch ein Reserve-Personal zugewiesen war. Als Nachteile wurden die geringe Schräglage des Rostes und Tiefe der Feuerbüchse von der Höhe der Feuertür aus sowie der übergroße Abstand zwischen Feuertür und Tenderschaufelblech angesehen. Dazu kam das übliche Einzelgängerproblem, in diesem Fall in Gestalt des Feuerschirms. Die kleinen Steine der neueren Ausführung genügten den Ansprüchen nicht und das Gewölbe brach oft ein. Man hoffte damals noch, die alten Steine bekommen zu können, die Abhilfe geschaffen hätten (V-Kante). Besonderer Wert wurde auf die Beobachtung der Verbrennung und des Einflusses der Verbrennungskammer gelegt, was aber schwierig war, da die anderen beiden 05, die als Vergleichslok hätten verwendet werden können, noch nicht wieder in Betrieb genommen waren. Auch hatte die 05 003 noch keinen ganzen Monat in ununterbrochenem Betrieb gestanden, da immer wieder Unterbrechungen in Form der Feuerschirmschäden, aber auch Verwendung für Indusi-Erprobungsfahrten beim RAW Schwerte dazwischen kamen.

Von den Eigenschaften der Lok im Betrieb war man im übrigen geradezu begeistert. Das lauftechnische und Triebwerksverhalten war einwandfrei, die Leistung — obwohl damals die konstruktionsgemäßen Geschwindigkeiten nicht im entferntesten gefahren werden konnten — war erstaunlich und übertraf jene der 01 beträchtlich. Dabei war die Lok im Kohleverbrauch sehr sparsam und es gelang, ihn 2 t unter den der im gleichen Plan laufenden 01 zu drücken. Die Verbrennung war fast vollständig, die Rückstände in der Rauchkammer sehr feinkörnig. Auch die Ablagerungen in den Rohren zeigten sich im Vergleich mit den 01-Lok als minimal.

Im Oktober 1947 mußte die Lok jedoch wieder aus dem Dienst genommen werden, da aus dem Dampfsammelkasten ein handgroßes Stück herausgebrochen war. Während es bei verschiedenen anderen Baureihen immer wieder einmal Risse gegeben hatte, war dies erstmalig und läßt die Vermutung zu, es könne sich um einen Materialfehler gehandelt haben. Wegen der besonderen Bauart konnten weder Teile von den abgestellten Lok 05 001 bzw. 002, noch Ersatzstücke der Baureihe 01.10 oder 03.10 verwendet werden. Es wurde daher beschlossen, das Teil zu schweißen (!), wofür nur das RAW Bremen eine Anlage hatte. Dabei sollte auch gleichzeitig die Feuerbüchsdecke in der Gefahrenzone mit beweglichen Stehbolzen ausgerüstet werden. Zur selben Zeit war auch schon die Absicht zu erkennen, den Betriebsdruck herabzusetzen, jedoch unterblieb dies glücklicherweise wenigstens noch bis 1950. Für die im Fahrdienst mit der Lok betrauten Personale blieb es daher einstweilen noch bei dem erstaunlich guten leistungsmäßigen Verhalten der äußerlich ungemein „langgliedrigen" 05 im Vergleich zur 01 vor schweren Zügen.

Änderungen an den Lokomotiven 05 001 und 05 002 nach dem Krieg

Wie schon bemerkt, lagen Glanz und Elend bei den drei Lok der Baureihe 05 eng beieinander. Wohl wurden sie bei der neu geschaffenen Deutschen Bundesbahn zu einer Zeit, als der Bestand an Splittergattungen der raschen Ausmusterung verfiel, zur Reservegattung erhoben und schließlich wieder aufgearbeitet. Gleichzeitig mit der Entfernung der Stromlinienverkleidung bei den 05 001 und 05 002 wurde aber auch der Kesseldruck auf den Normalwert von 16 atü herabgesetzt und damit der Verwendung der Lok im zeitgeprägten Schnellzugdienst, für den sie doch gerade erst hergerichtet worden waren, ein schweres Hemmnis in den Weg gelegt.

Die ohnedies für leichte Züge bei hohen Fahrgeschwindigkeiten ausgelegten Zylinderabmessungen waren für schwere Züge bei herabgesetztem Kesseldruck viel zu klein. Zudem warfen nun auch die Saugzugverhältnisse Probleme auf, die schwerlich zufriedenstellend gelöst werden konnten. Dennoch fuhren die beiden 05 noch die längsten planmäßigen Streckendurchläufe aller DB-Dampflokomotiven: 704 Kilometer Hamburg — Köln — Frankfurt!

Die Aufarbeitung der drei Maschinen wurde, da fast alle Unterlagen von den Flammen des Krieges in Berlin vernichtet worden waren und der Konstrukteur, Dipl.-Ing. A. Wolff inzwischen zu Krauss-Maffei gewechselt war, nach München-Allach vergeben, wo die Lok zum Jahresanfang 1950 eintrafen.

Während 05 003 noch verhältnismäßig gut im Zustand war, war es um die beiden anderen 05 wesentlich schlechter bestellt. Ihre Wiederherstellung verzögerte sich daher bis Februar bzw. Mai 1951, während erstere schon im Oktober 1950 das Werk verließ. Die Arbeiten umfaßten u.a. die Entfernung der Verkleidung, Anbau einer regulären Rauchkammerfront, Verlegung des Vorwärmers vor den Schornstein sowie die Umarbeitung der Tender und nicht zuletzt umfangreiche Ausbesserungsarbeiten. Die Druckherabsetzung entsprach einer allgemeinen Verfügung, die alle aus St 47 K gefertigten Kessel betraf, gleichgültig, ob sie im einzelnen zu Anständen Anlaß gegeben hatten oder nicht. (22)

Da sie aus einem ähnlichen, molybdän-legierten Stahl hergestellt waren, wurden auch die Kessel der drei 05 von dieser Verfügung betroffen, obgleich es bei ihnen — schon aufgrund der geringeren Laufleistungen — noch keine Schwierigkeiten gegeben hatte. Bei diesen drei Lok lag also der Grund für die Druckherabsetzung mehr auf administrativer Ebene, als in einer technischen Notwendigkeit. Jedoch eine Sonderbehandlung, wie sie ehedem bei der Deutschen Reichsbahn-Gesellschaft einige Lok genossen hatten, gab es nicht, und so wurde die Anordnung unterschiedslos bei jeder 20 atü-Lok durchgeführt. Andererseits behielten alle drei Lok ihren Original-Kessel, mit dem sie angeliefert worden waren. Kesseltausch oder bauliche Änderungen an den Kesseln fanden nicht statt. Lediglich einmal mußte die Dehnungsfalte im Verbrennungskammer-Kessel der 05 003 erneuert werden, wie es konstruktiv bereits vorgesehen gewesen war.

Alle drei Lok behielten bis zuletzt auch ihre ersten Kropfachsen. Dies ist um so erfreulicher, als bei den großen Raddurchmessern die Spurkranzanlaufdrücke der Achswellen im Nabensitz besonders beanspruchen. Dennoch hat es bei der Baureihe 05 darin keine Schwierigkeiten gegeben, wie etwa bei einigen anderen Einheitsreihen (u.a. Baureihen 01 und 03: Rißbildung der Achswellen im Nabensitz).

Vom Leerlauf der Lok wird berichtet, er sei so gut gewesen, daß Lokführer auf günstigen Abschnitten der Strecke Hamburg — Köln bei 120 km/h Fahrgeschwindigkeit bereits 25 km vor dem nächsten Halt den Regler schließen konnten...

Als Einzelgänger-Baureihe von nur drei Stück wurden die Lok der Baureihe 05 schließlich 1958 ausgemustert. Sie hatten immerhin am längsten von allen DRG-Sonderbaureihen bei der DB durchgehalten, nachdem die zwei Lok Baureihe 06 und die 61 001 schon zuvor verschrottet worden waren.

Wohl ist bei jeder dieser Splittergattungen das Argument der schlechten Einsatzmöglichkeit unter Ausnutzung der vollen Leistungsfähigkeit berechtigt gewesen. Jedoch ändert sich die Lage, wenn man an die Möglichkeit denkt, alle diese Lok umzubauen und in einem Bw zusammenzuziehen. Was die Tenderlok betrifft, so hätte man sie, wie die (Ost-) Deutsche Reichsbahn in vorbildlicher Weise gezeigt hat (Rekolok 18 201) in eine leistungsfähige 2C1- oder 2C2-S-Lok umgestalten können. Mit den zwei 1957 gebauten Lok der Reihe 10 hätten sich zusammen acht Lok ergeben, die sich als leistungsmäßige Spitzenklasse unter den S-Lok der damaligen Deutschen Bundesbahn schon recht gut in einem Umlaufplan vor besonders schnellen bzw. schweren Schnellzügen hätten einsetzen lassen.

Wir wollen uns nicht in Einzelheiten verlieren, sondern lediglich kurz umreißen, wie eine solche Wiederherrichtung hätte aussehen können:

Natürlich hätte der an sich gelungene Kessel der 05 003 in neuer, geschweißter Ausführung aus den normalen Kesselbaustählen der DB-Kessel unter Angleichung an die neuen Baugrundsätze in der Durchbildung der Einzelheiten für die Baureihe 05 und die 2C2-Umbaulok aus der 61 001 verwendet werden können.

Doch wäre es zweckmäßig gewesen, eine besondere Kesseltype zu vermeiden und dafür besser auf den gelungenen Ersatzkessel der 45 zurückzugreifen. Um jedoch die wegen des anders gelagerten Betriebsprogramms und wegen Beschädigung der Originalstücke (Baureihe 06) notwendig werdenden Ersatzzylinder nicht mit unbequem großen Durchmessern wählen zu müssen, hätte sich dessen Abänderung für 20 atü empfohlen, was unschwer zu bewerkstelligen gewesen wäre, da die Bundesbahn-Ersatzkessel von Haus aus für 18 atü ausgelegt waren. Die geringe Drucksteigerung (rund 10 %) auf 20 atü hätte dann lediglich noch eine engere Stehbolzenfeldteilung und Verstärkungen des Dampfdoms erfordert. Wenn man nicht — wie bei den Neubaulok geschehen — die Fahrzeugumgrenzung nach BO II hätte ausnutzen wollen, so wäre es auch möglich gewesen, den Kessel bei der Baureihe 05 bzw. dem 61er-Umbau, unter flacherer Ausbildung des Dampfdomes und Einbuchtung der Kesselverkleidung an den Stellen der nächsten Nähe zu den Treibradspurkränzen, in der Umgrenzung nach BO I unterzubringen (die Kessel der Baureihe 05 hatten bereits flachere Dome als die Baureihe 45). Die neuen Kessel hätten dadurch etwa 100 mm höher als bei der Baureihe 45 gelegen. Zwangloser wäre die Ausbildung natürlich unter Zugrundelegung des Umgrenzungsprofils nach BO II geschehen: Die Kessel hätten dann 150 mm höher als bei der Baureihe 45 liegen und höher ausgeführte Dome erhalten können.

Während die Zylinderabmessungen bei der Bau:..'' e 06 hätten beibehalten werden können — obwohl eine Verbesserung der Dampfströmung der inneren Steuerung natürlich immer anzustreben geblieben wäre — hätten bei den 05 die größeren Zuglasten und geringeren Geschwindigkeiten der Nachkriegszeit für Ausnutzung der mit dem Ersatzkessel angestrebten höheren Dampfleistung auch bei 20 atü Kesseldruck größere Zylinderdurchmesser — am günstigsten mit einer Einregulierung der Kuppelachslast auf 20 t — wünschenswert gemacht. Da die hohen Fahrgeschwindigkeiten (und damit Triebwerksdrehzahlen) der Vorkriegszeit nicht mehr gefordert wurden, hätte das Triebwerk die höheren Kolbenkräfte durchaus vertragen.

Aufwendiger wäre der Umbau der 61 001 zu einer entsprechenden 2C2-Schlepptenderlok gewesen. Dabei hätte sich aber, besonders durch den vorhandenen langen Hub, die interessante Möglichkeit ergeben, bei der Deutschen Bundesbahn zu einer Dreizilinder-Verbund-Lok zu kommen, wie sie der Lokomotiv-Ausschuß der DRG noch in den dreißiger Jahren für die dreizylindrige Bauart der Einheits-2C1-S-Lok diskutiert hatte. 1947 hatte ja das Dreizylinder-Verbund-Triebwerk in der 242 A 1 durch Ingenieur Principal A. Chapelon einen glänzenden Auftritt gefeiert, der zeigte, daß es nur das „know how'' war, das bisher bei den mißglückten Beispielen von h3v-Lokomotiven gemangelt hatte. Bei richtiger Wahl der Triebwerksabmessungen (Zylinder, Steuerung, Kropfachse) sowie sorgfältiger Durchbildung der Steuerung und der Anfahrvorrichtung erwies sich das Triebwerk als für hohe Leistungen geeignet und ebenso günstig im Dampfverbrauch wie die Vierzylinder-Verbund-Anordnung. Es gab also ein erstrebenswertes Vorbild, an das man sich hätte halten können, wenn man Fehlschläge mit dem Triebwerk, das seit der (mißglückten) Wittfeldschen S 9 von 1904 in Deutschland nicht mehr angewendet worden war, befürchtet hätte. Krupp stellte übrigens zu den Projekten für eine super-schwere Güterzuglok der DB ebenfalls eine Drei-Zylinder-Verbund-Variante vor.

Bei allen sechs Loks hätte sich die Verwendung von Rollenlagern im Gestänge und in den Achsen in Hinblick auf die gesteigerte Leistung empfohlen. In diese Zeit fiel bei der Bundesbahn auch der allgemeine Ersatz der alten Rotguß-Achslagergleitplatten durch solche aus dem äußerst verschleißfesten Hartmanganstahl. Damit konnte die betriebliche Ausnutzung hoher Lokleistungen weiter verbessert werden, da nun die Achslagerspiele, die bisher besonders in den Zwillingslok wegen großer Kolbenkräfte und unruhigem Lauf zu starkem Verschleiß und hoher Beanspruchung der Triebwerksteile geführt hatten, weitaus besser unter Kontrolle zu halten waren.

Da der Stoker wegen Bindung an eine Spezialkohle (die sogenannten „Knappeln") und der Verringerung des Wasser- bzw. Kohlenvorrates für Schnellzuglok recht ungeeignet gewesen wäre, hätte sich — durch die größere Kesselleistung vielleicht noch mehr als bei der Baureihe 01.10 — die Umstellung auf Ölhauptfeuerung von selbst angeboten.

Wäre bei der Baureihe 06 der für die Übertragung der Zugkräfte erforderliche Reibungsbeiwert mit den beibehaltenen Zylinderhauptabmessungen und daher unveränderten Anfahrzugkräften auch bei der mit der Neubekesselung erzielten Leistungssteigerung im gängigen Bereich verblieben, so wären bei den Lok der Reihe 05 durch die vergrößerten Zylinderdurchmesser in Anpassung an die gesteigerte Dampfleistung des Kessels zusammen mit der Verlegung des Leistungsscheitels in den Bereich der damals üblichen Fahrgeschwindigkeiten der Schnellzüge schon recht hohe Werte erforderlich geworden. Man hätte hier vor der Frage gestanden, entweder eine gewisse Empfindlichkeit der Lok beim Anfahren (Neigung zum Durchgehen) in Kauf zu nehmen bzw. mit einem besonders fein einstellbaren Regler, guter Sandungseinrichtung sowie Anleitung des Personals, die Lok „in Schach zu halten" und dafür im oberen Geschwindigkeitsbereich die Dampfleistung des Kessels im Bereich der Nennlast optimal ausnutzen zu können bzw. bei vorübergehender Höchstbelastung des Kessels noch nennenswerte Beschleunigungs- und Durchzugsreserven zur Verfügung zu haben. Oder aber man hätte bequemer — allerdings mit Abstrichen an die wirtschaftliche Arbeitsweise der Dampfmaschine verbunden — die Zylinderabmessungen so gewählt, daß sich die umgebauten Lok im Anfahrverhalten nicht von den übrigen schweren Einheits-Schnellzugmaschinen unterschieden hätten. Bei der aus der 61 001 umgebauten Dreizylinder-Verbund-Schlepptenderlok wären wegen des beim Anfahren als Zwilling wirkenden Triebwerks einerseits und des bei höheren Geschwindigkeiten günstigeren indizierten Dampfverbrauchswertes andererseits diese Verhältnisse noch stärker hervorgetreten als bei der Baureihe 05.

Oft übersehen wird jedoch der Einfluß der Materialqualitäten der verwendeten Radreifen bei der Betrachtung des Anfahrverhaltens einer Lokbaureihe. Die guten auf britischen Bahnen erzielten Ergebnisse und auch die in Frankreich bei Versuchen mit Dampflokomotiven festgestellten Werte, die z.T. deutlich über den entsprechenden Werten der DRG bzw. DB liegen, haben zum großen Teil ihre Ursache in dem Reibungsverhalten der verwendeten Radreifenstähle selbst (neben weiteren Faktoren wie der konstruktiven Ausbildung von Oberbau und Fahrzeug und dessen Betriebszuständen). In Deutschland ging man bei den Einheitslok zur Verwendung sehr harten, verschleißfesten Stahls für die Radreifen über, die zwar eine merkliche Minderung der Abnutzung mit sich brachte, andererseits aber auch unerwünschte Auswirkungen auf die erzielbaren Reibungsbeiwerte hatte. Daher z.B. die manchmal übertrieben kraß geschilderte Schleuderneigung der Baureihen 03 bzw. 01 vor entsprechend schweren Zügen; ähnlich auch die Baureihe 23, die zunächst mit Radreifen aus RMSC 30 ausgerüstet wurde, deren Verhalten (Aufhärtungserscheinungen als Glashärte in den Laufflächen, demzufolge Neigung zu Rißbildung und Ausbrüchen) zu baldigem Ersatz durch normale Radreifen wie für die Baureihe 38.10 Anlaß gab. Die von den englischen 2B-h2-S-Lok der Southern Railway, den „Schools", auch über Strecken wechselhaften Profils beförderten Zuglasten sind ein leuchtendes Beispiel des erreichbar gewesenen.

Anderseits sei an die sprichwörtliche Empfindlichkeit der schweren "Duchess"-Pacifics der LMS im Gegensatz zum allgemein anerkannt guten Zugkraftverhalten der A3- und A4-Pacifics der LNER mit um rund 1 t geringerem Reibungsgewicht erinnert: Auch die LMS war auf wirtschaftliche Verschleißfestigkeit der Radreifen besonders bedacht gewesen. Ebenso wären die außerordentlich hohen Leistungen der Chapelon-Pacifics ohne adäquate Reibungsbeiwerte, die im Verhältnis zum Reibungsgewicht hohe durchschnittliche Zugkräfte zu entwickeln gestatteten, nicht möglich gewesen. Mit der Dreizylinder-Verbund-Lok 242 A 1 wurde erfolgreich der höchste praktisch erzielbare Haftwert von $\mu = 0,33$ auf trockenen Schienen erlangt. Hier wäre also im Falle der ohnehin wegen ihrer Durchmesser gesondert herzustellenden Radreifen für die Baureihe 05 und die 2C2-h3v-Umbaulok noch einige Verbesserung möglich gewesen, womit die im Betrieb praktisch ausnutzbaren Zugkräfte dieser Lok hätten erheblich gesteigert werden können. Damit wäre ein gemeinsamer Einsatz von vierfach (06) und dreifach gekuppelten Lok in einem Umlaufplan unter Berücksichtigung gewisser Restdifferenzen in der Entwicklung der Anfahrzugkräfte durchaus möglich geworden.

Wir wollen hier nicht auf die Änderungen eingehen, die bei den Baureihen 06 und 61 im Rahmen einer Herrichtung wie hier skizziert am Fahrgestell notwendig gewesen wäre (z.b. BR 06: Maßnahmen zur Verbesserung des Laufverhaltens in Krümmungen enger Radien möglichst mit Herabsetzung des kleinsten durchfahrbaren Halbmessers auf 140 m; vergleiche hierzu einige amerikanische 2D2-Lok: bis unter 100 m befahrbarer Halbmesser!). Werfen wir aber einmal einen Blick auf die Leistungsfähigkeit einer solcherart neubekesselten und modernisierten 2C2-S-Lok.

Mit dem für eine Nennlast von 75 kg/qmh ausgelegten, ohne weiteres aber auch höher belastbaren, nach den Baugrundsätzen der Bundesbahn vollständig geschweißt hergestellten Ersatzkessel der Baureihe 45, der hier in abgeänderter Form für 20 atü Kesseldruck zugrunde gelegt ist, würden die Lok über eine Nenndampfleistung von 20,2 t/h verfügen. Bei einer Überhitzung von 440 bis 450 Grad ergäbe sich unter Berücksichtigung der für das (gegebene) Triebwerk noch tragbaren Kolbenkräfte ein Zylinderdurchmesser von 520 mm für die mit 660 mm Hub arbeitende Drillingsmaschine der Baureihe 05. Hierbei wäre der Kolbenschieberdurchmesser von 300 mm noch ohne weiteres verwendbar, jedoch eine Verlängerung des größten Schieberweges auf 210 mm mit entsprechend weiterer Ausbildung der Schieberspiegel (Kanalöffnungen) und demzufolge (für die volumenvergrößerten Zylinder) günstigere Strömungsverhältnisse in den Dampfkanälen von Vorteil gewesen. Rechnen wir trotz der hohen Frischdampftemperatur und des Kesseldrucks von 20 atü, der gegenüber 16 atü bei genügend großen Zylindern und entsprechender Dampfdehnung (Auslegung der Steuerung für günstiges Arbeiten im Bereich kleiner Füllungen) deutlich mehr als die von der DRG erreichten 5 bis 6 % Ersparnis bieten könnte, mit einem „sicheren" Dampfverbrauchswert von 5,9 kg/PSih (01.10 Öl: bis herab zu 5,8 kg/PSih bei 16 atü Kesseldruck!). Bereits damit beliefe sich die indizierte Nennleistung auf 3420 PSi für die „Rekolok" Baureihe 05. Bei einer Belastung von 90 kg/qmh, wie sie der Kessel ohne weiteres schadlos herzugeben vermöchte, betrüge bei einem auf 6,0 kg/PSih erhöhten Dampfverbrauch die Leistung sogar über 4000 PSi im Bereich um 140 km/h. Noch günstiger sähen die mit der h3v-Lok erreichbaren Werte aus. Die Zylinderabmessungen wären jedoch auch bei 20 atü Frischdampfdruck schon sehr groß geworden, wollte man nicht den Leistungsscheitel auf betrieblich unzweckmäßig hohe Fahrgeschwindigkeiten legen: 580 mm Durchmesser bei 720 mm Hub für den mittig liegenden Hochdruckzylinder und 660 mm Durchmesser bei (vorgegebenen) 750 mm Hub für die äußeren Niederdruckzylinder. Zum Vergleich: Die Abmessungen der Niederdruckzylinder der badischen IV h betrugen 680 x 680 mm bei 15 atü Frischdampfdruck. Dementsprechend hätten sich die Schieberabmessungen gestalten müssen. Zweckmäßig wäre — nach dem Vorbild der Chapelon'schen 242 A 1 — für den Hochdruckzylinder ein doppelter Trick-Schieber von 2 x 200 mm Durchmesser und 190 mm größtem Schieberweg verwendet worden. Dieser hätte der zu stellenden Forderung bestmöglicher Zylinderfüllung im Hochdruckteil entsprochen, während die Erfahrung zeigt, daß es in der (Hochdruck-) Ausströmung der meisten Verbundlok keine wesentlichen Drosselverluste gab, solange sichergestellt war, daß die Schieber die Ausströmkanäle ganz freigaben. Anders jedoch in der Niederdruckstufe: Hier wäre nicht nur der Einströmung, sondern besonders auch der Ausströmung der weit entspannten, ihre Volumen stark vergrößerten Dampfmengen Aufmerksamkeit zu widmen gewesen. Die 242 A 1 hatte aus diesem Grund für die Niederdruckstufe Willoteaux-Schieber von sehr großem Durchmesser und doppelter Ein- und Ausströmung erhalten. Diese großen Abmessungen wurden ermöglicht durch eine besonders gewichtsparende Schweißkonstruktion der Schieberkörper. Ernsthaft um optimale Thermodynamik bemüht, wäre man im Falle unserer 2C2-h3v-S-Lok um eine ähnliche Konstruktion — möglichst mit verstärkter Ausführung der äußeren Steuerung (Gegenkurbel und Schwinge sowie alten Lagerung) — nicht umhingekommen. Ein günstiges Verhältnis von Kanalquerschnitt zu Zylinderquerschnitt (Kolbenfläche) hätte sich mit Schiebern von 400 mm Durchmesser bei 210 mm größtem Hub mit 70 mm Breite der Kanalöffnungen erreichen lassen. Rechnen wir wiederum mit einem

„sicheren" Dampfverbrauchswert von 5,2 kg/PSih (französische Maschinen zeigten Verbrauchs- werte bis herab zu 5,0 kg/PSih bei weniger hohen Überhitzungstemperaturen!), so ließe sich mit dieser Maschine bei den vorgenannten Dampfleistungen (20,2 bzw. 24,2 t/h) eine Nenn- leistung von 3880 PSi bzw. eine solche von 4650 PSi im Bereich um 140 km/h entwickeln. Der zweite Wert überträfe noch die Stundenleistung der damals, Anfang der fünfziger Jahre, zu den stärksten deutschen E-Lok zählenden E 18 (die E 10.1 gab es noch nicht) und hätte der Dampflok unter den Maschinen autonomer Energieerzeugung (die E-Lok ist ja vom „Kraft- fluß aus dem Fahrdraht", d.h. der Versorgung durch stationäre Anlagen abhängig und in diesem Sinne keine „vollständige" Maschine) auf den deutschen Bahnen noch heute eine Spitzen- stellung verliehen!

Weitere Betrachtungen über Schnellzugdampflokomotiven

Die schnell fahrende Lokomotive — das Wort Schnellzuglok wäre etwas übetrieben — ist ja in Deutschland fast so alt wie der Dampflokbau selbst. Drei Jahre nach dem Bau des ersten Dampfwagens, der „Saxonia'' von Professor Schubert, kam mit August Borsigs Erstlingswerk schon die erste „Schnellfahrende'' heraus, zumindest von der Achsanordnung (2A1) her. Und ihre Bewährungsprobe bestand auch in einer Wettfahrt...

Nun, wir wollen nicht bei den Crampton-Lokomotiven anfangen, auch die schönen „Singles'' (2A1) von Patrick Stirling von der Great Northern Railway, die „Eight-Footer'' — so genannt nicht weil sie acht Füße hatten, sondern wegen ihrer acht Fuß messenden Treibräder (2438 mm) — in Ehren ruhen lassen.

Aber nur vier kurze Jahre nach der badischen II d waren die in diesen Seiten so oft genannten 150 Stundenkilometer erstmals erreicht: die Maffei'sche S 2/6, konstruiert von Oberingenieur Anton Hammel, fuhr mit vier D-Zug-Wagen am 2. Juli 1907 bereits 154,5 km/h!

Was das mit der 05 zu tun hat? Nun, wir wollen uns doch einen Überblick verschaffen, welche Geschwindigkeiten die Lokomotiven allgemein erreicht haben und wie sich die Schnellfahr-Baureihe 05 der DRG in diesen Rahmen stellt.

So hegte man z.B. gegen die Vierzylinder-Verbund-Maschine beim Lokausschuß der DRG in den dreißiger Jahren schwere Bedenken an deren Fähigkeiten, die nötigen Triebwerksdrehzahlen zu erreichen, obwohl diese bei den angestrebten großen Treibrädern nur noch wenig über jenen der S 3/6 bei 120 km/h lagen. Nun, man hätte die bayerische 2C1-h4v-S ja einmal laufen lassen können; später zeigte sie sich nämlich fähig, auch ohne triebwerkseitige Vervollkommnung, 150 km/h zu überschreiten. Ganz zu schweigen von der IV h, deren Eigenschaften in dieser Hinsicht sie zur Spitzenklasse auf deutschen Bahnen zählen ließ.

Ebenfalls überschritt mit 152 bis 156 km/h auch die preußische S 10.1 die 150 km/h-Grenze anläßlich von Wagenversuchsfahrten 1931 — eine beachtliche Leistung für diese leichte S-Lok, die ebenfalls noch aus dem zweiten deutschen Kaiserreich stammte.

Die Baureihe 03, obgleich sie als Zwilling eigentlich mehr für bequeme Unterhaltung gebaut war als für höchste Fahrgeschwindigkeiten, sollte im Olympiajahr 1936, angetrieben von dem unermüdlichen Professor Nordmann, ihre Schnelligkeits-Bestwerte von 1934 (140 km/h) nochmals steigern. Professor Nordmann gibt als höchste anläßlich Laufuntersuchungen gefahrene Geschwindigkeit 156 km/h an. (23) Zweifellos dürfte dabei aus der Laufruhe wachsende Unruhe geworden sein und die Treibstangenlager solches „Gerase'' mit schnellem Verschleiß beantwortet haben.

Vergleich der Lokomotiven der Baureihe 05 mit entsprechenden Maschinen des Auslandes

Wenden wir uns noch der Frage zu, welche Geschwindigkeiten denn auf ausländischen Schienensträngen vor der Zeit des Entstehens und des Einsatzes der Baureihe 05 in den späten dreißiger und teils auch in den vierziger Jahren erreicht worden sind.

Zwei Repräsentanten grundlegend verschiedener Lokomotivbau-Schulen seien zuerst genannt, deren Ursprung bzw. Bau noch auf das Ende der zwanziger Jahre zurückgeht: Die aus der J1b entwickelten J3a-Lokomotiven der amerikanischen New York Central Rd. und die 3700er der C. de F. Paris-Orleans (die „Chapelon-Pacifics"). Beide sollten auf ihren Strecken gleichzeitig höhere Zuglasten nehmen und mit diesen höhere Durchschnittsgeschwindigkeiten erreichen. Von beiden entstanden später stromlinienverkleidete Varianten: in Frankreich ein einzelnes Versuchsexemplar, in Amerika mehrere Maschinen, jedoch nur aus publish relation-Gründen.

Die Lok der Klasse J3a von 1938 waren starke und sehr schnelle Maschinen, die die höchsten Fahrgeschwindigkeiten bei der NYC im planmäßigen Reisezugdienst zu erreichen hatten und vor dem „20th Century Limited" zum Wahrzeichen der Bahn wurden (im Klubraum des Aussichtswagens stand in einem Glasschrank unter dem Geschwindigkeitsmesser ein Modell dieser Loktype − keine zehn Jahre später hatte die Dampflokomotive von der Spitze der Stromlinienzüge zu verschwinden!).

Trotz Zwillingstriebwerk erreichten diese rollengelagerten 2C2-Lok Geschwindigkeiten über 193 km/h, wobei verschiedene Werte genannt werden, die alle jedoch nicht offiziell belegt sind außer dem Wert, der bei Schleuderversuchen erreicht wurde (also keine Fahrgeschwindigkeit darstellt): 264 km/h, entsprechend knapp 700 U/min der Treibachsen − ein für Lokomotiven klassischer Bauart einzig dastehender Wert! Der Versuch galt der Frage, ob ein im Betrieb dann und wann bei Lok mit Rollenlager-Triebwerk aufgetretenes heftiges Schleudern während hoher Fahrgeschwindigkeit zu Schienen- oder Triebwerksschäden führen könnte, wie damals von verschiedenen Seiten vermutet wurde. Ergebnis: selbst bei höchsten unter diesen Umständen im Betrieb zu erwartenden Triebwerksdrehzahlen (max. etwa 500 U/min) waren von J3a-Lokomotiven keine Beschädigungen zu befürchten.

In Frankreich hatte, während man bei der DRG die Verbundlokomotive unter Fingerzeig auf die unglückliche Baureihe 02 aus den Beschaffungsplänen verwies, die Paris-Orleans phänomenale Erfolge beim Umbau ihrer 2C1-h4v-S-Lokomotiven erzielt, die das Aufsehen der Fachwelt auf sich zogen. Die neuen Lokomotiven wurden 1932/33 auch auf anderen französischen Bahnen Versuchen unterzogen, und überall erwiesen sie ihre revolutionären Fähigkeiten, drangen mit ihren Leistungen in das Gebiet der schweren 2D1-Lok vor und ließen auf Rampenstrecken bei Vergleichsfahrten auf der C. de F. du Nord die Mountain-Serie 41 der Est hinter sich.

Bei der Nord war man daraufhin überzeugt, daß diese Maschinen die optimale Lösung für den anstehenden Einsatz leistungsstärkerer Maschinen vor ihren hochwertigen Zugverbindungen darstellten und gab daher bei der „Paris-Orleans" weitere Umbauten in Auftrag sowie bei den Lokomotivwerken Neubauten, die nach den gleichen Plänen 1934 und 1936/37 geliefert wurden.

Wieder einmal waren es Bremsversuche, während derer besonders hohe Geschwindigkeitswerte aufgezeichnet wurden: Im September 1935 erreichte die Umbaulok 3.1174 (ex 3559 P.O.) mit 400 t Zuglast 174 km/h, eine andere Umbaulok 175 km/h auf dem leichten Gefälle 1:250. Sogar 1956 noch fuhr eine weitere Umbaulok, 231 E 19 (ex 3567 P.O.) mit einer E-Lok-Meßgruppe (24) von 220 t 178 km/h auf Gefälle 1:117. Vielleicht sind diese sogar noch höher zu bewerten aufgrund des hohen Eigenwiderstandes der leerlaufenden E-Lok und der häufigen Wiederholung der Fahrten (über 70) mit dieser Lok und der 231 E 35, bei denen die erreichten Werte durchweg 160 km/h, oft über 165 km/h lagen. (25) Alle diese Lok waren in keiner

Weise strömungsgünstig hergerichtet. Sie erreichten die hohen Fahrgeschwindigkeiten durch die nachhaltige Leistungssteigerung, die sie durch strömungsgünstige Ausbildung der Dampf- wege erfahren hatten, besser als so manche andere Lok mit äußerer Verschalung. Dennoch wurde 1936 eine Lok der Serie, 231.726 der „Paris-Orleans", mit Verkleidung ausgerüstet (im Betriebsjargon „der Walfisch" genannt). In großem Umfang hat man sich aber in Frank- reich nie mit Stromlinienhüllen anfreunden können.

Sehen wir uns noch etwas im Jahre 1935 um: Damals entstand eine bemerkenswerte Anzahl verschiedener schnellfahrender Lokomotiven. Die Klasse A4 von Gresley erwähnten wir bereits. Im krassen Gegensatz zur Praxis der DRG steht ja die fast unglaublich kurz erscheinende Zeitspanne von den vorausgegangenen Probefahrten mit einer normalen Pacific am 5. März 1935 zur Klärung der Möglichkeiten eines Schnellverkehrs mit Dampflokomotiven bis zum Anheizen der ersten fertiggestellten Stromlinienlok am 7. September. Im gleichen Jahr wurden aber auch bei der London Midland & Scottish Ry. weitere Lokomotiven der „Princess Royal"- Klasse gebaut, nachdem zwei Prototypen 1933 geliefert worden waren. Wurde damit dem Reisepublikum bei der LMS schon die Ehre zuteil, von „Prinzessinnen" durchs Land geführt zu werden, so brachte das Jahr 1937 die „Krönung": Der „Coronation Scott", ein schneller Stromlinienzug wurde eingeführt.

Vor der Eröffnungsfahrt fand eine Pressefahrt statt, deren Höhepunkt die Brechung des bishe- rigen (britischen) Geschwindigkeitsrekordes, den die Konkurrenz (LNER) hielt, bilden sollte. Das   einzige einigermaßen geeignete Streckenstück der LMS jedoch war der Abschnitt von Whitmore Summit bis kurz vor Crewe, Bahnhof, mit einem Gefälle von 0,565 %. Nun, die Rekordgeschwindigkeit wurde erreicht: 182 bis 183,5 km/h — wobei letztere Ziffer offiziell verkündet wurde und erstere die wahrscheinlich zutreffende ist. Jedoch befand man sich zu diesem Moment nur noch 2,1 Meilen vom Bahnhof Crewe entfernt, und die Bremsen hatten schnellstens das Erreichte wieder zu vernichten. Dabei gab es „einige angsterregende Momente", wie der englische Historiker Martin Evans schreibt, nicht nur für die Fahrtteilnehmer im Zug, sondern auch für das am Bahnsteig in Crewe stehende Publikum, als der Zug mit 90 km/h in die Kreuzungsweichen rauschte, Funkenregen von den Bremsklötzen sprühend! Die von den Bremsen geleistete Arbeit wurde nur noch übertroffen von der Öffentlichkeitsarbeit der LMS nach der Fahrt. Dabei hatte man in den „Duchess-Pacifics", wie sie auch genannt wurden, ausgezeichnete Maschinen, die bis zuletzt als die stärksten Schnellzugloks Großbritanniens galten, und hätte es eigentlich — sollte man meinen — nicht nötig gehabt, auf solch wahrhaft unkönigliche Manier zu imponieren.

In den Vereinigten Staaten entstand im Januar dieses an Neuerungen reichen Jahres in den bahneigenen Mount Clare-Werkstätten der Baltimore & Ohio zu Baltimore eine 2C2-S-Lok, die einige ungewöhnliche Merkmale in sich vereinigte. Sie besaß den bei der Bahn in einer Anzahl Maschinen verwendeten Kessel mit Emerson-Wasserrohr-Feuerbüchse und hatte einen Kesseldruck von 24,5 atü. Daraus ergaben sich Zylinderabmessungen nicht unähnlich jenen der Baureihe 61 der DRG: 483 x 711 mm bei sieben Fuß (2134 mm) Treibraddurchmesser. Der Kessel war auch wegen seiner ungemein direkten Heizflächenabstimmung interessant: Feuer- buchs- und Rohrheizfläche betrugen hier 57 (!) zu 254 qm, entsprechend einem Verhältnis von 4,45. Hierfür war aber mehr die Wasserrohrbauart der Feuerbüchse als ein bewußtes Streben nach eben diesem Abstimmungsverhältnis verantwortlich. Die Maschine, die mit rund 24 t Kuppelachsdruck damals schon zu den leichten unter den neueren amerikanischen Schnellzug- lok gehörte, war für einen neuen aus Aluminium-Wagen bestehenden Stromlinienzug („The Royal Blue") vorgesehen und in dem gleichen blauen Farbton gespritzt wie der Zug. Die 2C2- h2-S lief über 100 mph (161 km/h), jedoch sollen keine absoluten Werte genannt werden, da die genannten Zahlen — heute der Nachprüfbarkeit weitgehend entzogen — stark ausein- andergehen.

Anders bei der Chicago, Milwaukee, St. Paul & Pacific Rd, von deren Schnellfahrten genauere Werte bekannt sind: Anfang Mai 1935 wurden zwei „Atlantics" (2B1-S-Lok) der Klasse A fertiggestellt, die für einen neuen Schnellverkehr zwischen Chicago und den „Twin Cities" (St. Paul und Minneapolis) bestimmt waren. Auf dieser in hartem Konkurrenzkampf mit den Nachbarbahnen geführten Route waren die zweifach gekuppelten Schnelläufer für die CMStP&P ein voller Erfolg. Nicht nur wurden noch weitere Lok in Dienst gestellt, es wurden ihnen später auch noch größere 2C2-S-Lok zur Seite gestellt, als die von den Atlantics beförderten sieben bis neun Wagen (bis 450 t) nicht mehr ausreichten. Die mit rund 64 t Reibungsgewicht schon die Baureihe 01 der DRG übertreffenden ölgefeuerten Atlantics gelten als die ersten Maschinen in den USA, die definitiv gebaut waren, um im täglichen Einsatz 100 mph zu fahren; triebwerksseitig waren sie für 120 mph (193 km/h) ausgelegt.

Die schnellste Teilstrecke war anfangs New Lisbon – Portage (69,5 km) mit einem Stundenmittel von 119 km/h. Die „Hiawatha"-Züge waren damit für ein paar Wochen die schnellsten dampfgeführten der Welt, danach wurden sie vom „Detroit Arrow" der Pennsylvania Rd. überholt. Später war es mit 120 km/h Durchschnittsgeschwindigkeit zwischen Sparta und Portage wieder die Milwaukee Rd., die den schnellsten Zug der Welt fuhr, da die PRR die Fahrzeiten etwas verlängert hatte.

Alle diese Durchschnittswerte konnten mit Maxima von 100 bis 110 mph (161 bis 177 km/h) gehalten werden, wobei allerdings im Fahrplan keine Haltezeiten angegeben waren (lediglich die Abfahrtszeiten) und man diese Aufenthalte so kurz wie irgend möglich hielt. Die höchsten regulären Geschwindigkeiten wurden südlich von Milwaukee erreicht; in leichtem Gefälle kamen die leistungsfähigen Atlantics mit normaler Zuglast auch über ca. 110 mph hinaus und konnten selbst 120 mph überschreiten, so daß sie mit zum exklusiven „200 km/h-Club" zu zählen sind. Die höchste Beharrungsgeschwindigkeit dieser 3300 PSi-Lok mit einem Sechs- oder Sieben-Wagen-Zug wurde von Seiten des Lokomotiv-Dezernates der Milwaukee Rd. auf 183 km/h in der Ebene geschätzt. Bremstechnisch gehörten die Lok in den USA zu den am besten ausgerüsteten. Dennoch benötigte eine Stromlinien-„Hiawatha" wenigstens zwei Kilometer Strecke für eine Schnellbremsung aus 161 km/h zum Stillstand.

Schnellfahrten zu einem anderen Zweck wurden durch die AAR (Association of American Railroads) 1938 durchgeführt: Die 2C1-, 2C2- und 2D2-S-Lok der Pennsylvania Rd., der Chicago & North Western Ry. und der Union Pacific auf Strecken jener Bahnen gefahrenen Versuche galten der Untersuchung, welche Lokleistungen erforderlich wären, um „1000 mit 100" in der Ebene zu fahren (1000 am. short tons mit 100 mph = 907 t mit 161 km/h). Keine der Lok schaffte dies ganz. Lediglich die UP-Lok erreichte die geforderte Geschwindigkeit in ganz leichtem Gefälle, 1:770. Interessant ist aber, daß die PRR-Pacifics der Klasse K4s trotz guter Leistungsfähigkeit im Bereich bis 120 km/h die Prüfung auch in Doppeltraktion nicht bestanden: Die Drosselung des Dampfdurchsatzes durch die ungünstige Dampfführung in den engen Kanälen sowie durch die ungenügende Öffnung besonders der Einströmung war zu stark. Die Maximal-Leistung des Kessels lag dabei weit über den Möglichkeiten der Steuerung bei hohen Geschwindigkeiten. Hier haben wir also das umgekehrte Verhalten im Vergleich zu den Einheitslok der DRG. Während man hierzulande allgemein dazu neigte, den amerikanischen Lok gewaltige Leistungen zuzusprechen, hätte bei diesen AAR-Tests gute Chance bestanden, daß europäische S-Lok die amerikanischen übertroffen hätten. Die Zughakenleistungen sowohl der PRR-Pacific wie auch der C&NW-2C2-Lok bei 161 km/h hätten von jenen der DRG-05 wie der P.O.-3700er in den Schatten gestellt werden können, wobei mit jeweils einem Doppelgespann der deutschen bzw. französischen Lok das Programm wahrscheinlich hätte erfüllt werden können. Im Gegensatz zu den schweren US-Zwillingen hätte jedoch den mit leichteren Triebwerken und freierem Dampffluß arbeitenden Europäern nicht die Geschwindigkeit, sondern die Zuglast den schwereren Teil der Aufgabe bedeutet.

Es sei jedoch gleich angefügt, daß die späteren amerikanischen Dampfloks tatsächlich gewaltige Leistungen vollbrachten – es gab unter ihnen mehr als eine Bauart, die die damals geforderte Leistung allein aufgebracht hätte.

Bevor wir einen Blick auf diese im erweiterten Sinne unter den erstmals von Lima geprägten Begriff „Super-Power" (etwa: Hochleistungslok) fallenden Maschinen werfen, sei jedoch noch ein bemerkenswerter Lokomotivtyp erwähnt, der 1937/38 auf der anderen Seite der Welt erschien: In Rußland hatte man beschlossen, für den Spitzen-Schnellzug „Krasnaya Strela" (roter Pfeil) der Linie Moskau — Leningrad im Gegensatz zur sonstigen Politik der Massenproduktion weniger Standardtypen spezielle 2C2-Lokomotiven zu bauen. Die erste, ohne besondere Klassifizierung Nr. 1 benannt, erreichte bei einer Versuchsfahrt auf der Oktober-Bahn bei Kalinin am 29. Juni 1938 rund 170 km/h. Im April desselben Jahres war eine weitere 2C2-Lok von Woroschilowgrad gebaut worden, die sich durch größere Treibraddurchmesser (2200 statt 2000 mm) und verschiedene Einzelheiten von den beiden Maschinen der Kolomna-Werke unterschied. Sie soll noch höhere Geschwindigkeiten erreicht haben. Bei allen drei Maschinen handelte es sich um einfache Zwillingsmaschinen mit 21 t Kuppelachsdruck und großem Verbrennungskammer-Kessel von 15 atü Betriebsdruck. Durch den Krieg wurden die weiteren Arbeiten an dem Projekt jedoch angehalten und nie mehr wieder aufgenommen. 1957 ist die dritte Maschine als Nr. 6998 noch von einem englischen Eisenbahnhistoriker in Betrieb gesehen worden.

1941 traten in den USA die Norfolk & Western Ry. sowie die Pennsylvania Rd. mit ihren letzten Konstruktionen für den Reisezugdienst hervor, die zu den stärksten nordamerikanischen Schnellzuglok gehörten: Die Klasse „J" (2D2-h2-S) und die T1 (2BB2-h4-S). Erstere ist in unserem Zusammenhang besonders deshalb interessant, weil sie die widersprüchlichen Anforderungen nach hoher Zugkraft auf den Steigungsstrecken des Alleghany-Mittelgebirges und hoher Geschwindigkeit auf günstigen Streckenabschnitten in sich vereinigte. Sie erhielt den im Verhältnis zu den Maschinenabmessungen sehr kleinen Treibraddurchmesser von 1778 mm und war damit sehr zugkraftstark. Trotzdem konnte sie im regulären Betrieb 100 mph (161 km/h) ohne erhöhte Unterhaltungskosten ausfahren. Bei einer Versuchsfahrt vor einem 933 t (metr.) wiegenden Zug erreichte eine Lok der Klasse „J" sogar 177 km/h in der Ebene (!). Dies entsprach 540 U/min der Treibachsen, da die Radreifen auf 1740 mm abgedreht worden waren. Die Ausbildung des sehr große Kolbenkräfte übertragenden Triebwerks berücksichtigt die hohe Drehzahl besonders durch rollengelagertes Leichtbaugestänge aus hochlegiertem Stahl sowie die Timken Tandem-Bauart, bei der die Treibstange am Treibzapfen zwischen der doppelten mittleren Kuppelstange angreift, wodurch der Treibzapfen wesentlich entlastet wird. Außerdem wird jedes Spiel in den Achslagerführungen durch Franklin-Stellkeile, die sich automatisch nachstellen, vermieden. Thermodynamisch und bezüglich unbehindertem Dampfdurchsatz gehörten diese Lokomotiven zu den besten in Nordamerika. Nur dadurch ließ sich die sehr hohe mittlere Kolbengeschwindigkeit von 12,95 m/s bei V = 161 km/h überhaupt verwirklichen.

Über die T1-Lok der PRR ist viel geschrieben worden — Positives wie Negatives. Viele gegensätzliche Meinungen sind seinerzeit und auch später noch aufeinandergeprallt. Die einen sahen in der Triebwerksteilung bei starrem Rahmen die Schnellzuglok der Zukunft, die anderen hielten das ganze für nicht mehr als theoretischen Unsinn. Nun, die theoretischen Vorzüge der vier kleineren statt zwei großer Zylinder haben sich hinsichtlich Geschwindigkeit und ruhigem Lauf höchst real gezeigt. Wie so viele revolutionäre Konzepte wurde aber auch dieses nicht zur vollen Betriebsreife entwickelt und die 50 Stück 2BB2-Lok, die die PRR 1945-46 dem Betrieb übergab, entsprachen leider im Endeffekt nur nachgebauten Prototypen, d.h. sie verhielten sich nicht besser als diese. Der Hauptmangel der Lokbauart lag in ihnen eigenen geringen Reibungswert. Der Anfahrzugkraft und damit Beschleunigung waren dadurch schwerwiegende Beschränkungen auferlegt. Sogar während schneller Fahrt bei über 140 km/h konnte es vorkommen, daß die beiden unabhängigen Triebwerke ins Schleudern gerieten. Die Ursachen hierfür sind nicht allein mit der fehlenden Kupplung der Triebwerke erklärbar, denn anderseits zogen 1CC2- und 2CC2-Malletlok im Verhältnis zu ihren Reibungsgewichten geradezu unglaubliche Lasten, die weit höhere Reibungsfaktoren bedingten. Die theoretischen Voraussetzungen dafür waren aber bei diesen Maschinen eher ungünstiger als bei den Duplex der Klasse T1. Es wird vermutet, daß die Ventilsteuerung (Franklin Typ A mit oszilierenden Nocken) mit ihrem schnellen Verschleiß hierin eine Rolle spielten. Jedoch als Erklärung reicht das ebensowenig aus wie die Gewichtsverlagerung, die die nutzbare Zugkraft des vorderen Triebwerks herabgesetzt haben soll, denn auch das hintere Triebwerk war dem „Rollieren" kaum weniger abgeneigt. Auf der anderen Seite waren mit den Maschinen sehr hohe Geschwindigkeiten erreichbar und zwar, wenn die Mehrzahl der für die Leistungsentfaltung maßgeblichen Faktoren zur günstigen Seite hin lag, auch mit hohen Zuglasten; es gibt zumindest eine Fahrtaufzeichnung einer T1 vor einem 1042 (metr.!) Tonnen schweren Zug, mit welchem sie im Durchlauf über eine Distanz von 111 km zwischen zwei Streckenpunkten eine Durchschnittsgeschwindigkeit von 162,5 km/h hielt. Die berühmten 120 mph und sicher auch die heute für die Bahn so aktuell gewordenen 200 km/h sind vor leichteren Zügen von dieser Lok ausgefahren worden, wofür sie von der Leistungsfähigkeit des Kessels her wie auch von Seiten des schnellen Dampfdurchsatzes der Ventilsteuerung in Verbindung mit der Aufteilung der Leistung auf vier Zylinder kleineren Volumens geradezu prädestiniert waren. In Anbetracht der Fähigkeiten ihrer noch größeren Schwester, der einzelnen Prototype Nr. 6100, welche bei gleichem Kolbenhub sieben Fuß Treibraddurchmesser aufwies (2134 mm), gegen sechs Fuß acht Zoll (2032 mm) der T1, und die den leistungsstärksten Kessel besaß, mit dem je eine Schnellzuglok gebaut worden ist, wird der alte Zank um die „schnellste Lok der Welt" in Europa nur noch zur Farce. So würde — wenn es wenigstens von einer der überlieferten Schnellfahrten ein offizielles Protokoll gäbe, in ähnlicher Weise wie bei der englischen 4468 und der deutschen 05 002 — wahrscheinlich diese Maschine an der Spitze der schnellsten Dampflok der Welt stehen. Rechnet man nur mit jener mittleren Kolbengeschwindigkeit, welche die T1 bei 200 km/h erreicht, so kommt man bereits auf über 210 km/h — von der Kolbengeschwindigkeit der „J" der N & W, die ihr ebenfalls möglich gewesen wäre, ganz zu schweigen. Es gibt verschiedene Angaben, die Werte über 220 bis 240 km/h nennen. Jedoch sind diese Angaben heute nicht mehr nachprüfbar. Die — zumindest offiziell — schnellsten Dampflokomotiven bleiben daher die Baureihe 05 der Deutschen Reichsbahn und — allerdings im Gefälle — die Klasse A4 der LNER.

Vergessen wir in diesem Zusammenhang nicht die schönen Schnellfahrten, die Dampflokomotiven in den sechziger Jahren absolvierten, als der Strukturwandel schon in vollem Gange war:

Bei den British Railways hatte mit der Klasse 9F die 1E-(Güterzug-) Lok Eingang in den Schnellzugdienst gefunden, und es sind zwei Fahrten belegt, bei denen 145 km/h als höchste Geschwindigkeit erreicht worden sind. Eine davon fand vor dem Schnellzug „The Flying Scottsman" statt, wobei zwischen den Bahnhöfen Grantham und Kings Cross eine Durchschnittsgeschwindigkeit von 94 km/h erreicht wurde.

Die Klasse 9F bewies, daß die Forderung nach höherer Anfahrbeschleunigung und damit größerer Zahl der Treibachsen, die in den sechziger Jahren vordringlich wurde, von der klassischen Kolbendampflokomotive hätte ohne Geschwindigkeitseinbuße erfüllt werden können. Eine von vornherein für Schnellzugeinsätze vorgesehene und entsprechend ausgelegte Lok fünffacher Kupplung hätte natürlich noch weit bessere Ergebnisse hinsichtlich der Geschwindigkeit erzielen können, als dieses schon die eigentlich für schweren Güterzugeinsatz gedacht gewesene 9F tat.

In der Tschechoslowakei waren die Streckenverhältnisse, bedingt durch den sehr verschiedenartigen, oft hügeligen Landschaftscharakter wenig für hohe Geschwindigkeiten geeignet. Entsprechend lesen sich die dort bei Schnellzuglokomotiven verwendeten Treibraddurchmesser: Nur die 2C1-h3-S der Reihe 387 wies 1950 mm auf, sonst wählte man vorzugsweise Maße um 1830 mm. Diese Größe wiesen auch die Treibräder der 2D1-h3-S der Reihe 498 auf, die zu den zuletzt gebauten Reihen gehört. Mit Rollenlagern an Achsen und Gestänge sowie einem leistungsfähigen Verbrennungskammer-Kessel ausgerüstet, kamen die 498.1 mühelos beträchtlich über ihre offizielle Höchstgeschwindigkeit hinaus. Bei einer Versuchsfahrt am 27. August 1964 erreichte die 498.106 bei Velimi eine Geschwindigkeit von 162 km/h entsprechend rund 470 U/min Triebwerksdrehzahl.

Die jüngste unter den Schnelläufern der Dampflokomotiven und noch in den siebziger Jahren

Hochgeschwindigkeitsfahrten absolvierend, ist die 18 201 der DR. Mit versuchsbedingt 185 km/h erreichter Geschwindigkeit ist bei ihr jedoch noch nicht die Leistungsgrenze markiert. Mit ihrem leistungsfähigen Kessel und der gelungenen Triebwerksdurchbildung sowie der hohen Überhitzertemperatur (Ölfeuerung), die das Strömungsverhalten des Dampfes verbessert, wären ihr vielmehr auch ohne vollständige Stromlinienverkleidung 200 km/h möglich. Mit ihren 2,3m messenden Treibrädern stellt sie gleichzeitig die großrädrigste aller Pacifics (2C1-S-Lok) und heute die schnellste Dampflok der Welt (unter den noch fahrenden oder fahrbereiten) dar!

Ausblick auf möglich gewesene technische Weiterentwicklungen von Dampflokomotiven für den Schnellverkehr

Wie wir im Vorangegangenen gesehen haben, stand die Dampflokomotive in den dreißiger und vierziger Jahren mit ihren Leistungen im Verhältnis zur Konkurrenz sowohl von außerhalb in Form des Straßenverkehrs wie auch innerhalb der Eisenbahn in Form der Diesel- und E-Traktion nicht ungünstig da. Wohl wiesen die beiden neueren Traktionsarten schon damals z.T. günstigere Leistungsgewichte und Wirkungsgrade vor (letzteres für E-Traktion nur unter besonderen Voraussetzungen). Auf die Einheit der Zughakenleistung bezogen jedoch war die Dampflokomotive nicht nur weitaus am günstigsten in den Anschaffungskosten, sondern lag auch noch in den Gesamtkosten für Lokleistungs-tkm unter den anderen Zugförderungsarten — wozu auch noch die höhere Verläßlichkeit zu zählen wäre, die sich in einer geringeren Zahl von Ersatzlok-Gestellungen und anderen Betriebsunregelmäßigkeiten ausdrückt und damit ebenfalls zu einem ökonomischeren Betrieb beiträgt, was später die amerikanischen Bahnen schmerzhaft zu spüren bekamen.

In den dreißiger und vierziger Jahren war die Entwicklungskurve der Dampflokomotive noch keineswegs am Verflachen oder gar am Ende. Darüber darf die große Zahl der einfachen, konstruktiv bewußt konservativ gebauten Betriebsmaschinen nicht hinwegtäuschen.

Angesichts dieser Verhältnisse wird sich der Leser fragen, ob denn die Dampflok nach dem zweiten Weltkrieg plötzlich wirklich so veraltet war, daß sie den Anforderungen einer modernen Eisenbahn auch im Schnellverkehr nicht hätte entsprechen können. Stellte die 05 003, so wie sie 1947 beim Bw Hamm im Einsatz war — als endlich die feuerungsseitigen Voraussetzungen bestanden, den Verbrennungskammer-Kessel entsprechend seiner Bauart zu belasten und damit die gegenüber 05 001 und 002 höhere Leistung der Maschine auszunutzen und anderseits die betrieblich nachteilige Verkleidung entfernt war — schon den Höhepunkt der Schnellfahrdampflok auf den deutschen Schienensträngen dar? Noch dazu zu einer Zeit, wo Schnelligkeit das am wenigsten Mögliche war? Wenn die Dampflok also noch entwicklungsfähig gewesen war, in welcher Richtung hätte dann die Weiterentwicklung fortschreiten müssen?

Nun, die Anfänge vom Ende sind in den dreißiger Jahren oder sogar schon früher zu suchen. Damals traten bereits Stimmen hervor, die eine gänzlich andere Lokomotivbauart forderten, da die klassische Dampflokomotive konstruktiv wie leistungsmäßig an ihre Genzen gekommen sei (zum Teil förderte die mit der zunehmenden Größe der Maschinen wachsende Uniformität im grundlegenden Aufbau, wie Achsanordnung, Zylinderzahl, Anordnung und Durchbildung der Baugruppen, diese Meinung bei wenig mit dem Dampflokomotivbau vertrauten Ingenieuren und — neben anderen Gründen — bei Außenstehenden). Die in dieser Hinsicht unternommenen Entwicklungssprünge von der einfachen Zwillingslok zu aufwendigen Höchstdruck-Bauarten, die eine Vielzahl bislang unbekannter, mindestens jedoch unerprobter Bauteile aufwiesen, waren von vornherein zum Scheitern verurteilt, da die theoretischen wie praktischen Berechnungs- und Erfahrungsgrundlagen für Konstruktion und Herstellung fehlten. Man tastete sich eigentlich — gerade bezüglich des Kesseldrucks — bei den Versuchslokomotiven mit der Zeit mehr und mehr aus dem Unmöglichen auf eine „machbare" Ebene zurück, die etwa in Form der Mitteldruck-Lokomotiven hätte gefunden werden können. Leider wurde der Erfolg wegen des nicht auf Anhieb problemfreien Verhaltens der Kessel (Werkstoff!) letztendlich doch verschenkt, ja selbst die bescheidenen 20 atü wieder aufgegeben. In der Tat liest sich die zeitliche Reihenfolge der bei Versuchs- und Betriebslok der DRG und DB angewandten Kesseldrücke deprimierend:

1904	S 2/5	16 atü
1925	01/02	16 atü
1926	S 10.2 (Versuch)	60 atü
1929	02.10 (Versuch)	120 atü
1932	04 (Versuch)	25 atü
1935	05	20 atü
1939	03.10	16 atü
1957	10	18 atü
1959	23 105	16 atü

In Frankreich war die Entwicklung harmonischer verlaufen. Man kam dort von 12 atü um 1910 über 16, dann 17 und 18 atü, 1934 bis 1938 auf 20 atü, die künftig Standard für alle großen Maschinen blieben. Die nicht mehr verwirklichten SNCF-Projekte waren für 22 atü vorgesehen. Ebenso verhielt es sich in den USA, wo die Kesseldrücke der Betriebsmaschinen in den vierziger Jahren vielfach über 20 atü lagen.

Aber sehen wir uns doch einmal das Programm der Forderungen an eine zweckmäßige Schnellfahr-Dampflok an, wie es Direktor bei der Reichsbahn Günther 1937 aufstellte (weitgehend wortwahlgetreue Stichpunktfassung):

Leistung:
Höchstgeschwindigkeit: 170 km/h, 250 bis 300 t Zuggewicht sind in kurzer Zeit auf 150 zu beschleunigen und zu halten — 600 km Durchlauf ohne Ergänzung der Betriebsstoffe.

Konstruktive Durchbildung:
Kohlenstaubfeuerung, mit Mahleinrichtung auf der Lokomotive, selbsttätige Feuerungseinrichtung, zur Erzielung kesselsteinfreien Speisewassers: Kondensation, möglichst mit Unterdruck, um das verfügbare Wärmegefälle zu vergrößern, Führungsdruck der voranlaufenden Drehgestellachsen zur Entlastung der ersten Kuppelachse erhöhen. Triebwerksausbildung: möglichst für den Leerlauf auskuppelbar; verbesserte Schmierung; Vermeiden von Treib- und Kuppelstangen durch raschlaufende, gekapselte Einzelachsantriebe, die die unabgefederten Massen gering halten, bzw. durch Dampfturbine, besonders in Hinblick auf die Kondensation. Vorn liegender Führerstand, windschnittige Verkleidung.

Wirtschaftlichkeit:
Verkürzte Verlustzeiten, höherer Gesamtwirkungsgrad, um die mitzuführenden Betriebsstoffe zu verringern, weniger häufige Ausbesserungsbedürftigkeit bei mindestens gleicher Betriebssicherheit.

Während einige Punkte — wie z.B. die bessere Abstimmung der Anlaufdrücke von Drehgestell und Kuppelachse — eigentlich selbstredend das Ziel jeder Neukonstruktion sein müßten, andere Punkte hingegen sehr hohen Aufwand zur Verwirklichung benötigt hätten, ergibt sich insgesamt daraus doch recht gut das Bild geradezu eines Wunschzettels des Betriebes zur Entwicklung neuer Lokomotivtypen. Vieles davon, in der Tat alle realistischen Punkte, wären mit der klassischen Kolbendampflokomotive zu erfüllen gewesen.

Und vieles war bereits in einigen Lok verwirklicht: Die Geschwindigkeit durch die Baureihe 05, 150 km/h aber auch — unter Voraussetzung nur geringfügiger Anpassungen an der Maschine — von den IV h. Sicher hätte auch die Baureihe 04 dafür hergerichtet werden können, und ebenso standen die englischen LNER- und LMS-Pacifics sowie die Chapelon-Pacifics diesem Programmpunkt nicht nach. Die gewünschte Verbesserung der Wirtschaftlichkeit mit Ausnutzung der Brennstoff- und Speisewasser-Ersparnisse für längere Durchläufe war mit Lokomotiven nach Art der Chapelon-Maschinen unter Beistellung genügend großer Tender bereits verfügbar. Die Verbesserung der Schmierung sowie die Verringerung der Wartungs- und Ausbesserungs-Ansprüche hätte mit bereits vorhandenen erprobten Bauelementen bzw. -techniken (Rollenlager, Stahlgußrahmen mit angegossenen Zylinderblöcken, Konsolen und Auflagerböcken; z.T. Schweißung) bei einiger Offenheit gegenüber neuen, auch ausländischen Errungenschaften großenteils schon erzielt werden können, bzw. wurde von den Lokomotivwerken z.T. in Eigeninitiative in den folgenden Jahren entwickelt (z.b. Stangenlager-Umlaufschmierung von Krupp).

Wie eine solche Hochleistungsmaschine für die Deutsche Reichsbahn hätte aussehen können, hat der Verfasser unter Berücksichtigung der damaligen technischen Möglichkeiten anhand eines eigenen Entwurfs darzustellen versucht. (Man vergleiche auch die späteren 1C2-h4v-S-Projekte und die 2D-h4v-Studien von den Borsig-Lokomotivwerken).

Die skizzierte 2C1-h4v-S stellt eine Synthese aus den jeweiligen damaligen Errungenschaften des deutschen, französischen und amerikanischen Lokomotivbaues dar, wobei letzterer in den Bereichen Kessel, Rahmen und Lager, der französische ebenfalls im Kessel (Überhitzer, Vorwärmer!) und vor allem natürlich in der Dampfmaschine, der deutsche hauptsächlich im Leichtbau, der bei Lieferungen von Lokomotiven für ausländische Bahnen von den Werken z.t. schon weit entwickelt war, und in der Fertigung hätten beitragen können. Vergleiche: Dienstgewicht der siebenachsigen Gebirgsschnellzuglok Reihe 470 der NS von Krupp, 1D2-h4v mit 257 qm Verdampfungsheizfläche und 2650 PSi Nennleistung: 99,1 t — Dienstgewicht der Baureihe 01, 2C1-h2 mit 247 qm Verdampfungsheizfläche und 2250 PSi Nennleistung: 111,3 t. Zurüstteile, Kessel-Grob- und Feinausrüstung sowie Verschleißteile entsprechen der Einheitsbauart, so daß die Lok für die Behandlung im Bw kaum einen größeren Sonderfall dargestellt hätte als die Baureihe 05.

Hinweis: Der Verfasser betont ausdrücklich, daß bei der damaligen maßgeblichen Einstellung höherer Verwaltungsstellen sowie der allgemein spürbaren Tendenz gegen Veränderungen in der Konstruktion ein Zusammenlegen aller verfügbaren in- und ausländischen Erkenntnisse im Lokomotivbau — wie auf anderen Gebieten der Technik — trotz bester Bestrebungen einzelner idealistischer Beteiligter immer wieder unmöglich bleiben mußte. Uns soll es hier jedoch lediglich um die Feststellung technischer Möglichkeiten der Dampflokomotive in Hinblick auf hohe Fahrgeschwindigkeiten gehen.

Die Rohrlänge ist auf 5,2 m beschränkt, um auch bei sehr hohen Kesselanstrengungen Rohrlaufen bzw. Undichtwerden infolge der Wärmeausdehnung zu vermeiden, da die in den fünfziger Jahren zur Anwendung gekommene Schweißtechnik (vgl. Neubau- und Ersatzkessel der DB) damals noch nicht durchentwickelt war (bei einigen ausländischen Maschinen kam sie in entsprechender Form schon zur Anwendung). Die Stahlfeuerbüchse kann entsprechend der Ausführung bei der 05 003 als vollständig geschweißt angesehen werden. Ebenfalls von der 05 003 übernommen ist die Dehnungsfalte, welche den langen, die Rohrwand vor zu hohen Temperaturen selbst bei hohen Heizflächenbelastungen schützenden Verbrennungskammer vorteilhaft ist, insbesondere, da es zu diesem Zeitpunkt noch nicht die besonders gut beweglichen Bauarten von Gelenkstehbolzen gab, wie sie bei den Neubau- und Ersatzkesseln der DB später zum Einsatz kamen.

In der Feuerbüchse ist ein langer, durch Siederohre unterstützter Feuerschirm vorgesehen. Ein reichlich bemessener und für gleichmäßige Luftzuführung zum Rost ausgebildeter Aschkasten mit seitlicher Luftzuführung trägt zur Verlängerung der ohne Feuerbehandlung durchfahrbaren Strecken bei und ermöglicht hohe Rostanstrengungen. Der Kesseldruck entspricht mit 25 atü jenem der Baureihe 04. Die inzwischen (seit 1934) vorliegenden Erkenntnisse über das Verhalten der Kesselbaustoffe bei den Mitteldrucklok M44, M24 und 04 hätten eine Wahl von betrieblich zufriedenstellender Stahlsorten ermöglicht.

Die Triebwerksanordnung ist unter Ausnutzung der durch den hohen Druck sich ergebenden kleinen Zylinderabmessungen als Vierzylinder-Verbund-Maschine mit innenliegenden Niederdruckzylindern gewählt. Dies aus Gründen des Massenausgleichs wie der besseren Dampfführung. Die Niederdruckzylinder mit ihren größeren Massenkräften liegen somit näher an der Lokomotivmittelachse und greifen an kürzeren und daher leichteren Treibstangen an. Dadurch wird ein geringeres Quermoment und ein höherer Ausgleichsgrad des gegenläufigen Innen- bzw. Außentriebwerks jeder Maschinenseite erreicht, was unter Berücksichtigung der in § 69 (3) der TV festgesetzten Höchstgrenze der freien Fliehkräfte aus den Gegengewichten (15 % des ruhenden Achsdrucks) wiederum in dem höheren erzielbaren Vollkommenheitsgrad des dynamischen Massenausgleichs zum Tragen kommt. Zugleich lassen sich besonders die Auspuffdampfleitungen und die Saugzuganlage bei dieser Anordnung strömungsgünstiger ausbilden.

Um keinen Sonder-Radreifendurchmesser zur Verfügung halten zu müssen, sind die üblichen 2000 mm Treibraddurchmesser beibehalten. Die verwendeten Durchmesser gehen damit sämtlich auf bereits vorhandene Maße zurück: 1100 mm für die vorderen Laufräder (Einheitsmaß), 1250 mm für die Tenderdrehgestelle (Einheitsmaß) und 1350 mm für die Schleppachse (preußische G-Lok). Die geforderte Geschwindigkeit findet neben der Verwendung hochfester Stähle für die Triebwerksteile (vergleiche deren erfolgreiche Verwendung an den LMS- und LNER-Pacifics in England) auch in dem auf 550 mm verkürzten Hub Berücksichtigung (wie an anderer Stelle für den umgekehrten Fall der Baureihe 61 bereits erwähnt, wird die Dampfdehnung durch den verkürzten Hub nicht beeinträchtigt, wenn das Zylindervolumen gewahrt bleibt). Dies, obwohl ja auch Lok mit 660 mm Hub und Treibraddurchmessern von rund 2 m Geschwindigkeiten von 180 bis 200 km/h gefahren haben — um die Lagerbeanspruchung durch die Massenkräfte geringer zu halten. Die mittlere Kolbengeschwindigkeit liegt damit trotz des kleineren Raddurchmessers für die gleiche Fahrgeschwindigkeit noch unter jener der Baureihe 05. Die Verteilung der Antriebskräfte auf vier statt drei Treibstangen —noch dazu kürzere — wirkt sich weiter günstig auf die Beanspruchung der hinteren Treibstangenlager aus. (26)

Die Zylinderabmessungen sind so gewählt, daß die Betriebs-Nennleistung (unter Rücksicht auf die Leistungsgrenze des Heizers bei einer noch mit befriedigendem Kesselwirkungsgrad zu fahrenden Belastung von 75 kg/qmh, entsprechend 15,5 t/h) im Bereich um 150 km/h anfällt. Die bei der höchsten Kesselanstrengung (110 bis 120 kg/qmh) bei Schnellfahrversuchen zu erwartende Leistungsspitze verschöbe sich dabei in die Nähe von 200 km/h.

Der Steuerungsantrieb geschieht — abweichend von der in Deutschland bei h4v-Lok üblichen Bauweise — durch vier unabhängige Gestänge, um die Massenkräfte und Steuerungsfehler durch toten Gang (Addition der Lagerspiele) möglichst gering zu halten. In diesem Sinne wäre die Verwendung von Rollen- bzw. Nadellagern im Steuerungsgestänge unbedingt vorteilhaft und vom Stand der Lagertechnik her damals auch möglich gewesen. Weiterhin ergäbe sich dadurch die Möglichkeit, den Antrieb von einer Hubscheibe auf gerader Achse abzunehmen (27), anstelle der Kröpfung, was sich günstig auf die Herstellungskosten und die Haltbarkeit der Achse auswirken würde, an der zugleich die Außentriebwerke angreifen. Der größte Schieberhub beträgt einheitlich ca. 200 mm, wobei die Hochdruck-Schieber 300 mm Durchmesser und innere Einströmung haben, die Niederdruck-Schieber hingegen äußere und 350 mm Durchmesser bei doppelter Ein- und Ausströmung (Willoteaux-Schieber), um die besten Voraussetzungen für eine möglichst drosselfreie Dampfströmung bis zum Blasrohr zu schaffen. Nach den französischen Erfahrungen ist auf reichliches Volumen der Hochdruck-Schieberkästen sowie der Verbinder (etwa entsprechend dem Zylindervolumen) zu achten.

Die Saugzuganlage ist eine Doppel-Kylchap-Anlage, entsprechend ihren hervorragenden Ergebnissen bei der 240 A (P.O.-Serie 4700, später 240.700). Diese Anlage gewährt hohen Rauchkammerunterdruck bei niedrigem Gegendruck auf die Zylinder. Sie eignet sich für hohe Kesselanstrengungen besonders wegen der ausgezeichneten Verteilung des Saugzuges auf das Rohrfeld.

Um den Heizer vom Kohlevorholen zu entlasten, ist eine Vorholeinrichtung vorgesehen, die durch Druckluft aus dem Hauptluftbehälter betrieben wird. Ihre Funktion kann hier nur kurz skizziert werden: Anstatt die Kohlen mit großem Energieaufwand gegen die hohe Reibung über den Boden des Kohlenkastens zu schieben, wird hierbei das Förderbandprinzip benutzt,

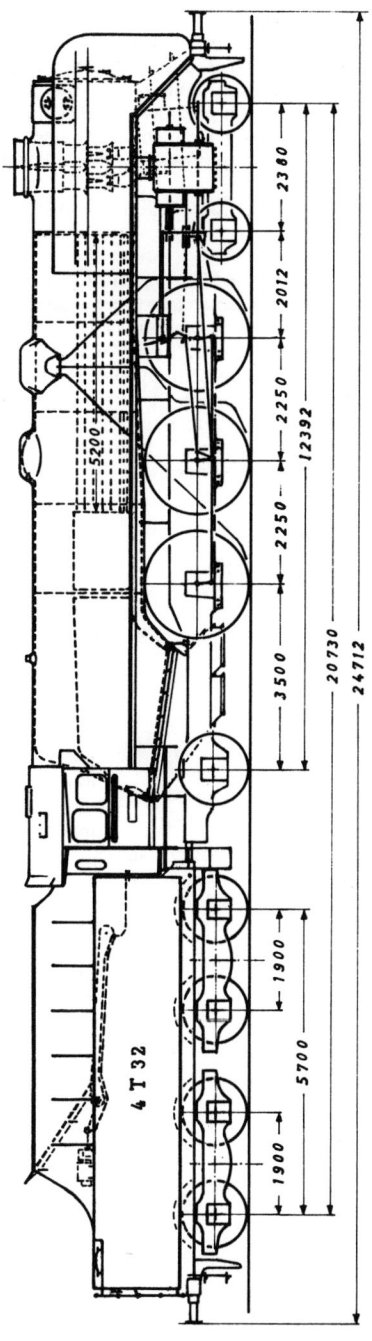

„Baureihe 04.10" — Entwurf des Autors

um die abnehmenden Kohlenvorräte restlos auf das Schaufelblech vorbringen zu können. Dadurch wird gleichzeitig mit der Arbeitserleichterung für den Heizer eine bessere Ausnutzbarkeit des Kohlenvorrates erreicht. Sämtliche Gleit- und Rollflächen bleiben stets im Eingriff und liegen gegen Einwirkung durch Kohle geschützt. Durch Abrieb entstandener Kohlengrus wird von der Einrichtung mit auf das Schaufelblech gefördert, so daß Ansammlung und Festbacken vermieden wird. Die Anlage, die praktisch auch nicht verkanten und verklemmen kann, brächte deshalb gute Voraussetzungen für einen strömungsfreien Betrieb mit sich.

Die Bremsanlage entspricht hinsichtlich ihrer Durchbildung und in den Bremsprozenten jener der Baureihe 05.

In Anbetracht der Gewichtsersparnis durch die höherfesten Kesselbaustähle, wie sie in den dreißiger Jahren in vielen Fällen zur Anwendung kamen (die Ergebnisse mit der Baureihe 04 gehören zu den ungünstigsten — bei USA-Lokomotiven haben sie sich durchaus bewährt) und der leichten Rahmenbauart, die durch die günstige Kinematik des Vierzylindertriebwerks ermöglicht ist, müßte mit einem Treibachsdruck und Dienstgewicht entsprechend der Baureihe 04 auszukommen sein. Wie bei den Vorentwürfen zur Baureihe 05 verschiedentlich vorgeschlagen, könnte aber ohne Nachteil auch ein Achsdruck von 20 t zugestanden werden. Ebenfalls wie bei einigen Vorentwürfen ist die Fahrzeugumgrenzung nach BO II gewählt, um den Dampfdom und die Kylchao-Saugzuganlage zwanglos ausbilden zu können.

Hauptabmessungen

Bauart		2C1-h4v-S
Größte Geschwindigkeit	km/h	175
Treibraddurchmesser	mm	2000
Laufraddurchmesser vorne	mm	1100
Laufraddurchmesser hinten	mm	1350
Tenderraddurchmesser	mm	1250
Fester Achsstand	mm	5500
Gesamtachsstand der Maschine	mm	12392
Gesamtachsstand Lok (mit Tender)	mm	20730
Länge über Puffer	mm	24712
Zylinderabmessungen HD	mm	380 x 550
Zylinderabmessungen ND	mm	570 x 550
Schieberdurchmesser HD	mm	300
Verhältnis Schieberdurchmesser/Zylinderdurchmesser (HD)		0,789
Verhältnis Schieberdurchmesser/Zylinderdurchmesser (ND)		0,614
Volumenverhältnis Zylinder ND/HD		2,25
Kesseldruck	atü	25
Rostfläche	qm	4,5
Strahlungsheizfläche	qm	27,3
Rohrheizfläche	qm	180
Länge der Rohre zwischen den Rohrwänden	mm	5200
Verdampfungsheizfläche	qm	207,3
Heizflächenverhältnis		6,59
Strahlungsflächenverhältnis		6,07
Verdampfungsheizfläche zu Rostfläche		46,07
Dampfüberhitzung bei Kesselnennlast	Grad C	420
Nenndampfleistung	t/h	15,5
— bei Heizflächenbelastung	kg/qmh	75
Tender:		
Bezeichnung		4 T 32 (geschweißt)
Wasservorrat	cbm	32
Kohlenvorrat	t	10

Angaben zur Leistungsfähigkeit einer nur im Entwurfsstadium existierenden Lokomotive sind immer problematisch. Halten wir uns daher an die tatsächlich erzielten Resultate, die hinsichtlich Leistungsfähigkeit, thermodynamischen Wirkungsgraden und Laufeigenschaften mit den besten Lokomotiven der damaligen Zeit erreicht worden sind und ziehen hiervon einen gewissen Sicherheitsprozentsatz ab. Die so erhaltenen Werte hätten sicher erreicht werden können. Es war ja nicht so, daß im deutschen Lokomotivwesen damals keine hochqualifizierten Kräfte vorhanden gewesen wären — wenn man ihnen nur genügend Gelegenheit gegeben hätte, ihr Können auch zum Tragen kommen zu lassen!

Wie bereits angedeutet, bieten die amerikanischen und französischen Lokomotiven wertvolle Beispiele hinsichtlich der Möglichkeiten der Dampflokomotive in den dreißiger Jahren, ebenso auch die Baureihe 04 mit ihrem äußerst niedrigen Dampfverbrauch bei den Fahrten mit Rauchrohreinsätzen. Die gleiche hohe Dampftemperatur würde im Bereich hoher Kesselanstrengungen auch die skizzierte 2C1-h4v-Schnellfahrlok erreichen (nennen wir sie wegen ihres ebenfalls 25 atü betragenden Kesseldruckes und ihrer allgemeinen Anlehnung an die Mitteldrucklok der Deutschen Reichsbahn einmal „04.10", entsprechend 01.10 und 03.10).

Während unter Anrechnung thermodynamischer Wirkungsgrade der Dampfmaschine zwischen jenen der 240 A und der Baureihe 04 bei der Kesselnennlast von 75 kg/qmh die größte indizierte Leistung reichlich 3000 PSi betragen würde, stiege die höchste ohne Schädigung des Kessels erreichbare indizierte Leistung auf rund 4000 PSi im Bereich um 200 km/h. Dies in Anrechnung nicht ganz der Kesselbelastungswerte, wie sie zu jener Zeit in den USA auch mit in den Hauptabmessungen ungünstiger ausgelegten Kesseln erreicht wurden und wie sie die Leistungsfähigkeit der Chapelon-Pacifics und der in ihrer spezifischen Leistungsfähigkeit (bezogen auf Lokdienstgewicht bzw. Rostfläche des Kessels) noch aufsehenerregenderen Chapelon'schen 240 A begründeten (28). Die höchste indizierte Leistung bezogen auf 1 qm Rostfläche beträgt 980 PS (240 A: über 1100 PS!).

Der Dampfverbrauch wurde dabei mit 5,4 - 5,6 kg/PSih noch nennenswert über jenem der Baureihe 04 (5,08 kg/PSih mit Rauchrohreinsätzen) bei Nennleistung angesetzt, obwohl die Frischdampfzustände in beiden Fällen praktisch gleich sind. Auch bleibt die Kesselanstrengung selbst für den Fall des ungünstigeren Wertes von 5,6 kg/PSih noch etwas unter dem Wert von 120 kg/qmh, der als höchste mit amerikanischen und französischen Lokomotiven damals gefahrene Belastung gilt.

Durch diese enorme Leistungsfähigkeit wäre die 04.10 in der Lage gewesen, 200 km/h selbst ohne Stromlinienverkleidung zu erreichen. Die erforderliche Mehrleistung durch höheren Luftwiderstand hätte rund 800 PS betragen. Obwohl es natürlich wenig sinnvoll gewesen wäre, die äußere Gestaltung der Lok vollständig in der Regelausführung der Reichsbahn-Einheitsschnellzuglok zu belassen, ohne aerodynamische Gesichtspunkte zu berücksichtigen, läßt sich damit doch die überragende Bedeutung einer thermodynamisch hochwertigen Dampfmaschine darstellen, die in allen Teilen für geringste Drosselung in der Dampfströmung vom Regler bis zum Blasrohr ausgelegt ist (sehr treffend auch „innere Stromlinie" genannt!), Hand in Hand mit einem entsprechend leistungsfähigen Kessel.

Darüber hinaus hätte die Verbundmaschine die gegenüber der einfachen Dehnung gegebenen thermodynamischen Vorteile der geringeren Wärmeverluste an die Zylinderflächen durch eine Aufteilung der Überhitzung in Frischdampf- und Zwischenüberhitzung unter gleichzeitiger Zurücknahme der Frischdampftemperaturen auf für den Ölfilm besser verträgliche Werte noch zu erweitern gestattet. (29) Was hätte eine weitere Verbesserung der Leistungsfähigkeit und damit Wettbewerbsfähigkeit der Dampflokomotive — nicht nur — im Schnellverkehr bedeutet...

Dabei waren die Entwicklungsmöglichkeiten der Dampflok damit noch nicht am Ende: In vollem Umfange gar nicht abzusehen sind die Aspekte, die sich bei einer Einführung gänzlich anderer Triebwerksbauarten — wie dem Turbinenantrieb und dem auf die einzelne Achse wirkenden Dampfmotor — eröffnet hätten.

Der Dampfmotor war in der Schnellfahrlok 19 1001 zu einer gelungenen Prototypenausführung gekommen, die unter normalen Umständen in nur noch wenigen letzten Entwicklungsschritten zur völligen Betriebsreife hätte gebracht werden können. Es ist beachtlich, daß die Lok 19 1001 als völlig abweichender Einzelgänger sich unter den äußerst ungünstigen Betriebsbedingungen im Kriege überhaupt im Einsatz halten konnte. Für leichte, sehr schnelle Züge entwickelt, wurde sie vor schweren Reisezügen (600 t und mehr) eingesetzt und dies ohne schon den genügenden, mit den Einzelheiten der Maschine vertrauten Personalstamm zur Verfügung zu haben. Viele Defekte, insbesondere aber die Länge von Ausfallzeiten, während derer eine Lokomotive auf Ausbesserung wartet, gehen bei Sonderlokomotiven stets auf das Konto des Einzelgängerstatus selbst, sind also bei einer Beurteilung der betrieblichen Eignung „abzuziehen". Das LVA Grunewald kam zu dem Schluß, daß die Lokomotive 19 1001 durch den Einzelachsantrieb mit seinen wesentlich geringeren ungefederten Massen (2,4 t für den Treibradsatz statt 5 t bei der Baureihe 05) und die hervorragende Laufruhe für einen Schnellverkehr bestens geeignet sei, wozu noch der geringe Schmierstoffverbrauch kam (Rollenlager).

Bei Bau und Betrieb solcher Maschinen in nennenswerter Stückzahl hätten sich durch serienähnlichen Bau der Motoren sowie deren Unterhaltung im Austauschverfahren entsprechend dem Vorgehen der AW bei den Kesseln erhebliche Einsparungen ergeben. Die gekapselte Bauart der Motoren hätte eine weitgehend wartungsfreie Maschine ergeben, die in den Betriebswerken deutliche Senkungen der Personal- und Zeitaufwendungen für Lokbehandlung ermöglicht hätte. Gut ins Bild hätte hier auch die Ölfeuerung gepaßt, die — wenn das Bw nur noch Öl-Lok behandelt — den bereitzustellenden Personalstamm weiter stark herabzusetzen gestattet und den Lokomotiven Umläufe und Tagesleistungen ermöglicht hätte, die jenen der elektrischen Traktion und dem Dieselantrieb nicht nachgestanden hätten.

Am deutlichsten wird das am Beispiel der amerikanischen Norfolk & Western Ry., die zu der Zeit, als die umgebenden Bahnen bereits mehr oder weniger vollständig verdieselt hatten, ihren Betrieb fast gänzlich mit drei Typen moderner Streckendampflok höchster Leistungsfähigkeit abwickelte (die bereits genannte Klasse „J" für den Schnellzugdienst, eine Gemischtzuglok Klasse „A" und eine schwere Güterzuglok Klasse „Y", diese in verschiedenen Unterarten). Als man dort von der PRR Dieseleinheiten zur Bewältigung des gestiegenen Verkehrsaufkommens zusätzlich anmietete, konnten diese keine höheren Laufleistungen erzielen als die im gleichen Zugdienst eingesetzten Lokomotiven der Klasse „J"; man verzeichnete für die Dieseleinheiten jedoch höhere Unterhaltungskosten!

Die Dampfturbinenlok krankte leider allzuoft an den konstruktiven Folgen der übersteigerten Ansprüche, die an sie gestellt wurden. Die freien Fliehkräfte und damit Raddruckschwankungen der Kolbenlok sollten verschwinden, der Wärmewirkungsgrad wesentlich steigen und der Kessel sollte mit Kondensatwasser gespeist werden, weshalb eine Kondensationsanlage notwendig wurde. Diese sollte meistens außerdem im Unterdruck arbeiten, um noch ein weiteres Quantum an Wärmegefälle zu gewinnen. Dazu wurde dann noch der Kesseldruck erhöht und das ganze sollte möglichst eine Lokomotive ergeben, deren Unterhaltungskosten — vom Prototyp an! — unter jenen der Regellok lägen und die in der Ausnutzbarkeit durch den Wegfall des häufigen Kesselauswaschens schließlich die bewährte Kolbenlok überträfe. Dabei hatte keine der Bahnen, die solche anspruchsvollen Forderungen an die zu bauende Turbinenlok stellten, es für nötig erachtet, mit dieser Bauart zunächst in einer bescheideneren Ausführung Erfahrungsgrundlagen zu sammeln. Dies hatte dann die bekannten enttäuschenden Ergebnisse zur Folge, die wiederum Grund genug waren, die ganze Sache ebenso schnell wie begonnen wieder aufzugeben. Man blieb also bei der einfachen Zwillingslok, bei der man es aber mit den thermodynamischen Wirkungsgraden nicht so genau nahm und auch die gelegentlichen Rahmenbrüche als unvermeidlich ansah, die durch die kinematisch ungünstige Arbeitsweise und die hohen Kolbenkräfte dieses „vorsintflutlichen Lückenbüßers" (Ausspruch des Geheimen Baurats Garbe hinsichtlich eines anderen Bauteils der Lokomotive) gefördert wurden.

Die besten unter den Dampfturbinenlok waren denn auch jene, die sich am wenigsten von der Regelform der Lokomotive entfernten: Die Turbolokomotive Nr. 6202 der LMS z.B., die einer normalen 2C1-h4-S der „Princess"-Klasse in allen Teilen außer dem Turbinenantrieb entsprach. Doch die Antriebseinheit verfiel dem Abbruch, und mit ihr erlosch der Gedanke an Turbinenlok etwa zu selben Zeit, als die Einzelachslok 19 1001 in den USA verschrottet wurde (1952).

Die amerikanischen Dampfturbinenlok waren zu dieser Zeit bereits wieder von den Schienensträngen verschwunden, obwohl sie größtenteils erst später gebaut worden waren. Darunter hatten sich hochkomplizierte Maschinen befunden, die im rauhen Alltag des amerikanischen Eisenbahnwesens von Anfang an kaum eine reelle Chance gehabt hatten, aber auch die zweckmäßigere, gradlinig von der Regellok abstammende Ausführung, bei der lediglich das Kolbentriebwerk durch die Turbinenantriebseinheit ersetzt worden war. Diese Maschine, die 1944 gebaute Nr. 6200 der Pennsylvania Rd. war in Leistung und Verbrauchswerten gegenüber den Kolbendampflok der Klasse T1 ein voller Erfolg (30). Außerdem erwies sich die Anfahrzugkraft der 3D3-Turbinenlok der 2BB2-Kolbenlok überlegen und war von geringer Schleuderneigung begleitet. Leider hatte auch die 6200 für Rückwärtsfahrt eine besonders kleine, daher wenig wirtschaftliche und leistungsfähige Turbine anstelle eines umsteuerbaren Untersetzungsgetriebes. Jedoch wurde sie bei Vorwärtsfahrt ausgerückt, so daß sich keine Ventilationsverluste ergaben wie anfänglich bei den deutschen Ausführungen, bei denen die Antriebseinheit in den dreißiger Jahren umgebaut wurde. Die starre Kupplung der Turbine mit den Treibachsen hatte jedoch bei allen Lokomotiven beim Anfahren im Bereich geringer Fahrgeschwindigkeit einen hohen Dampfverbrauch zur Folge, da ja im Gegensatz zum Kolben die Turbine beim Anfahren schon im Stand von Dampf durchströmt und nicht nur beaufschlagt wird.

Heute wäre dieses Problem, das für die „6200" die Hauptschwierigkeit darstellte, mit einem hydraulischen Drehmomentwandler-Getriebe beseitigt. Diese weitgehend wartungsfreien Getriebebauarten haben sich in Dieseleinheiten für größte Antriebsleistungen als geeignet erwiesen und stellen nicht selten die zuverlässigsten Elemente der ganzen Maschinenanlage dar. Dadurch hätte sich die Turbineneinheit selbst optimal für eine bestimmte Drehzahl ausbilden lassen, bei der sie über ein breites Leistungsband die günstigsten Dampfverbrauchswerte aufweist. Dies wäre der Leistungscharakteristik der Turbine sehr entgegengekommen und hätte noch wesentlich größere Ersparnisse gegenüber der Kolbenlok erzielen lassen.

Die Turbinenlok der PRR ereilte jedoch, obgleich sie sich im Rahmen der für einen Einzelgänger gegebenen Möglichkeiten durchaus bewährte, das gleiche Schicksal wie die anderen mit großen Hoffnungen gebauten Sonderlokomotiven: Schon 1949 stand sie mit ausgebauter Turbineneinheit im Bahnbetriebswerk Crestline in Ohio abgestellt, um nie mehr instandgesetzt zu werden. Acht Jahre nach ihrem Bau wurde sie verschrottet.

Die im Verhältnis zum übrigen Fortschritt der Technik recht schleppende Entwicklung der Dampflokomotive hat die Formen, die mit der in vielerlei Traditionen verhafteten Kolbenlok brechen wollten, nicht mehr zum Tragen kommen lassen. Die Zeit blieb nicht stehen, die Zeit wartet nicht! Für die Dampflok war sie bereits abgelaufen, als die durch verschiedenste Hemmnisse verzögerten Lösungen und Erfolge endlich vor dem Durchbruch standen. Ihre Ablösung war daher weniger eine notwendige Folge des Veraltens, sondern mehr einer sich zu schleppend entwickelnden und daher ins Hintertreffen geratenen Maschinenart. Denn technisch gesehen hätte sie gerade heute im Zuge des steigenden Umweltbewußtseins neue Aktualität gewinnen können durch ihre Fähigkeit, mit dem kontinuierlichen offenen Verbrennungsprozeß weit geringere Schadstoffemissionen (bezogen auf die Leistungseinheit) zu erzeugen als die Dieselzugkraft und durch ihre Auslegbarkeit für praktisch jeden vorteilhaften Brennstoff.

Hansjürgen Wenzel

Betriebsmaschinendienst

Die im Verkehrsarchiv beim Verkehrsmuseum Nürnberg vollständig erhaltenen Betriebsbücher der drei 05-Lokomotiven geben Aufschluß über den Lebensweg aller drei Lokomotiven.

05 001 wurde am 8. März 1935 geliefert und wurde sofort dem Versuchsamt Grunewald zugewiesen. Nach einer L2-Ausbesserung im RAW Braunschweig vom 16. Mai bis 13. Juni 1935 erfolgte am 13. Juni diesen Jahres nach einer Probefahrt von Braunschweig nach Magdeburg und zurück die amtliche Abnahme der Lok, die jedoch sogleich an die Firma Borsig zurückging und ab 18. Oktober 1935 in Nürnberg ausgestellt war. Während dieser Zeit und vor weiterem Einsatz in Altona mußte sie 1935 und 1936 drei L0-Ausbesserungen im RAW Braunschweig über sich ergehen lassen (21. Oktober bis 21. November 1935, 3. Januar bis 4. Mai 1936 und 12. bis 14. Mai 1936). Ab 15. Mai 1936 endlich stand sie dem Bw Altona zur Verfügung.

Auch 05 002 hatte Anlaufschwierigkeiten. Am 17. Mai 1935 wurde sie geliefert und dem Versuchsamt Grunewald zugewiesen, mußte sich jedoch vor Abnahme einer L2 im RAW Braunschweig unterziehen, die vom 1. August bis 30. September 1935 dauerte und von der Abnahmeprobefahrt Braunschweig – Magdeburg und zurück (23. September) begleitet wurde.

Nach Abnahme am 30. September 1935 kam die Lok nach Grunewald zurück, erhielt aber ein Jahr später eine vom 25. Juli bis 13. Oktober 1936 dauernde L0-Ausbesserung im RAW Braunschweig. Ab 14. Oktober 1936 stand auch sie dem Bw Altona zu Diensten, wurde indessen kurzfristig vom 6. Juni bis 10. Juli 1937 nochmals nach Grunewald versetzt.

Beide Lok waren in einem eigenen Dienstplan vor dem FD-Paar 23/24 zwischen Hamburg und Berlin eingesetzt. Am 8. April 1942 wurde bei 05 001, am 7. November 1941 bei 05 002 das Triebwerk entstromt; ebenfalls im Krieg strich man die Lok schwarz.

05 001 scheint vom Pech verfolgt gewesen zu sein. Schon vom 26. Juni bis 7. Juli 1936 befand sie sich wegen eines Unfalls zur L0 im RAW Braunschweig. Im August 1939 fing sie auf dem Lehrter Bahnhof in Berlin beim Heranfahren an den Zug plötzlich Feuer. Die Triebwerksteile wurden völlig ausgeglüht und zum Teil bis zur Unbrauchbarkeit verbogen. Brandursache war eine Ansammlung von Öl, welches vom inneren Triebwerk gegen die nicht gut schließende Kesselbekleidung geschleudert worden war. Diese mit Staub vermischte Ölkruste wurde vermutlich durch bei Rückwärtsfahrt aus der vorderen Aschkastenklappe entwichene Funken in Brand gesetzt. Die Feuerwehr mußte den Brand löschen. Folge dieses Geschehnisses für die Lok war eine L0-Ausbesserung vom 30. August bis 5. Oktober 1939 im RAW Braunschweig.

Im Jahre 1943 schlug das Schicksal wiederum zu. Am 2. März 1943 hatte 05 001 den SF (Schnellzug für Fronturlauber mit einigen Wagen für den öffentlichen Verkehr) 2149 (Aalborg – München) zu befördern. Auf Bf Ashausen bei km 155,2, auf dem Streckenabschnitt

Zugunglück im Kreis Harburg

In der Nacht zum 3. März fuhr auf dem Bahnhof As-bausen Kreis Harburg, ein D-Zug auf eine rangierende Güterzuglokomotive. Von dem D-Zug entgleisten einige Wagen, während die beiden Lokomotiven zertrümmert wurden. Das Unglück forderte sechs Tote, dreizehn Schwerverletzte und acht Leichtverletzte. Die Schwerverletzten wurden in Krankenhäusern in Winsen und Harburg untergebracht. Sämtliche Verletzten befinden sich außer Lebensgefahr. Aerztliche Hilfe und Hilfszüge der Reichsbahn waren in kurzer Zeit zur Stelle. Die Untersuchung der Ursache des Unglücks durch leitende Männer der Reichsbahn ist noch nicht abgeschlossen.

Zugunglück im Kreis Harburg

In der Nacht zum 3. März fuhr auf dem Bahn-hof Ashausen, Kreis Harburg, ein D-Zug auf eine rangierende Güterzug-lokomotive. Von dem D-Zug entgleisten einige Wagen, während die beiden Lokomotiven zertrümmert wurden. Das Unglück forderte sechs Tote, dreizehn Schwerverletzte und acht Leichtverletzte. Die Schwerverletzten wurden in Krankenhäusern in Winsen und Har-burg untergebracht. Sämtliche Verletzten befinden sich außer Lebensgefahr Ärztliche Hilfe und Hilfszüge der Reichsbahn waren in kurzer Zeit zur Stelle. Die Untersuchung der Ursache des Unglücks durch leitende Männer der Reichsbahn ist noch nicht abgeschlossen.

Hamburg-Harburg — Uelzen fuhr der Zug um 23.05 Uhr auf die in der Kreuzung haltende 93 543 des N 8432 auf.

Die T 14.1 hatte in Ashausen rangiert. Da der Zug wegen Annahmeverweigerung des Bahnhofs Winsen (Luhe) in Ashausen noch warten mußte, wollte der Lokführer Wasser nehmen und zu diesem Zweck nach Meckelfeld zurückfahren, weil in Winsen kein Wasserkran vorhanden war. Die 93 543 hatte von Gleis 3 nach Gleis 4 vorgezogen, dort die Durchfahrt der Züge P 818, De 5184, De 5186, Dg 7343 und D 84 abgewartet und fuhr dann nach Gleis 1. Entweder blieb sie bei dieser Fahrt auf der Kreuzung stehen oder sie setzte zurück, ehe die Durchfahrt des SF 2149 eingestellt war. Beide Lokomotiven stürzten um. Zwei C4ü- und zwei B4ü-Wagen entgleisten; zwei C4ü-Wagen wurden ineinandergeschoben. Ferner wurden 120 m Gleis und vier Weichen beschädigt. Das Unglück forderte sechs Tote; noch an der Unfallstelle verstarben Lokführer Ernst Brinkmann und Heizer Julius Meier aus Hamburg-Harburg, vermutlich die Mannschaft der T 14. Der 05 001 sah niemand an, daß sie noch einmal fahren würde (vgl. Foto); immerhin brauchte das RAW Braunschweig zum Neuaufbau vom 8. April bis 20. Oktober 1943.

Infolge der Einstellung des Schnellzugverkehrs im Januar 1945 wurde 05 002 am 26. Januar und 05 001 am 31. Januar diesen Jahres betriebsfähig kalt abgestellt; 05 001 zählte am 13. September 1945, 05 002 ab 13. Juni 1945 als w-Lok, bis sie beide am 15. März 1947 auf „z" abgestellt wurden.

05 003 spielte vor Kriegsende keine Rolle mehr im Zugförderungsdienst. Sie wurde als Kohlenstaubfeuerungslok nicht abgenommen, sondern bis 14. Februar 1945 in Hennigsdorf umgebaut und am 15. Februar 1945 dem Bw Altona zugewiesen. Dort stand sie dem Betriebsbuch zufolge bis 1. März 1945 in Dienst, legte aber nur 503 km zurück und war dann bis Mai 1947 abgestellt. Auf Anordnung der britischen Aufsichtsbehörde wurde die 05 003 zum Bw Hamm geholt. Sie traf dort am 21. Mai 1947 mit eigener Kraft ein und wurde vom 9. Juni bis 20. Juni 1947 im RAW Schwerte (Ruhr) einer L0-Ausbesserung unterzogen. Die Probefahrt legte sie als Vorspannlok vor einem Schnellzug nach Dortmund zurück. Anschließend verwendete man sie mit zwei Planpersonalen und einem Reservepersonal im planmäßigen Schnellzugdienst zwischen Hamm und Köln. Bereits im Oktober 1947 mußte die Lok wegen eines Schadens am Dampfsammelkasten und des Bruchs mehrerer Stehbolzen abgestellt werden. Sie kam zwar ins EAW Braunschweig; wegen fehlender Ersatzteile — die Teile aus 05 001 oder 05 002 paßten nicht — setzte man sie nicht wieder instand, sondern stellte sie auf „z" ab und überwies sie am 15. November 1948 als z-Lok dem Bw Hamburg-Altona.

Im amtlichen Bestand vom 29. April 1947 führte man die drei 05-Lok als Splittergattung; am 26. April 1948 waren sie nicht mehr verzeichnet. Auf Betreiben von APr Witte wurden die drei Lok jedoch wieder in den Erhaltungsbestand aufgenommen und bei der Firma Krauß-Maffei wieder aufgearbeitet:

05 001   17. April 1950 — 22. Dezember 1950
002   21. April 1950 — 19. April 1951
003   11. April 1950 — 24. Oktober 1950

Nunmehr wurden die Lok richtig hergenommen. Sie standen im dreitägigen Dienstplan und hatten ab 1951 den längsten Durchlauf zwischen Hamburg und Köln mit 478 km; im Jahre 1953 liefen sie kurzfristig zwischen Hamburg und Frankfurt (Main) 703 km, bis sie hierin 1954 durch 03.10 abgelöst wurden. 03.10 waren es auch, die einsprangen, wenn eine der drei 05-Lokomotiven ausgewaschen wurde oder im AW weilte. Den 478-km-Langlauf behielten die 05 bei. So beförderten sie im Sommer 1955 den F 1/2 Hanseat, den F 13/14 Dompfeil und den F 16 Sachsenroß. Der abgebildete Laufplan gibt hierüber genauen Aufschluß. In diese Zeit fallen auch die Höchstleistungen der 05-Lokomotiven . 05 001 erreichte im Januar 1955 22 329 km, 05 002 im August 1955 22 070 km und 05 003 im August 1954 22 345 km, kamen also an 01.10 oder 03.10 bei weitem nicht heran. Insgesamt brachte es 05 001 im Laufe ihres Lebens

Laufplan der Triebfahrzeuge

BD	Essen
MA	Hamm (Westf.)
Heimat-Bw	Hamm (Westf.)
Einsatz-Bw	

gültig vom 22.5.55 bis ....

Verkehrstag	Laufplan Nr	1
tgl	Triebfahrzeuge Zahl	3 BR 05
	Bedarf n.Laufpl.	1
	Laufkm/Tag	721

Lpl Nr/km	Baureihe	Tag	0	1	2	3	4	5	6	7	8	9	10	11	12	13	14	15	16	17	18	19	20	21	22	23	24
808	05	1			Hamm					D 121		F₁ Hanstedt			Hmb – Altona					F 2 Hanstedt			Hamm		F 2		Köln
927		2			Köln Bbf		Köln Hbf			D 121			Hannover			F 16 Sachsenroß				Köln			F 13 Dampfzl	Hann.
429		3			Hannover					F 14 Dampfzl			Köln			D 103			Hamm				

Σ = 2164

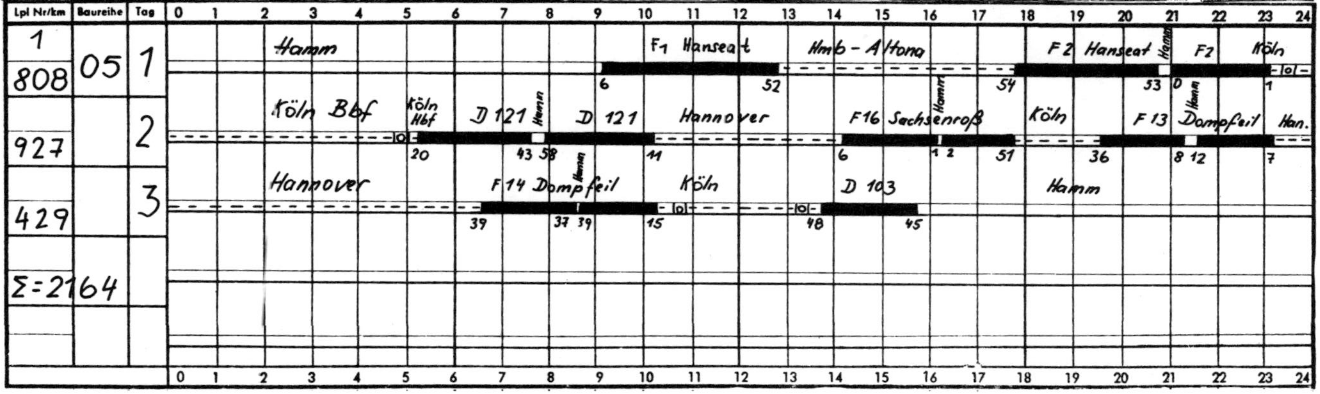

auf 1 543 692 km, 05 002 auf 1 465 982 km und 05 003 auf 798 328 km. 05 001 hatte übrigens wiederum Pech: nach einem Unfall stand sie vom 10. Juli 1952 bis 15. Januar 1953 z im AW Braunschweig und kam erst nach einer L0 vom 16. Januar bis 20. Februar 1953 wieder in Fahrt.

Alle drei Lok erhielten noch eine L3 (05 001: 3. Juni 1954; 05 002: 27. Mai 1955; 05 003: 23. Dezember 1954) und eine L2, wurden jedoch im Herbst 1957 aus dem Verkehr gezogen. 05 003 stellte man am 9. September 1957 betriebsfähig ab und am 24. Oktober 1957 auf „z''; 05 002 wurde am 10. Oktober 1957 betriebsfähig abgestellt und am 19. November 1957 auf z gestellt, während 05 001 noch eine Weile fallweise bis zur z-Stellung am 3. April 1958 eingesetzt wurde. Mit Verfügung 21.213 Fau 399 vom 16. Juni 1958 musterte die HVB alle drei Lok aus ... V 200 hatten die Nachfolge in Hamm angetreten. Während 05 002 und 05 003 im Jahre 1960 in Essen-Katernberg zerlegt wurden, rollte 05 001 nach Aufarbeitung im AW Weiden (Opf) am 10. Juni 1963 zum Verkehrsmuseum in Nürnberg. Wenn auch 05 002 es war, die am 11. Mai 1936 zwischen Neustadt (Dosse) und Nauen 200,4 km/h erreicht hatte und eigentlich einen Platz im Museum verdient hätte, so ist es doch zu begrüßen, daß immerhin die Schwesterlok dieser Rekordträgerin der Nachwelt erhalten bleibt.

Anmerkungen

1) Bei dem gegen die 2C1-S-Loks erhöhten Leistungsangebot der 2C2-S-Lok würde dies nur zutreffen, wenn man auch bei 110 km/h die volle Kesselleistung der für 160 km/h ausgelegten Maschine ausnutzen will. Dies wäre aber bei Verwendung im Plan der damaligen Regelloks auf Flachlandstrecken nicht notwendig gewesen. Unabhängig davon würde das Argument natürlich für die einfach dehnende Maschine entsprechend zutreffen, wenn die gleichen Leistungen verlangt würden.

2) Abgesehen von den Mängeln der S10-Vierling in der Dampfführung bietet der Vierling allgemein größere Abstrahlungsflächen im Vergleich zum volumengleichen Zwilling, so daß der Dampfverbrauch erhöht wird: nach Nordmann schon beim Drilling um 6,5 % gegen den Zwilling. Dem steht die weitaus geringere Drosselung gegenüber, die sich günstig auf das Verhalten bei hoher Triebwerksdrehzahl, genauer: Kolbengeschwindigkeit, auswirkt. Dafür sind die hervorragenden Qualitäten der 2C1-h4-S der ,,Duchess''-Klasse der LMS das erste Beispiel. In Deutschland, wo diese Triebwerksdrehzahlen nicht erreicht wurden, schenkte man der Verbesserung der bei den Regellok nur andeutungsweise vorhandenen Zylinderisolierung zur Verringerung der Abstrahlungsverluste nicht genügend Augenmerk und es blieb letztendlich dabei bis zu den letzten Regellok für die DB. In den Bestrebungen, den Dampfverbrauch zu senken, beschränkte man stattdessen lieber die Zylinderzahl. Auf dieser Linie lag — das sei am Rande vermerkt — sogar ein Vorschlag zu einer Einzylinder-Tenderlok (2B1), die, mit einem kleinen elektrischen Anlasser versehen, auch 160 km/h mit zwei D-Zug-Wagen sollte erreichen können.

4) Dr.-Ing. eh. R.P. Wagner in Organ f.d.F.d.E., 1936, S. 43

5) Dir. b.d.Rb. K. Günther in Glasers Annalen, 1937, S. 108

6) 8. Beratung d. Fachausschusses Lok., 1952

7) Dr.-Ing. Wagner, 1934

8) Dr.-Ing. eh. Wagner in Organ f.d.F.d.E., 1936

9) Prof. Nordmann in Organ f.d.F.d.E., 1938

10) Zum Vergleich: Die Stromlinienlok der Klasse A4 waren an den Treibrädern nur mit 86% (einseitig) abgebremst, der Tender zu 62% und die Laufräder der Maschine überhaupt nicht (d.h. 55% Abbremsung für die Maschine). Diese Bremsverhältnisse hatten ihre Ursache z.T. in der Vacuumbremse, bei der hohe Prozentsätze schwieriger zu verwirklichen sind als bei Druckluftbremsen. Die auf die Treibradsätze wirkenden Bremsklötze verschlissen im regulären Betrieb sehr rasch. Wie es heißt, erreichten sie gut die halbe Lebensdauer derjenigen bei der Londoner U-Bahn (Ron Scott und Brian Reed: Gresley A4s).

11) In diesem Zusammenhang sei an die zugleich wesentlich längeren und im Durchmesser größeren Kessel neuerer amerikanischer Lokomotiven für Schnellzüge und für Güterzüge erinnert. Auch von deren Führerständen konnte man in der Geraden ab einer bestimmten Entfernung beide Gleise der Strecke übersehen bei freiem Ausblick um mehr als 180 Grad zur Seite.

12) Die Reichsbahn, 1935 S. 218/219

13) H. Nordmann, Versuchsergebnisse mit Stromlinien-Dampflokomotiven, Z.VDI Bd. 79 (1935), Nr. 41 S. 1228

14) Diese Vereinfachung ist zulässig, da beide Maschinen die gleichen Treibraddurchmesser aufwiesen und die gleiche Betriebsgeschwindigkeit erreichen sollten, also mit gleicher Hubfolge i.d. Zeiteinheit arbeiteten.

15) Verkehrstechnische Woche 1936, S. 550

16) 25. Beratung des Ausschusses für Lokomotiven, Pkt. 2); jedoch nicht ohne Rohrlaufen usw.

17) Auf dem Versuchsstand der SNCF in Vitry wurde eine Lok der BR 44 (SNCF 150X) mit geschweißtem, dem Bauzustand bei der DB entsprechenden Kessel im Beharrungszustand ohne Schaden mit Heizflächenanstrengungen von 80 kg/qm/h gefahren, wobei die Spitzenbelastung bis 110 kg/qm/h getrieben wurde. Die indizierte Leistung betrug im Beharrungszustand 2950 PSi. Gleiche Belastungswerte 110 kg/qm/h sind auch von der 141 P gefahren worden, deren Kessel in den Hauptabmessung H_V = 201,8 qm; H_{VS} = 15,66 qm; R = 4,28 qm; Länge zwischen den Rohrwänden = 6,0 m und den Verhältnissen $H_{Vb}:H_{VS}$ = 11,9; $H_{VS}:R$ = 3,65 dem Kessel der BR 03 ähnlich ist, jedoch ebenfalls geschweißt.

18) Bei einem „maximum-capacity test", d.h. einer Versuchsfahrt, bei der es um die Feststellung der höchsten mit der Lok erzielbaren Leistung ging, wurde diese Anstrengung in der Beharrung durchgehalten. Dabei wechselten sich zwei Heizer in drei-Minuten-Abständen ab bei einer Feuerungsrate von 2 1/2 t Kohle/Std. Die Maschine, die 20,2 t Kuppelachslast aufwies, leistete dabei 2000 PS_e am Zughaken (umgerechnet auf die Waagrechte), entsprechend rund 2600 PS_i, bei V = 76 km/h. Die Folgen für den Kessel waren nicht unähnlich jenen der Beharrungsmeßfahrt mit der BR 03 bei B_H = 84 kg/qm/h.

19) 1937 war das erste Baujahr der BR 45 mit 7,5 m lichter Langkessellänge, darauf folgte die BR 06. Die BR 41 war bereits 1936 erstmals angeliefert worden, während die bewährten BR 50 sich bald von der „Einheitslok 1925" fort zur „Kriegslok" entwickelten. Die BR 23 blieb nach hochgesteckten Entwurfsstudien in zwei wenig fortschrittlichen Probeausführungen stecken. Dagegen betonte die 19 1001 als gelungene Sonderkonstruktion noch bis Ende der „Ära 1925". Auch die ab 1937 bzw. 1939 gebauten 01.10, 03.10 und 61 002 waren erst in ihren Umbauformen nach dem Krieg richtig verwendbar.

20) Dipl.-Ing. Adolf Wolff: „Die 2C2-h3-Schnellzuglokomotive 05 003 der Deutschen Reichsbahn", Berlin 1947.

21) Dipl.-Ing. A. Wolff

22) Die Kesselzustände waren z.T. sehr unterschiedlich: während 5 Lokomotiven der BR 50 noch bis in die 60er Jahre mit den St 47 K-Kesseln liefen, und zwar mit dem vollen ursprünglichen Kesseldruck von 16 atü, waren diejenigen der Lok BR 01.10 und 03.10 (alt) schon in den 50igern so verschlissen, daß ein Ersatz dringend erforderlich wurde. Bei den BR 41 war der Zustand geteilt; einige Kessel hielten hier ebenfalls bis in die 60er Jahre durch. Auch sei an den langen Einsatz der 03.10 mit altem Kessel bei der PKP erinnert.

23) Nordmann: „Die Laufeigenschaften der Lokomotiven" (Organ f.d.F.d.E. 1941): „ . . . einer Fahrt mit besonders starker Erhöhung (der Fahrgeschwindigkeit, Anm. des Verf.) um 40%, von 110 km/h auf 156 km/h, . . .".

24) Wobei es um das Verhalten der Stromabnehmer unter 25 000 Volt-Einphasen-Wechselstrom-Fahrleitung ging.

25) Die Lokomotiven verhielten sich dabei tadellos. Lediglich gab es einen Heißläufer an einem Niederdrucktriebwerk während der gesamten Testdauer, entsprechend über 300 km. Die für 120 km/h ausgelegte Ventilsteuerung verhinderte jedoch ein Durchhalten dieser Geschwindigkeiten im Beharrungszustand.

26) Es wäre möglich gewesen das Gestänge mit Rollenlagern auszurüsten (siehe 01 058); da diese jedoch zuvor in Deutschland nicht erprobt waren, wäre es zweckmäßig gewesen, auch amerikanische Erfahrungen mit heranzuziehen.

27) Da die Umfangsgeschwindigkeit der Lagerflächen bei Rollenlagern unkritisch ist.

28) Die nach Gründung der SNCF entstandenen 240 P waren nochmals um 10% stärker als die 240 A und brachten es auf 4 500 PS_i bei 3,76 qm Rostfläche!

29) Schon für die 1929 bei der LNER gebaute 2C11-h4v-Hochdrucklok mit Yarrow-Kessel empfahl Ingenieur Principal A. Chapelon eine Zwischenüberhitzung. Später erzielte er damit ausgezeichnete Ergebnisse in der Dampfersparnis bei der G-Lok 160 A 1. Die Ersparnis nimmt mit steigendem Kesseldruck zu. Drücke über 25 atü können ohne Zwischenüberhitzung nicht mehr vorteilhaft in der Lokomotivmaschine verarbeitet werden.

30) Die T1-Lok der PRR gehörten hinsichtlich der Dampfverbrauchswerte besonders im Bereich hoher Leistungen zu den wirtschaftlichsten unter den amerikanischen Dampfloktypen.

BILDTEIL

Die Baureihe 05 — Anlieferungszustand

Vorstudien

Bau und Ablieferung

Einsatz in der Vorkriegszeit

Kriegs- und Nachkriegszeit

Umbau bei Krauss-Maffei

Einsatz 1950 bis 1957

Museumslok 05 001

Vergleichslokomotiven im
In- und Ausland

Verzeichnis der Bildautoren

Die Baureihe 05 –
Anlieferungszustand

1 — 3 Alle drei Maschinen der Bareihe 05 im Ablieferungszustand.
oben: 05 001 in Hamburg-Altona.   Foto: Archiv Bellingrodt
Mitte: Die schnellste Dampflok der Welt, Vmax 201 km/h.

unten: 05 003, Ablieferungszustand.   Foto: Werksbild Borsig

Vorstudien

4 — *2 C 2-Schlepptenderlokomotive in unverkleideter Regelausführung.* Foto: DRG

5 — *2 C 2-Schlepptenderlokomotive mit halbkugeliger Rauchkammertür und zugeschärftem Führerhaus.* Foto: DRG

6 — *2 C 2-Schlepptenderlokomotive in Stromlinienform mit teilweiser Triebwerks- und vollständiger Tenderverkleidung.* Foto: DRG

7 — *2 C 2-Schlepptenderlokomotive in Stromlinienform mit vollständiger Triebwerks- und Tenderverkleidung.* Foto: DRG

8 — *Aufhängung des Doppelmodells 1:20 mit Sogblende im Windkanal (gesehen in Windrichtung).* Foto: DRG

9 — *Modelle und auswechselbare Teile* Foto: DRG

10 — Zum Vergleich: 03 154 (VA Grundewald mit teilverkleidetem Triebwerk, aufgenommen
in Berlin).   Foto: RVM-Filmstelle/Sammlung Krafft
11 — 03 193 (VA Grunewald) in vollverkleidetem Zustand.   Foto: Sammlung Suckow

Bau und Ablieferung

12 — *Ein Lokomotivriese entsteht: Die erste Maschine der Baureihe 05 vor der ,,Verhüllung'', fast fertiggestellt im Werk Borsig, 1935.*
13 — *Die Steinkohlestaublok bei der Montage bei Borsig.*   *Foto: Archiv Kurt Pierson*

14 — 15 *Wieder hergerichtet — jedoch nicht zum Einsatz, sondern für's Museum; 1961 bei der Aufstellung zur Besichtigung im „kleinen Kreise". Zwischen den wenigen Bildern (1, 12), lagen laufleistungsreiche Jahre, während derer der Stromlinienmantel „an den Nagel gehängt" wurde.*   Fotos: Walther Zeitler

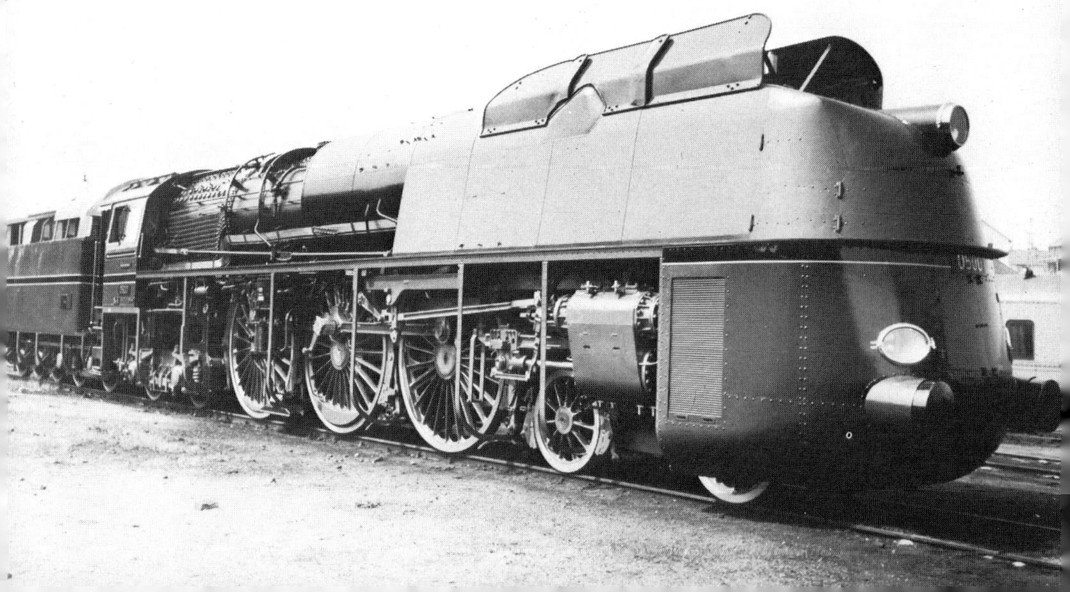

16 — (links): 05 001 verläßt das Herstellerwerk Borsig.   Foto: Bundesarchiv

17 — Mit spiegelblankem Lack präsentiert sich 05 001 im Jahre 1935.

18 — Im Bw Altona. Die Windleitbleche sind angebracht, die Verkleidung ging so weit, daß selbst die für die Einheitsloks typischen Griffstangen in der Führerhausseitenwand abgedeckt wurden.

19 — (nächste Seite): Inbegriff moderner Eleganz war damals die Stromlinienform.

                                          Foto: Historia-Photo

Einsatz
in der Vorkriegszeit

20 — 05 001 im Bw. Wer hätte damals gedacht,daß die unscheinbar im Hintergrund stehende T 18 das neue Stromlinienphänomen überleben würde?   Foto: Sammlung Klebes
21 — 05 002, soeben neu angeliefert.
22 — (rechts) Renommierlok 05 001 als Präsentierstück bei der Ausstellung „100 Jahre Deutsche Eisenbahnen", Nürnberg 1935.   Foto: Sammlung H. Wenzel

Foto: Walther Zeitler

Foto: Walther Zeitler

Foto: Archiv Bellingrodt

25 — 05 001, RBD Altona, Bw Altona.

26 — Immer, wenn sich unter dem glatten Äußeren die gewohnte Dampflokomotive mit Dampf und Arbeitsgeräuschen kundtat, gewann der Begriff „Verkleidung" einen anderen Inhalt.

27 — Die ungewohnte neue Form fand beim Publikum lebhaften Anklang und verlieh dem Ansehen der Reichsbahn weiteren Glanz.
Foto: Archiv Historia-Photo

28 — 05 002 mit FD 23 fährt aus Hamburg Hbf aus — mit offenen Triebwerksklappen!
Foto: Archiv Bellingrodt

29 — Eine nicht gerade alltägliche Fuhre für 05 001, die hier einen Abteilwagenzug bei Patt-
burg zieht. Foto: Dr. Heimbach

30 — Das verträumte Aumühle erlebte in jenen Jahren den unerhörten Aufschwung der großen Schnellverkehrsverbindungen aus erster Hand: FD 23 am 6. Juni 1938 mit 05 002.
Foto: Carl Bellingrodt

31 — (rechts) 05 002 auf Versuchsfahrt Berlin — Hamburg bei Zernitz. Foto: Carl Bellingrodt

32 — Führerstand vorn und Steinkohlestaubfeuerung — Lok 05 003.   Foto: Sammlung Wenzel
33 — In Brandenburg (Havel) während einer Versuchsfahrt. Man hoffte, der Verbrennungsluft
den Zugang durch zwei Öffnungen unterhalb des Streifenbandes am Bug erleichtern zu
können.   Foto: Reichsbahn-Zentralamt Berlin

Kriegs-
und Nachkriegszeit

Am 2. März 1943 verunglückte 05 001 vor dem SF 2149 (Schnellzug für Fronturlauber) im Bahnhof Ashausen/Krs. Harburg. Die Fotos auf dieser und den folgenden drei Seiten zeigen die Unfallstelle. Vgl. dazu den Bericht auf S. 110ff.

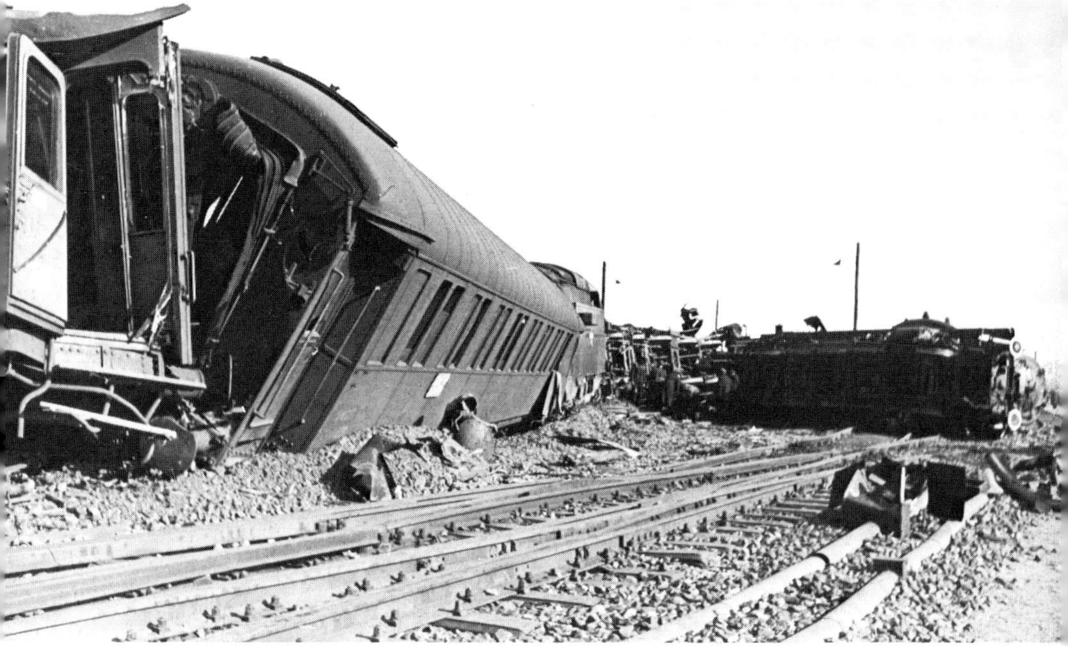

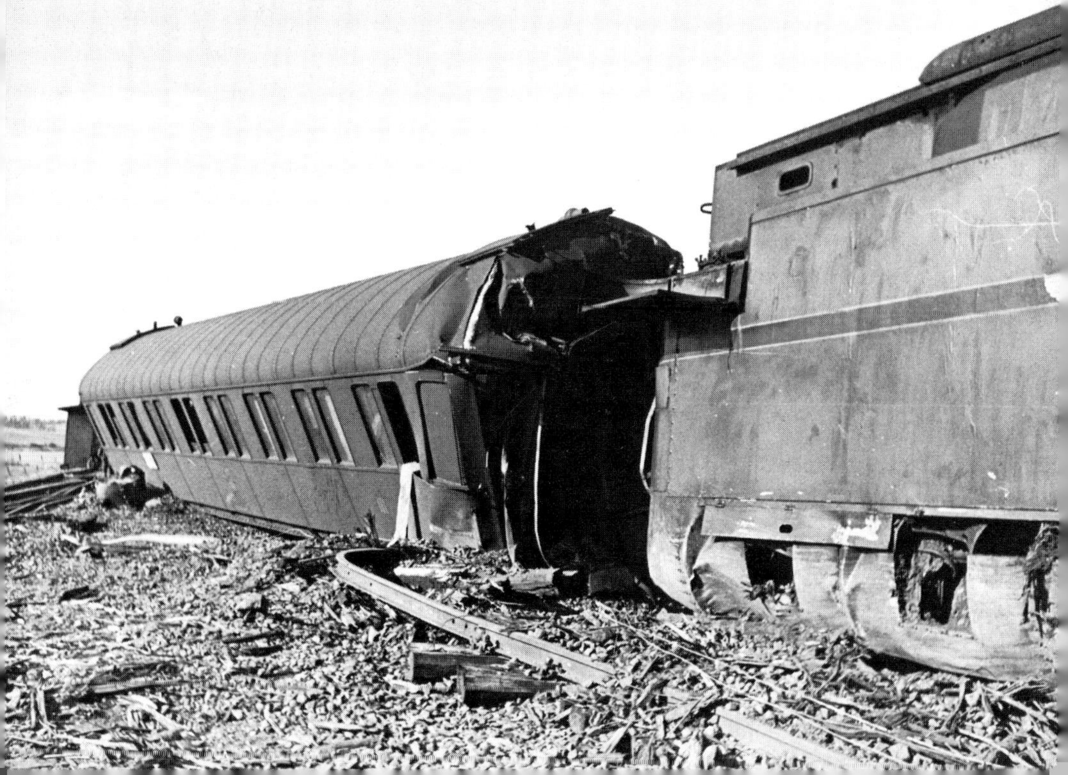

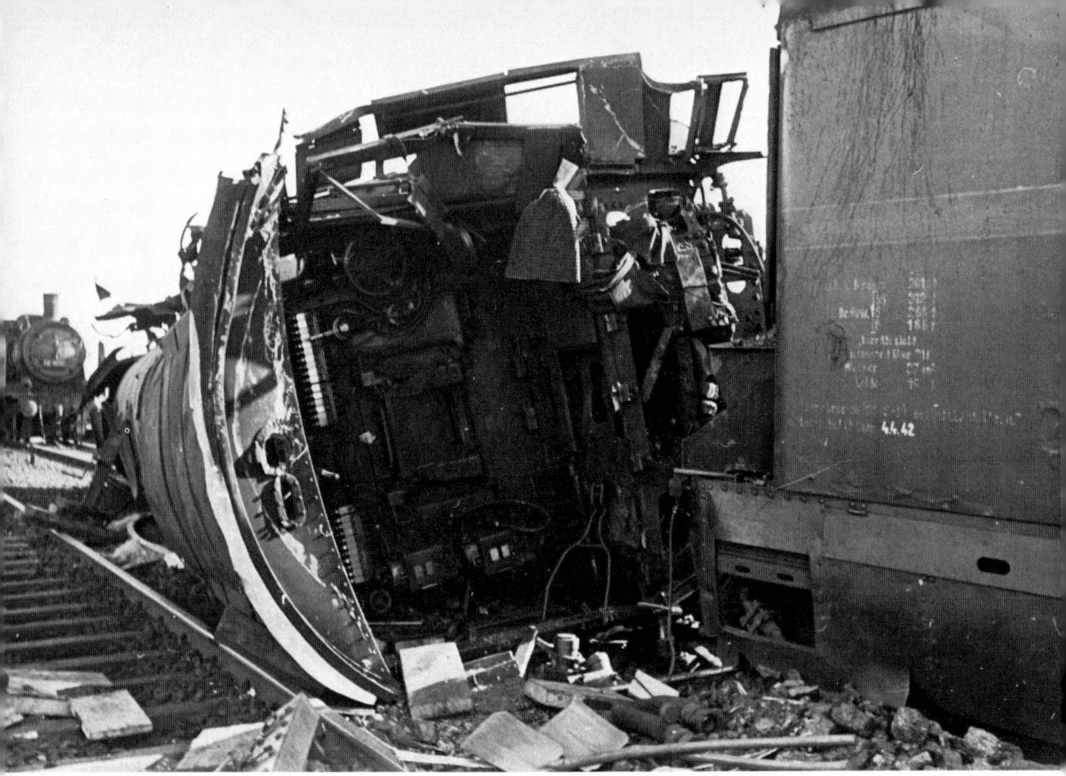
44.42

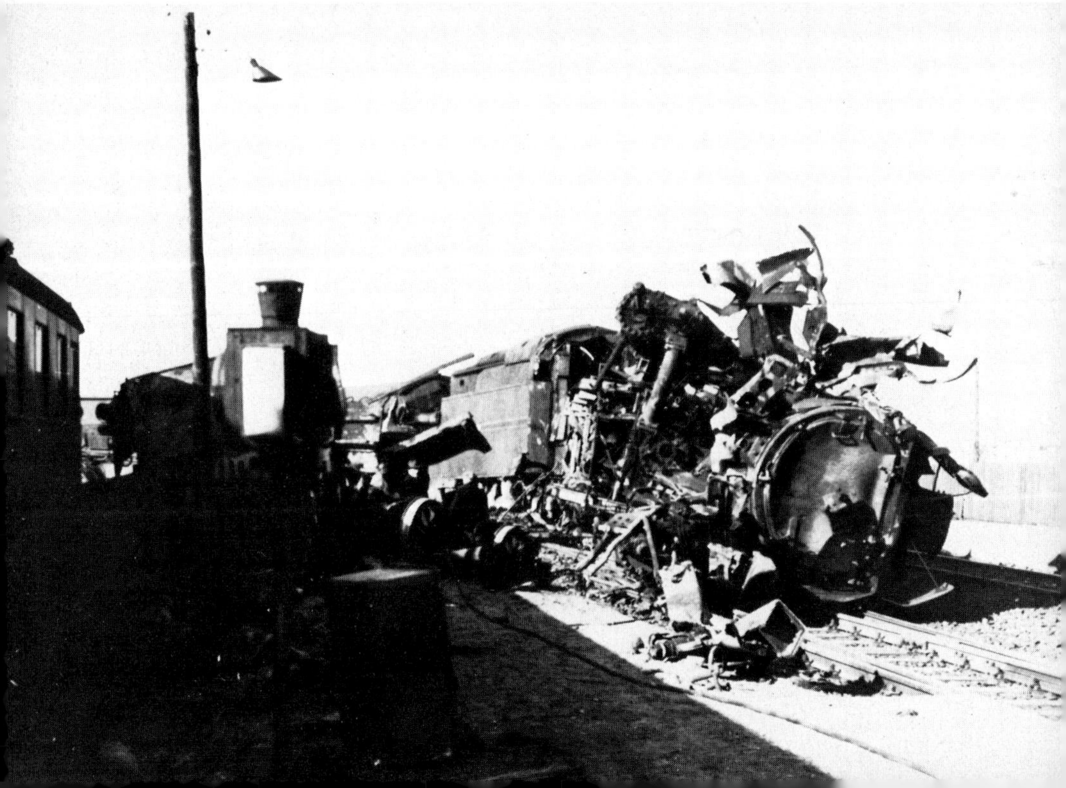

34 — *Im Fotoanstrich bei Borsig.* Foto: Archiv Bellingrodt
35 — *Nach dem Krieg: Die Stromlinienhülle ist gefallen.* Foto: Sammlung Dr. Scheingraber
36 — *(rechts) „05 im Parka": Gegen Kriegsende schützte auch der Status einer Renommierlok nicht vor der Einberufung.* Foto: Sammlung Dr. Scheingraber

37 — 39 Abgestellt bei Neumünster, mit dem zuletzt noch angebrachten Tarnblech und dem nicht viel später dazugekommenen „Allied-Forces"-Merkmal.   Fotos: H. P. Roberts

40 — (links) Räder rollen wieder — diesmal für den Wiederaufbau! 05 003 führt ihren D-Zug
durch zerstörte Städte, 29. Juni 1947, Unterbarmen.   Foto: Carl Bellingrodt
41 — Das Ende? T 9.3 und Stromlinienlok verrotten in Hamburg-Langenfelde, April 1949.

42 — 43 (unten und nächste Seite) 05 002, abgestellt im RAW Braunschweig im Juli 1950.
Foto: Dr. Scheingraber

Umbau bei Krauss-Maffei

44 – 46   *Vergleich der drei 05en: Man beachte die Unterschiede in Kesselaufbau, Pumpenan-
ordnung, Achsständen und die Bauart der Drehgestelle, Führerhaus und Tenderaufbau.*   *Fotos: Carl Bellingrodt (oben, Mitte), Dr. Scheingraber (unten)*

47 –   *In der Lokmontage bei Krauss-Maffei: 05 001 während der Herrichtungsarbeiten
1950.*
          Foto: Werksbild Krauss-Maffei

48 — *Fertiggestellt! Die große Schnellzugslok ist angeheizt und macht die ersten „Schritte"
hinaus in den Schnee.* Foto: Sammlung H. Wenzel
49 — *05 001 nach der Wiederaufarbeitung.* Foto: Dr. Scheingraber

50 – 51 *05 001 im Werkshof von Krauss-Maffei.* Fotos: Dr. Scheingraber

52 — 53   Zweimal 05 003: nach dem ersten und nach dem zweiten Umbau.
                                    Fotos: Sammlung Dr. Scheingraber
54 —   (rechts) Ein neuer Beginn: 05 002 nach der Wiederherstellung bei Krauss-Maffei; da-
          neben eine Liliput-Lokomotive für Indien.   Fotos: Werksfoto Krauss-Maffei

55 — 56 05 003 vor und nach dem Umbau bei Krauss-Maffei.
57 — (rechts) Treibraddurchmesser: 2 300 mm, Kolbenhub: 660 mm: das Triebwerk der
05 001.   Foto: Dr. Scheingraber
58 — (übernächste Seite) Probefahrt der 05 003 im Werkshof von Krauss-Maffei nach der
Wiederaufarbeitung. U. a. hat die Lok einen neuen Kessel mit jetzt nur noch 16 atü!
Foto: Werksfoto Krauss-Maffei

Einsatz 1950 bis 1957

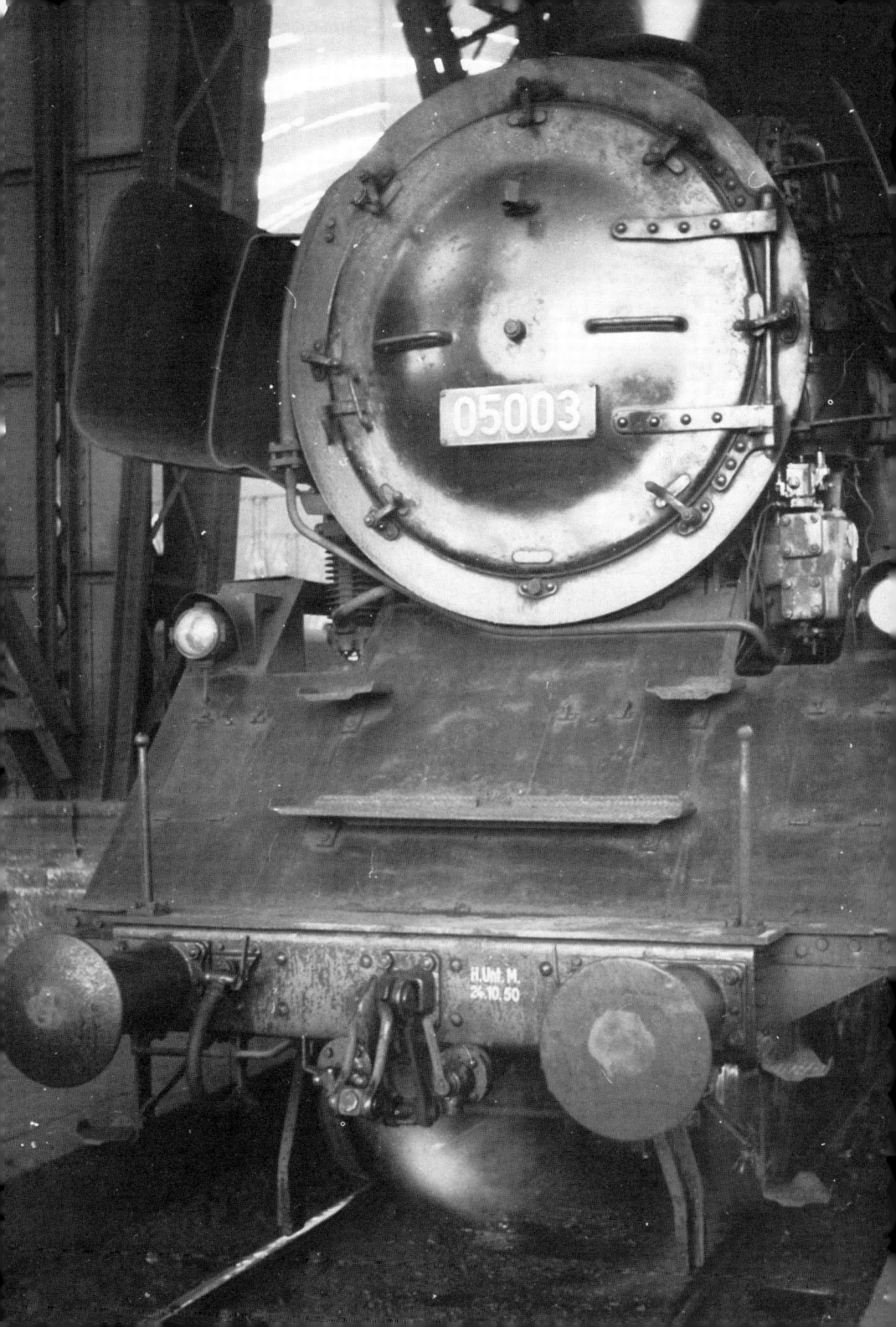

59 – 62   (vorherige vier Seiten) Zeitweise liefen die Loks von Hamm bis Frankfurt durch.
Alle drei Portraits entstanden in Frankfurt Hbf.   Fotos: Arnold Müll
Bild 61 entstand im Bw Hamm im April 1954.   Foto: C. E. Wild

63 – 64   Man beachte die Größenverhältnisse: Haus, Lok, Auto, Mensch. Loktransport auf
dem Wege zur Ausstellung in Essen, 5. Oktober 1951 und beim Abladen am An-
kunftsort.   Fotos: Carl Bellingrodt

65 –   (rechts) Die Bundesbahn zeigt moderne Dampflokomotiven. Essen, Oktober 1951
Foto: Carl Bellingrodt

66 – (links) Frontansicht der 003, wie sie sich dem Beschauer auf der Essener Ausstellung
1951 präsentierte.   Foto: Sammlung Klebes
67 – 68   Rekordlok 05 002 im Bw Hamm am 18. August 1951.   Fotos: Carl Bellingrodt

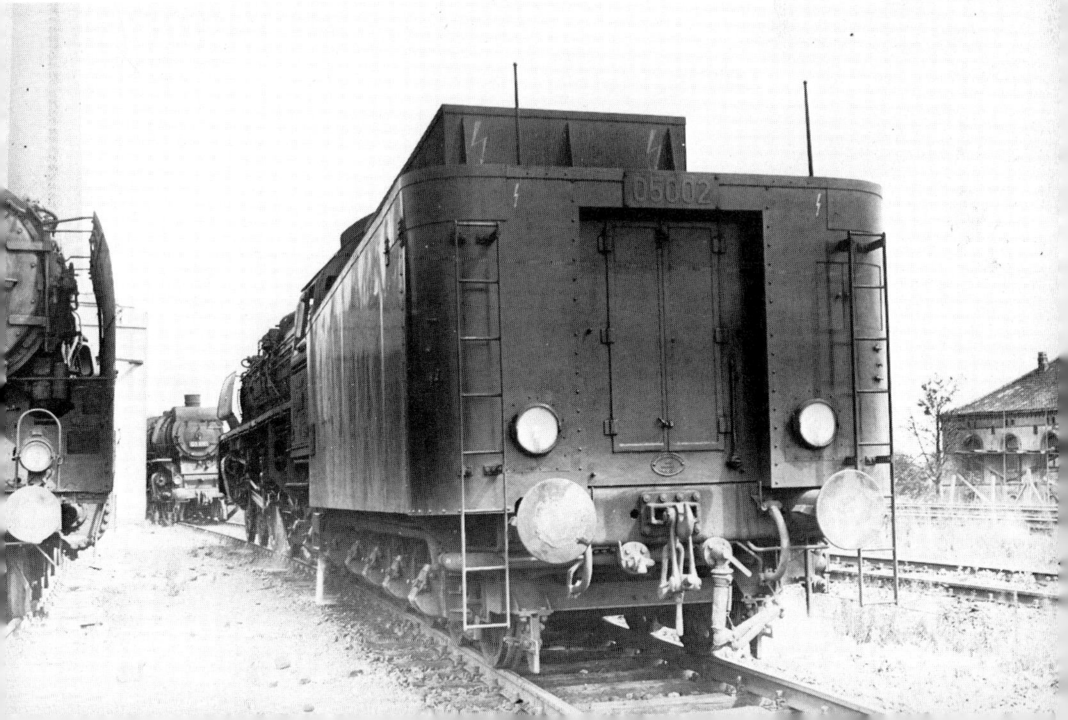

69 – 70   05 001 in Dienst und 05 003 vor der Betriebsübergabe. Foto: (oben) Carl Bellingrodt
(unten) Dr. Scheingraber

71 — Gruiten, im Mai 1954: die drei Wagen, die hinter 05 003 durch die Lande eilen, sind kein
schwerer, aber ein exklusiver Zug: F 14 am 7. Mai 1954.

72 — Der gleiche Zug am 10. Juni 1954, hier bei Unterbarmen, gezogen diesmal von 05 002.

Fotos: Carl Bellingrodt

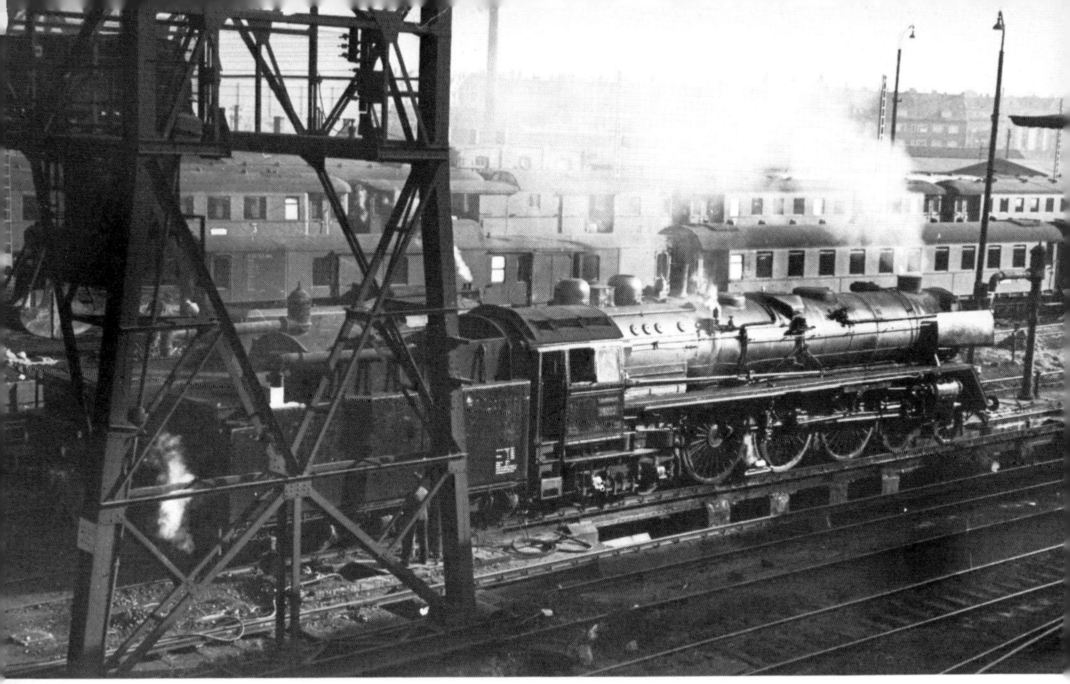

73 — (links) Noch einmal der F 14, den Altmeister Carl Bellingrodt bei der Fahrt durch's Ennepetal ablichtete. Zuglok am 31.Mai 1951: 05 002.   Foto: Carl Bellingrodt

74 — Bw Hamburg-Altona: 05 002 beim Wasserfassen. Die scheinbar vereinzelt herumstehende Dom-Sandkasten-Schornstein-Formation ist das einzige, was vom Kessel der danebenstehenden P 8 zu sehen ist. Oktober 1955.

75 — Vom Bahnhof Dammtor kommend, zieht 05 003 ihren Schnellzug in Richtung Sternschanze: Stadtrundfahrt mit Baureihe 05. 8. Juni 1954.

76 — (links) „Fahrt Frei!". Bei Lauenbrücke im Jahre 1954, auf halbem Wege von Hamburg nach Bremen.

77 — „Bitte Vorsicht am Gleis 1 — ein Schnellzug fährt durch!". F 16 mit 05 001 im Bahnhof Wuppertal-Oberbarmen, 9. Oktober 1954.

78 — Ausnahmsweise kein F-Zug: Am 15. März 1952 hatte 05 002 (hier in Bielefeld) den schweren E 508 zu ziehen.   Fotos: Carl Bellingrodt

79 — (links) 05 002 am 7. Juni 1954 bei Obergruiten vor F 16.   Foto: Carl Bellingrodt
80 — Fern- und Nahverkehr, Schwebebahn und Eisenbahn: F 14 am 30. Mai 1955 bei der
      Herzogbrücke in Wuppertal-Barmen.   Foto: Carl Bellingrodt
81 — 05 001 im nüchternen Essener Hauptbahnhof, März 1954.   Foto: Manfred van Kampen

82 — 30. Juni 1955: Der D-Zug Köln — Berlin streifte bei Neuß einen Sonderzug, wobei die Lokomotive des Schnellzuges umkippte. Mit einigen Verletzten ging der Unfall noch einigermaßen glimpflich ab. Heißt das: Ausmusterung?   Foto: Sammlung H. G. Kleine

83 — Nein! Nach einem AW-Aufenthalt wieder im Dienst: 05 001 vor F 1 „Hanseat" überholt im Hamburger Bahnhof Dammtor die S-Bahn nach Olsdorf; 17. November 1956.
Foto: Ulrich Montfort

84 — 85 05 002 mit F 1 „Hanseat" in Osnabrück, 1956 und bei einem Seitensprung im Bahnhof Hamm, mit einem Güterzug.
Fotos: Peter Konzelmann (oben), Manfred van Kampen (unten)

86 — „Auch einer schöner Rücken...“ — 05 003 in Hamm, 1956.
87 — Noch einmal: 05 002 im Güterzugdienst.   Fotos: Manfred van Kampen

88 — *Bergelorbach, 1956.* Foto: *Manfred van Kampen*
89 — *05 002 im Betriebsalltag. Hier hat sie schon von einer 01 den rollengelagerten 2'3 T 38 statt ihres Originaltenders.* Foto: *Manfred van Kampen*
90 — *(rechts) Sommer 1957 in Köln: 05 001 vor dem ,,Dompfeil'', schon mit neuen Bundesbahnschnellzugwagen. Noch bestimmen nicht die Leuchtreklamen das Bild der Stadt, sondern der Backsteinstaub der Ruinenbeseitigung.* Foto: *Werner Sölch*

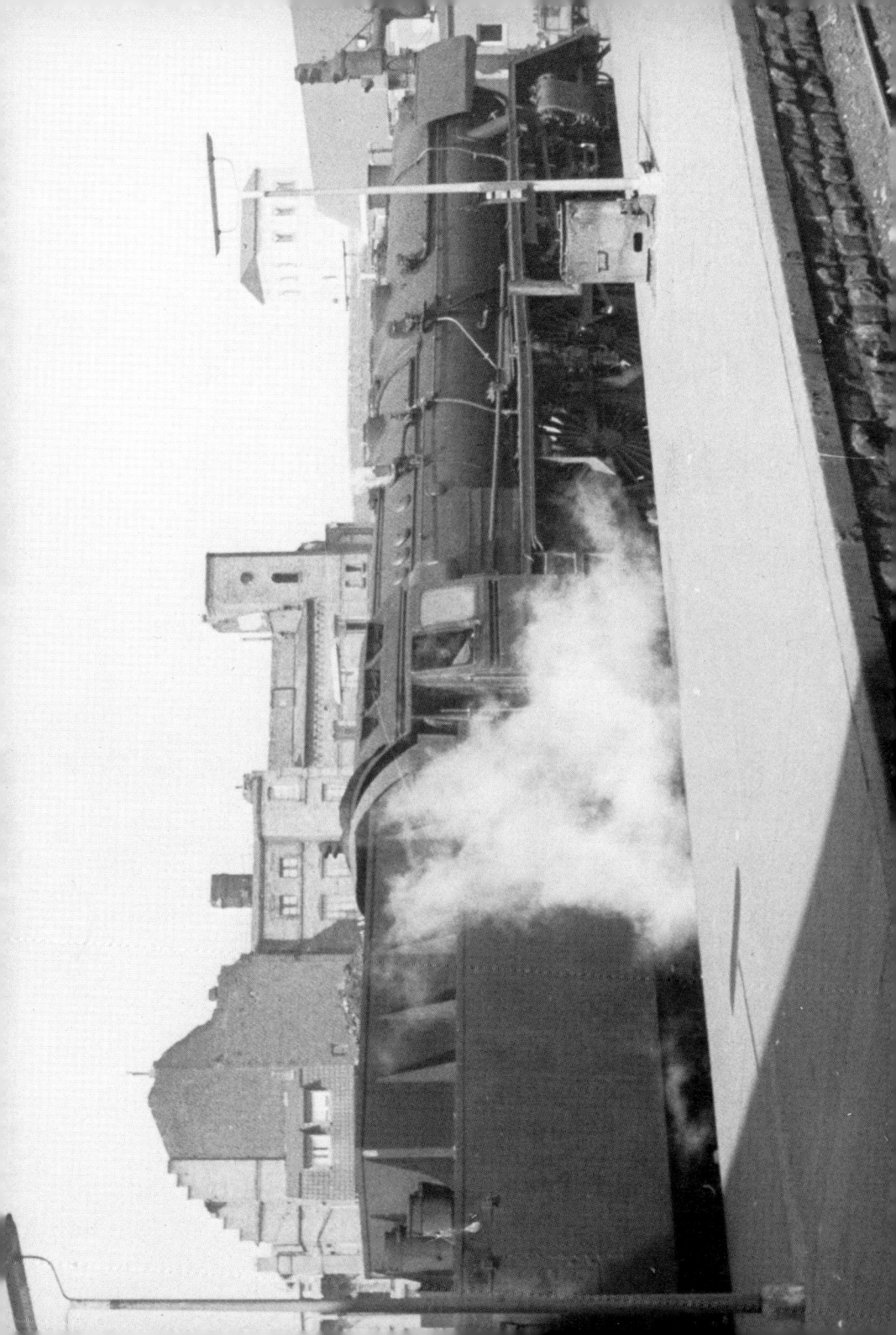

91 — F 16 rauscht am BK Hagen-Schwerterstraße vorbei. Wieviele Wagen — zwei, vier, sechs, acht, zwölf...? Fast säh's so aus, aber die letzten gehören zum Gegenzug; sie wären auch für einen D-Zug nicht gerade standesgemäß; 8. Mai 1956. Foto: Carl Bellingrodt

92 — (nächste Seite) 05 003 im Bw Hamm 1954. Foto: C. E. Wild

93 — 94 *AUS! 05 003 (oben) und 05 002, abgestellt in Hamm, März 1958. Doch ganz zu En-*
de ist's mit der Baureihe 05 nicht — wie die nächsten Seiten zeigen werden.

Fotos: Hans Schmidt

Museumslok 05 001

Deutsche Reichsbahn

05001

S 37.18 RBDAltona.

95 — (vorige Seite) Die Bundesbahn hat ein Exemplar ihrer Renommierbaureihe 05 aus-
stellungsreif erhalten.
96 — Die aufgearbeitete 05 001 wird begutachtet. AW Weiden, 1961.   Fotos: Walther Zeitler

97 — Schnellzuglok 05 001 — Fahrt ins Verkehrsmuseum.

Vergleichslokomotiven im In- und Ausland

98 — Maffei'sches „Rennrad": S 2/6; größte gefahrene Geschwindigkeit: 155 km/h.
Foto: Archiv Deutsches Museum, München

99 — *Konnte mehr, als die DRG zugab: leichte 2 C-Schnellzuglok der KPEV, S 10.1.*
Foto: Carl Bellingrodt

100 — Mit neuen Kesseln versehen, kamen die S 3/6 der Nachlieferserie noch einmal zu später Ehre.

Foto: Dr. Scheingraber

101 — Gehörte zu den feinsten Kreisen der DRG der „Goldenen Zwanziger": 01 in Ursprungs-
ausführung.
Foto: Archiv Deutsches Museum, München

102 – *Deutscher Meister im Rohrlaufen: Baureihe 06. Dabei mangelte es wirklich nicht an guten Entwürfen zu leistungsfähigen vierfach gekuppelten Schnellzuglokomotiven.*
Foto: Archiv Carl Bellingrodt

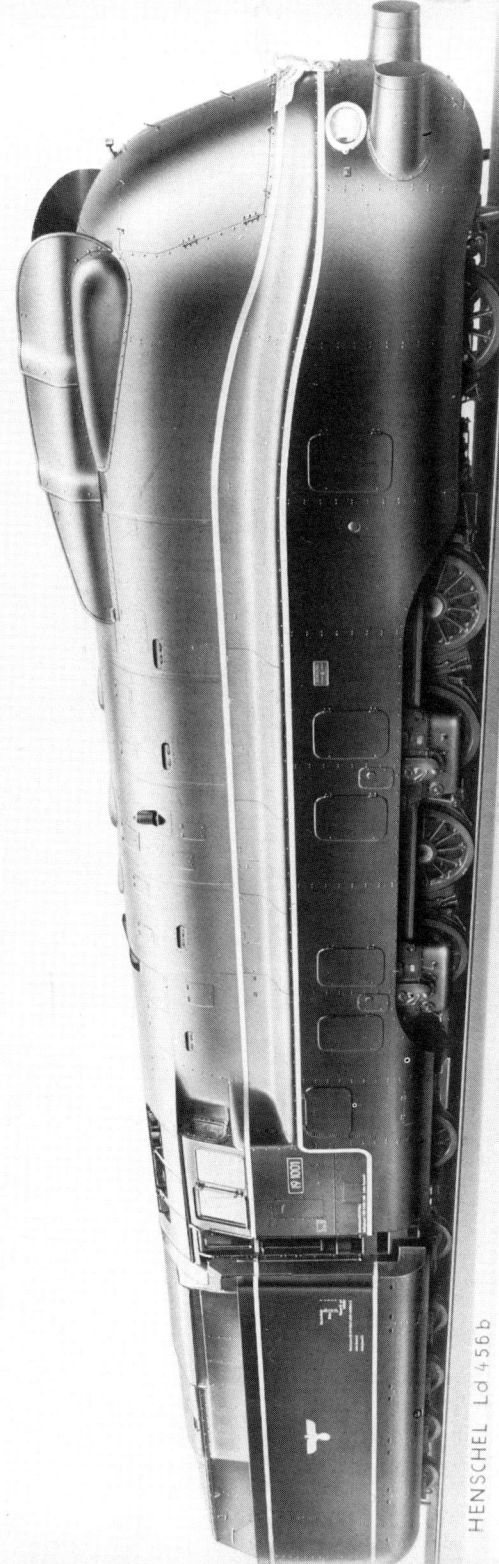

HENSCHEL Ld 456 b

103 – Schnellfahrlok mit Einzelachs-Antrieb: 19 1001, die ausgerechnet zur Kriegszeit im Einsatz stand. Dieser neuartige Antrieb hätte es gestattet, leichte, sehr schnell fahrende Loktypen zu bauen, ideal geeignet für F-Züge oder „IC's", wie sie heute beißen.

Foto: Sammlung Prof. R. Roosen

104 — 105 *Zum Vergleich die Drillingsloks der BR 01.10 und 05.*
Fotos: Karl-Friedrich Seitz (oben), Carl Bellingrodt

106 — 107 Zwei weitere Drei-Zylinder-Lokomotiven: 03.10 (mit D 513 bei Chorin am 12. September 1977) und 18 201, die heute schnellste Dampflok der Welt, mit ihrer neuen Computer-Nummer; hier vor einem Sonderzug mit Meßwagen in Blankenheim, Strecke Sangerhausen — Güsten.

Fotos: Sammlung Quellmalz (oben), Karl-Friedrich Seitz

108 — Skoda's Meisterwerk: Rollengelagerte 2 D 1-h3-Schnellzuglok der Reihe 498.1 steht am
    28. April 1973 in Prag abfahrbereit.   Foto: J. Bek
109 — Feinmechanik: Chapelon-Pacific für die ,,Nord''. Leistungsfähigste europäische 2 C 1-
    Lok.   Foto: Sammlung A. Chapelon
110 — Lokreihe 242 A 1 von Chapelon. Vorbote einer ,,dritten Generation'' von Dampfloko-
    motiven, die die Wirtschaftlichkeit der besten französischen mit den niedrigen Unterhal-
    tungskosten der amerikanischen verbunden hätte. Mit 20 Wagen (einem Gewicht von
    810 t!) durchmaß die 242 A 1 die Strecke Paris — Le Mans, 211 km, mit einer Fahrzeit
    von 6 Minuten weniger als der seinerseits schnellste elektrische Zug, der nie mehr als
    640 t Last hatte.   Foto: SNCF

111 — Präludium einer Zukunftsmusik, die nicht mehr zur Aufführung gelangte! Die 232 U 1, letzte französische Neukonstruktion, enthält im Triebwerk sowohl die sorgfältig durchgebildeten Dampfwege Chapelon'scher Maschinen als auch einige amerikanische Bauteile wie mehrschieniger Kreuzkopf und Franklin-Stellkeile, die sich günstig auf die erzielbaren Laufleistungen zwischen den Ausbesserungen auswirkten.

Foto: SNCF

112 — „Sir William A. Stanier F.R.S.", letztgebaute „Stanier-Pacific" der LMS; Duchess-Coronation-Klasse. Abschluß der Lokomotiventwicklung dieser Privatgesellschaft.
Foto: Archiv National Railway Museum, York

113 – Britischer Lokomotiv-Adel: Gresley'sche A 4, schnellste britische 2 C 1-S-Lok.
Foto: Archiv National Railway Museum, York

114 — „Hiawatha-Atlantic" für die CMSTP & P. Diese Lokomotiven erreichten in den dreißiger Jahren die höchsten planmäßigen Geschwindigkeiten der Welt.

Foto: Alco Historic Photos

115 — Beste amerikanische 2 C 2-S-Lok: Klasse J3a der NYC. Foto: Alco Historic Photo

116 – Schwere Hochleistungsschnellzuglok der N & W für die steigungsreichen Allegbany-Strecken. Foto: Norfolk & Western Railway

117 – Ebenfalls eine „Letzte"; jedoch stellen auch die T 1-Lok der PRR weniger den Endpunkt einer harmonischen Entwicklung dar, sondern in jeder Weise erst den Anfang einer neuen, die durch die Verdieselung nicht mehr zum Tragen kam.

Foto: H. L. Broadbelt, Roanoke

118 – 05 013 vor ihrem Schuppen: Wer sagt denn, daß es nur drei 05en gegeben habe? Es handelt sich um ein betriebsfähiges Modell im Maßstab 1:11, Spurweite 5 Zoll. Durch die Betriebsnummer ist Detail-Nörglern der Boden von vornherein entzogen. Besitzer und Fotograf: Dr. Erich von Gumpert

Bände der Reihe „Deutsche Dampflokomotiven":

Titel	Autor	Bemerkungen
Die Baureihe 01	Hansjürgen Wenzel	3. Auflage
Die Baureihe 01.10	Peter Konzelmann	2. Auflage
Die Baureihe 03	Hansjürgen Wenzel	2. Auflage
Die Baureihe 03.10	M. van Kampen / H. Wenzel	
Die Baureihe 05	Jürgen Quellmalz	
Die Baureihe 23.10	Wolfgang Meereis	
Die Baureihe 38	Dr. Arno Schröder	vergriffen, keine Neuauflage
Die preußische P 8	Dr. A. Schröder / H. Wenzel	vergriffen, keine Neuauflage
Die Baureihe 39	Hansjürgen Wenzel	3. Auflage
Die Baureihe 41	Peter Konzelmann	2. Auflage
Die Baureihe 53.75	Werner Komotauer	
Die Baureihe 55	Hansjürgen Wenzel	2. Auflage
Die Baureihe 57	Hansjürgen Wenzel	2. Auflage
Die Baureihe 94	Hansjürgen Wenzel	

weitere Bände in Vorbereitung. Die Reihe kann durch den Verlag im Abonnement bezogen werden.

Eisenbahn-Kurier Verlag — Postfach 5560 — 7800 Freiburg

EISENBAHN-KURIER

Peter Konzelmann

Die Baureihe 41

EISENBAHN-KURIER E.V.

Hansjürgen Wenzel

Die Baureihe 03

EISENBAHN-KURIER E.V.

Hansjürgen Wenzel

DIE BAUREIHE 01

Hansjürgen Wenzel

DIE BAUREIHE 39

Peter Konzelmann

DIE BAUREIHE 01.10

Hansjürgen Wenzel

DIE BAUREIHE 94

ARBEITSGEMEINSCHAFT EISENBAHN-KURIER E.V.

Hansjürgen Wenzel

DIE BAUREIHE 57